내내 읽다가 늙었습니다

내내 읽다가 늙었습니다

무리 짓지 않는 삶의 아름다움

고독한 독서인
박홍규와의
대화

박홍규 × 박지원

SIDEWAYS

차례

추천사

박홍규 선생님의 글 중 나에게 영원한 기억을 남긴 글이 있다. 박근혜 정권의 일이었다. 총리 물망에 오른 사람들의 면면을 알면 알수록 참담함을 느껴야 했던 그 시절, 그는 어딘가에 다녀오는 길에 어느 역의 대합실에서 총리 후보자에 관한 뉴스를 봤던 것 같다. 선생님은 "저 사람 누구요?" 주위 사람들에게 물었고 사람들이 "총리 후보인데요. 그 사람은……" 하는 순간 박홍규 선생님이 했던 말이 있다. "아! 내가 또 몰라야 할 것을 알고 말았구나!" 그때 이 칼럼을 읽다가 포복절도했다. 정말 가슴에 새겨둘 명언이었다.

우리는 몰라도 좋을 것을 너무 많이 알아버린다. 그러나 세상사의 법칙은 결코 한 가지 일만 일어나지 않는다. 동시에 다른 일도 일어나버린다. 우리가 몰라도 좋을 것을 알아버리는 동안 우리는 꼭 알아야 할 것은 놓치고 만다. 나는 그의 저 글을 읽은 뒤로 늘 이 생각을 품고 산다. 내가 이 형편없는 뉴스를 알아가는 동안 다른 것을 못 보고 있지 않은가! 이 책 『내내 읽다가 늙었습니다』에는 우리가 놓치면 너무나 아쉬울 생각들이 가득 차 있다. 우리가 알면 좋을 것을 나누는 것은 선생님에게는 언제나 강력한 행동의 동기였다.

더불어 『내내 읽다가 늙었습니다』는 내게 '고독의 책'이었다는 사실도 밝혀두고 싶다. 이 책에는 시종일관 고독의 정서가 흐른다. 우리의 삶 위에 떨어져 내리는 이 고독은 결핍으로서의 고독이 아니라 충만한 고독이다. 마치 밤길을 걷다가 별을 보고 받는 위안처럼, 이 고독은 아무것도, 자기 자신을 포함한 그 누구도 해치고 싶어 하지 않는 마음과 닮았다. 부모를 사랑하는 방식과 가족을 사랑하는 방식, 주위 사람을 사랑하는 방식, 그리고 자기 삶을 사랑하는 방식……. 우리에겐 분명 지금과는 다른 길이, 다른 방법이 있을 것이다. 우리들 중 그 누가 자신의 삶을 충만히 살아보기를 원치 않겠는가?

CBS PD, 작가

정혜윤

책머리에

한평생 자전거를 타고 시골길을 달려 학교를 오가는 사람, 오늘도 가방에 도시락을 싸든 채 홀로 도서관에 틀어박히는 사람, 노동법을 전공하고 법대 교수를 지내며 한국 사회와 노동 현실에 대한 발언을 멈추지 않았던 사람, 그리고 아내와 함께 농사를 지으면서 40년간 150권이 넘는 책을 쓰고 옮겼던 사람…….

곧 일흔을 바라보는 박홍규의 정체성은 다채롭고 흥미롭다. 아니, 적어도 내겐 충분히 다채롭고 흥미로웠다. 이유는 간단하다. 나는 언제나 외골수를 사랑했기 때문이고, 우리 사회의 '지식인'이라 불리는 이들 중 박홍규만큼의 외골수를 본 적이 없기 때문이다.

그는 자신이 자발적인 단독자의 길을 택한 것을 자랑스럽게 생각하면서 살아왔다. 그는 좌우를 떠나 모든 진영과 집단의 패거리 문화를 진심으로 싫어했다. 그는 독재자에 분노했고, 사법부에 분노했고, 재벌에 분노했으며, 겉으로 사회 정의를 외치면서도 뒤로는 제 이득을 챙겨오던 모든 민주 인사들에 분노했다. 그는 이 끈끈하고 텁텁한 한국 사회에서 스스로를 자랑스럽게 여길 만한 꿋꿋한 길을 걸어왔다. 그의 오랜 독자로서, 나는 박홍규의 그러한 삶이 충분히 기록될 만한 가치가 있다고 생각한다.

그렇지만 이 세계와 완전히 절연된 외골수는 끝내 존재할 수 없다. 단독자는, 어떤 의미에선 이 사회의 일면을 가장 민감하게 '자신의 외로운 존재성에 묻히고 있는' 사람일 것이다. 그는 외로워서 투명하고, 그의 투명한 삶 위엔 마치 지문처럼 이 사회의 흔적이 묻어 있다. 심지어 그가 오랫동안 비판해오던 사회의 어떤 면들까지도 말이다. 다만 그는 그 흔적을 집단과 구조, 상황의 이름으로 숨기지 않았을 뿐이다.

그는 대학교수이면서도 대학의 교수가 누리는 기득권을 싫어했다. 그러나, 그는 교수직을 그만두진 않은 채 평생을 살아왔다. 그는 노동의 존엄과 가치를 말했지만, 그 자신이 현장의 노동자였던 적은 단 한 번도 없다. 그는 한국 사회의 가족주의와 가부장주의를 통탄했지만 동시에 그는 한 가정의 장남이자 한 가정의 가부장이었다. 그는 오랫동안 한국 보수의 고향이라고 할 수 있는 경상북도의 정치와 문화를 비판했다. 박홍규는 태어나서 단 한 번도 그 땅에서 벗어난 적이 없다.

그는 자신의 이런 모순적인 정체성을 잘 알고 있다. 그는 자유를 얽매는 둔중한 중력을 알고 있고, 고독이 품은 위태로운 역설을 알고 있다. 그는 오랫동안 무리 짓지 않는 삶의 아름다움을 꿈꿔왔다. 하지만 그의 발은 족쇄처럼 이 땅 위에 묶여 있다. 이상을 꿈꾸되 현실을 살아가는 사람. 현실을 살아가되 이상을 노래하는 사람. 자유인이고 싶되 자유롭지 못한 사람. 자유롭지 못하지만 자유인을 염원하는 사람.

그래서 그는 언제나, 매번 다시, 책의 세계로 돌아간다. 그는 자신이 10대 시절부터 읽고 매혹된 사람들을 펴들며 자기 나름의 삶을 치열하게 살았고, 비로소 노년의 삶에 당도했다. 그는 빈센트 반 고흐와 조지 오웰, 헤르만 헤세와 루쉰과 몽테뉴, 레프 톨스토이와 마하트마 간디, 이반 일리치와 한나 아렌트와 헨리 데이비드 소로, 알베르 카뮈와 카프카…… 등등의 사람들에게서 자기 자신에게, 우리 모두에게 박탈된 자유의 흔적을 발견한다. 어떤 권력과 군중의 대세에도 휩쓸리지 않았던 자유의 흔적을.

아니, 그들도 물론 '완전히' 자유롭진 못했던 게 분명하다. 그들은 자기의 세상에서, 자기의 시대에 맞서, 자신의 한계를 응시하며 나름으로 힘껏 분투하며 글을 썼던 이들이었다. 박홍규는 책의 세계 안에서 그들을 만나 이 현실의 세계를 살아갈 힘과 위안을 얻을 수 있었을 뿐이다. 단독자들의 몸부림을 바라보고, 자신이 얼마나 그들을 열렬하게 좇아 왔는지를 확인하면서.

그런 면에서 나는 박홍규의 삶을 가장 명료하게 간추릴 수 있는 키워드를 '독서'라고 믿고 있다. 수많은 정체성으로 이 세상을 살아왔던 그는, 다른 어떤 사람이기 이전에 먼저 '읽는 사람'이었다. 나는 그가 읽었던 것들이 어떻게 그의 삶을 형성했는지를 듣고 싶었고, 그가 이 세계와 인간을 바라보고 성찰하는 데 독서가 어떤 역할을 했는지 듣고 싶었다. 왜냐면 나 역시 내가 읽은 것들이 나를 얼마나 강하게 추동하고 있는지를 실감하고 있으며, 읽는 일은 고독과 자유의 가장 폭발적인 상징이 될 수 있다고 믿고 있으니 말이다.

이 대담 기획은 2018년 겨울부터 2019년 여름까지 경상북도 경산의 영남대학교 도서관과 박홍규의 자택에서 총 열 차례에 걸쳐 이루어졌다. 독서로부터 시작된 이야기는 크게 봐선 고독한 삶의 가치, 한국 사회의 병폐, 그리고 인간의 자유와 평등에 관한 총 네 가지 주제로 파생되었고, 이 대담집은 그 이야기를 '독서', '고독', '사회', '인간'이란 네 개의 키워드로 재구성한 기록이다. 대담이 담고 있는 주제도 주제이지만, 나의 별별 사소하고 즉흥적인 질문에도 늘 막힘 없이 술술 대답을 이어가던 그의 모습이 오래도록 기억에 남아 있다. 나는 최대한 그 기록들을 충실히 옮기려 노력했을 따름이다.

그는 완벽한 사람이 아니다. 그는 나의 아버지와 나이가 같다. 나의 부모 세대였던 그의 한계를 넘어서는 일은 그의 다음 세대인 우리들의 몫일 것이다. 그러기 위해선 자기 한계를 숨김없이 드러낼 수 있는 사람, 자기 허물을 내보이는 데 거리낌이 없는 어떤 사람이 필요하다. 박홍규는 그 일을 충분히 감수하려는 사람이었다. 나는 그를 미화하고 예찬할 생각이 전혀 없지만, 바로 그 점만은 마음 깊이 존경스러웠다는 얘길 해두고 싶다.

그리고, 나는 그가 앞으로도 자기 한계를 계속 극복하려는 사람이라고 믿고 싶다. 그가 그렇게 흠모하던 톨스토이가 그랬듯, 우린 죽을 때까지 자기를 극복하고, 자기를 버리고, 자신을 재정의해야 마땅한 사람들일 것이다. 단독자의 미덕은 아마도 거기에 있을 테니까. 자신이 이루었던 것을 훌훌 버리고 매일 새롭게 삶과 세계를 배워나갈 수 있는 사람……. 그런 면에서 박홍규는 아직도 현업이고, 앞으로도 쭉 현업의 모습을 보여주리라고 기대하게 된다.

오랜 시간을 함께해준 박홍규 교수, 그리고 마지막 대담에 선뜻 참여해준 그의 아내 서현숙 선생에게 진심으로 감사의 말씀을 전하고 싶다.

2019. 10. 15.

파주에서, 박지원

1

들어가며

저는 오늘도 도서관에 갑니다

‖ 교수님, 이렇게 만나 뵙게 되어서 기쁩니다. 저는 10여 년 전부터 교수님의 책과 칼럼을 읽으면서 '아, 언젠가 이분과 이야기를 나눠볼 수 있다면 멋진 일이겠는걸'이라고 막연하게 생각했었는데요. 대학을 졸업한 후 이런저런 일을 거쳐 나름으로 출판업에 종사하게 되고, 또 어쩌다 보니 글을 쓰는 일도 하게 돼 이렇게 교수님과 대담을 나눌 수 있게 되었습니다.

저도 박 선생을 만나게 되어 즐겁고 반갑습니다. 저 같은 늙은이를 만나러 파주에서 이곳 경상북도 경산까지 먼 길을 달려오신 거죠? 제가 앞으로 무슨 좋은 얘기를 해드릴 수 있을지 모르겠지만, 어쨌든 박 선생과 같은 의욕적이고 똑똑한 젊은이가 저의 이야기를 궁금해하고 들어주시는 것만으로도 꽤 보람된 일인 건 분명하지요. 무언가 헛살지 않은 기분도 들고요. (웃음)

‖ 전혀 똑똑하진 않지만, 의욕은 넘치죠. 그리고 사실 그다지 젊지도 않습니다. (웃음) 저는 2000년대 초 대학에 입학해서 사회학을 전공했는데, 그때 대학 도서관에서 교수님이 번역하신 이반 일리치와 에드워드 사이드의 책들을 처음 접했습니다. 그게 아마 제가 박홍규라는 이름을 알게 된 때가 아닌가 싶고요. 그리고 그즈음 교수님이 이런저런 신문과 잡지에 연재했던 칼럼을 읽고 굉장히 좋은 느낌을 받아서, 이후에 교수님께서 쓰셨던 고흐와 루쉰, 카프카에 관한 책들을 좀 더 찾아 읽었던 기억이 납니다.

그렇죠. 그즈음에 제가 한창 외부에 글도 많이 쓰고 그랬던 것 같습니다. 좋게 읽어주셨다니 부끄럽습니다.

‖ 그때 저의 막연한 느낌에도 교수님은 아주 독특하고 선명한 아이덴티티를 풍기셨던 듯합니다. 타협하거나 움츠리지 않고 아주 시원시원하게 자기 목소리를 내는 게 인상적이기도 했고요. 세간에서는 어떤 기인이랄까, 이단아랄까, 그런 식으로 묘사되곤 하는 교수님의 이미지도 있지 않습니까?

알고 있습니다. 그게 아마 이 산적 같은 수염 탓이 크지 않을까요? (웃음)

‖ '아니, 이분은 어떻게 이런 다방면의 지식을 갖추고 계실까.' 그런 궁금증도 있었습니다. 저도 어릴 때부턴 제법 많이 읽는다고 읽었던 편인데, 제 예상 범위를 훨씬 벗어나는 독서의 궤적을 갖고 계셨다고 느껴졌달까. 그때도 이미 '르네상스적 지식인'과 같은 수식어를 갖고 계시지 않았습니까? 이번에 이 대담을 준비하면서도 느낀 것이지만, 교수님의 책을 읽어보면 한 권 한 권의 책에 아주 열정적으로 자신의 지적 에너지를 쏟아 넣은 게 잘 느껴지기도 해서 감탄하게 되죠.

언론 같은 데서 언젠가부터 저에게 르네상스적 지식인이다 뭐다, 그런 말을 붙이곤 하는데, 사실 그런 말은 제가 딱 질색이긴 합니다. (웃음) 저야 뭐 책 읽는 걸 워낙 좋아하는 사람이어서, 그저 제가 읽은 책들을 저 나름으로 소화하고 정리했을 뿐입니다. 전혀 대단한 것도 아니고 자랑할 만한 것도 아니에요.

‖ 제가 교수님께 처음 연락을 드리게 된 계기는 지난해 말의 한겨레 인터뷰 기사였는데요. 기사 제목이 「왕따를 왜 두려워하나, 외롭게 사는 게 더 가치 있다」였었죠. 주말판이어서 아주 길고 상세한 인터뷰였습니다. 기사에는 댓글도 무척 많이 달리고 반응도 굉장히 뜨거웠죠.

네. 그 기사를 보고 오랜만에 여기저기서 지인들의 연락도 많이 받고 그랬습니다. 제가 인터넷 기사의 댓글은 읽지 않아서 반응이 어땠는지는 모르겠지만……. 반응이 좀 어떻던가요?

‖ 대부분은 긍정적이었습니다. 교수님의 뚝심 있는 삶에 존경을 표하는 분들이 많았고요. 물론 상아탑 안에서 뭘 아느냐, 자기 잘난 맛에 사는 꼰대 노인 아니냐 등등 부정적인 의견도 있었습니다만. (웃음) 어쨌든 그 인터뷰에는 분명 좋든 나쁘든 교수님이 한평생 추구했던 아이덴티티가 상당히 잘 녹아들어 있던 것 같습니다. 저도 나름으로 좇아가려고 다짐하고 있는 어떤 아이덴티티 말입니다.

어이쿠, 저 같은 사람을 좇으려고 한다니 무언가 잘못 생각하신 것 아닙니까? (웃음)

‖ 그럴지도 모르겠습니다. (웃음) 기사를 읽은 직후 들었던 생각이 '아, 내가 박홍규 교수님과 여러 차례 만나서 저분의 이야기를 아주 샅샅이 끄집어내고 싶다'라는 것이었습니다. 워낙 자기 색깔이 강한 분이시기도 하고, 또 그만큼 많은 작업을 해오시기도 하셨고요.

네. 하지만 저는 그저 주위 사람들과 잘 어울리지 못하고, 지금까지도 책 읽고 책 쓰는 일 정도에만 집중하고 있는 사람일 뿐입니다. 전혀 특별한 사람이 아니에요.

‖ 그렇지만 저도 책 한 권을 쓰는 게 정말 힘들다는 걸 아는 30대 중반의 작가로서 교수님이 일찍부터 자신의 관심사와 취향을 그렇듯 열정적으로 풀어내셨던 게 대단하고 존경스럽게 느껴지기도 합니다.

그냥 좋아서 한 것일 뿐이지, 제가 대단하다고 생각한 적은 한 번도 없습니다.

‖ 지금껏 150여 권이 넘는 책을 쓰고 번역하셨습니다. 제가 국립중앙도서관을 포함한 이곳저곳을 뒤져보며 교수님께서 30여 년 동안 펴낸 책을 모두 세어보았는데, 저술과 번역과 편역, 그리고 공저 등을 포함하면 제가 파악할 수 있던 책은 총 152권이었습니다. 교수님은 본인이 작업한 책의 권수를 정확히 알고 계셨습니까?

저도 몰랐는데, 그렇게 정리해주시다니 대단히 고맙습니다. (웃음) 저는 1985~6년부터 처음 책을 쓰기 시작했는데, 아마 그 152권의 책 중에서 3분의 2 정도는 제가 쓰고, 3분의 1 정도는 번역서였을 거예요.

‖ 올해에도 벌써 다섯 권의 책이 나왔습니다. 존 스튜어트 밀과 아돌프 히틀러에 관한 두껍지 않은 인물론을 쓰셨고, 『존 스튜어트 밀 자서전』, 마르쿠스 아우렐리우스의 『명상록』, 그리고 소스타인 베블런의 『유한계급론』을 번역하셨는데요. 이 중에서도 베블런 책을 옮기신 게 유독 눈에 들어옵

니다. 대학 때 제가 들은 사회학 강의에서도 중요하게 다뤄졌던 고전이고, 정말 훌륭한 책이죠.

이미 작년에 작업을 끝마친 원고들이 올해 초에 좀 몰아서 출간되기도 했지요. 존 스튜어트 밀이나 마르쿠스 아우렐리우스는 제가 젊은 시절부터 즐겨 읽었던 사람들이고요. 베블런도 마찬가지입니다. 대학생 때 그의 『유한계급론』을 처음 읽었던 것으로 기억되는데, 참으로 오래도록 읽힐 명저라고 감탄했었지요. 그런데 긴 시간이 지나 어느 출판사에서 번역 제의를 해주셔서 즐겁게 작업했습니다.

대학에서 지내온 40년

‖ 이 자리에선 먼저 교수님의 퇴임을 축하드려야 할 것 같습니다. 지난해 정년을 맞으시고 학교의 명예교수가 되셨습니다. 거기다 대학에서 학생을 가르치신 지 올해로 40년이 되었다고 알고 있습니다.

축하해주셔서 감사합니다. 시간강사로 강의를 처음 했던 게 1979년이니, 어느덧 학생들과 어울린 지 40년이 되었습니다. 저는 1981년 가을에 마산대학교의 전임 교수가 되었고, 그 후로 대학에서 줄곧 노동법과 법 교양 및 인권론 등을 가르쳤습니다.

‖ 이제 퇴임하신 지 정확하게 1년이 되었네요. 강의는 안 하십니까?

퇴임 후엔 대구대학교에서 한 학기 강의했는데요. 대구대 사회학과에서 인권사회학이라는 강의를 맡았었습니다. 그쪽 교수님이 요청을 해오셔서요. 제가 인권에 대해서 논문과 책을 많이 써서 제안을 해주셨던 것 같습니다. 그것까지 하고, 제 모든 대학 강의는 끝났다고 봐도 무방할 것 같습니다.

‖ 앞으로 더는 후배 강사들의 일자리를 뺏고 싶지 않다고 인터뷰에서 밝히시기도 했죠.

네. 요새도 자주 만나는 강사 후배들이 있는데요. 이분들을 볼 때마다 마음이 참 아픕니다. 얼마간의 부채감이랄까, 가책도 느껴지기도 하고요.

‖ 강사 문제와 관련된 이야기는 이후에 자세히 여쭙도록 하겠습니다. 교수님은 1975년에 대학원에 들어가서 노동법을 전공하기 시작하셨죠. 당시만 해도 노동자들에게 굉장히 엄혹했던 유신 정권 아니었습니까?

그랬죠. 그 당시만 해도 노동법을 공부하는 사람도 별로 없었던 때였고, 이래저래 꽤나 불안한 학문이었던 기억이 있습니다. 노동법을 공부해서 교수가 되기도 힘들 것 같고, 유신 정권하에선 제대로 써먹기도 힘들 것 같았고요. 그래서 주위의 많은 사람이 걱정해주기도 했고, 저 자신도 제가 하는 공부가 주목을 받거나 인기 있는 학문이 될 수 있을 거라고 생각했던 적이 한 번도 없습니다. 어찌 보면 당시에 제가 노동법을 공부했던 건 무척 황당한 일이었던 것 같습니다.

‖ 특별한 계기가 있었습니까?

고등학교 다닐 때부터 한국의 노동 현실에 관해서 관심을 많이 가졌던 것 같아요. 제가 1970년에 고등학교를 졸업했는데요. 1968년부터 1970년 정도가 우리나라의 노동운동이 비로소 태동하며 꿈틀거리던 시절 아니었습니까? 가장 큰 계기라면 1970년에 있었던 전태일의 분신 사건을 들지 않을 수가 없겠군요.

‖ 1970년 11월 13일이었죠. 전태일의 삶과 죽음은 그 자체로도 숙연하고 의미가 깊지만, 무엇보다도 조영래 변호사가 그에 관하여 쓴 『전태일 평전』은 제게도 너무나 큰 영향을 미친 책이기도 해서 잘 알고 있습니다.

정말 훌륭한 책이지요. 제가 졸업하던 해의 전태일의 사건에서 저도 충격을 많이 받기도 했습니다. 저는 고등학교를 졸업한 후 제가 살던 곳과 가장 가까운 영남대에 들어왔고, 그런 사건의 여파로 당시엔 이례적이라고 할 수 있는 노동법을 전공하게 되었습니다. 대학 3학년 때 처음 노동 야학에 나가서, 그 후로 노동자분들에게 노동법 강의를 오래도록 계속하기도 했었고요. 그렇게 영남대에서 석사까지 한 후 고려대 박사과정을 중퇴했고, 일본 오사카시립대학에서 박사 학위를 받았습니다. 그리고 한국으로 돌아와서 창원대와 마산대 등에서 강사 생활을 하다가, 1991년에 다시 영남대에 자릴 잡아 계속 교수를 지내고 작년 2018년 2월에 퇴임했습니다.

‖ 초기엔 아무래도 법률 관련 책들을 많이 저술하셨습니다. 1990년대에 출간된 『법은 무죄인가』, 『그들이 헌법을 죽였다』, 『시민이 재판을』 같은 책이 그런 계열의 대표적인 저서들인데요.

초반에는 법률 관련 책을 꽤 많이 쓰고 옮겼죠. 제가 1986년에 첫 번째로 번역했던 책은 『세계의 최저 노동 기준』이라는 책이었습니다. 며칠 전에 국제노동기구(ILO) 조약 비준 문제가 또 뉴스에 나오던데, 지금 ILO 조약 중에 87호 조약과 98호 조약 같은 것들은 우리나라 노동법과 배치가 되고 있죠. 가령 공무원들의 노동조합 결성 권리라든가, 또는 파업권의 보장이라든가, 이런 것이 계속 문제가 되고 있습니다. 그래서 우리가 여전히 ILO 조약 비준을 하지 못하고 있잖아요. 이런 이야기를 이미 『세계의 최저 노동 기준』에서 다루었는데, 그 당시만 해도 우리나라 사람들 대부분이 ILO가 무엇인지조차 잘 몰랐거든요. 어쨌든 벌써 30여 년 전 이 책을 번역하면서 ILO 조약의 체결이 노동문제 해결에 가장 기본적인 선결 과제라고 주장을 했건만 지금까지도 그 문제가 해결되지 않는 걸 보게 되고, 또 지금의 노사 갈등 구조로 본다면 앞으로도 그 체결이 늦어질 것 같아서 마음이 안 좋긴 합니다.

‖ 그래도 진보적인 노동법 교수로서 일찍부터 제기하셨던 문제들이 노동자 편에서 실현되고 보장된 측면도 있지 않습니까?

당연히 저 혼자만의 힘은 아니었지만, 학자로서 그런 주장을 해왔고 또 성과도 있었습니다. 무엇보다도 노동시간이 줄어들었죠. 최저임금법도 어느 정도 현실화되었습니다. 노동의 탄력시간제 역시 어느 정도는 확보되었고요. 지난 40년 남짓한 시간을 쭉 지켜봐 오면, 우리나라 노동법은 노동자들의 보호라는 측면에선 전반적으로 긍정적인 변화를 보여온 건 사실이에요. 저 자신 그런 주장을 계속해서 펼쳤고 그런 게 입법에 반영이 된 것도 사실이고요. 그런데 아직 ILO 조약 비준 문제, 노동조합 운동 전반에 걸친 진보적인 발전은 여전히 더딘 것도 분명하고요. 그것을 저지시키려고 하는 기업이나 보수 정권, 보수 세력의 압력이 있는 것도 사실로 보입니다.

‖ 세상에서 교수님을 표현하는 여러 단어가 있는데, 그중 하나가 '이단아'입니다. 보수적인 노동법 학계에 대한 분노랄까, 더 나아가서 우리나라 교수 사회의 폐쇄적인 아카데미즘에 대해서도 굉장히 날을 세워 오셨는데요.

네. 저는 제가 대학교수라는 점에 대해서 오랫동안 회의하고 고민했고, 교수들 모임 같은 것을 거의 다 피했어요. 노동법학회에 나가지도 않았고요. 1980년대 후반부터 1990년대에 이르는 시절은 우리나라의 현실 노동운동의 중대하고 폭발적인 시기 아니었습니까? 그간 억눌려 있던 노동자들의 개혁 요구가 빗발쳤었는데요. 그 당시에 대단히 중요한 파업과 분쟁이 계속됨에도 불구하고, 학회가 현실 문제에 대해서 전혀 '노터치'한다는 점에 불만을 품고 그에 대해 문제를 제기했었죠. 학계도 현실의 문제에 대해서도 적극적으로 발언을 해야 한다고요.

그런데 학회 구성원들은 '학회는 현실 문제와는 동떨어져 중립을 지킨다'라는 이유로 제 의견을 받아들이지 않았죠. 그래서 '그럼 난 학회 활동을 더는 하지 않겠다.' 이렇게 말하고 거길 박차고 나왔죠. 저는 당시에 공허한 이론보다도 대학 밖의 노동 현장에서 일어나는 일이 훨씬 더 중요하다고 생각했어요. 대학 주위의 공단이나 노동조합이 없는 공장 같은 곳에서 요청이 오면 거기서 노동문제나 노동조합 관련 강의나 상담을 해드리는 게 저에게는 훨씬 더 중요한 일이었죠.

그렇다고 제가 교수직에 소홀하거나 그랬던 건 전혀 아니에요. 학회를 나가지 않으면서 노동법에 관한 교과서를 쓴 사람은 많지 않은데요. 노동법 학자들이 쓴 교과서가 지금은 한 10종 정도 있을까요? 제가 1990년대에 노동법 교과서를 쓸 때만 하더라도 우리나라에 노동법 교과서는 3~4종 정도밖에 없었던 거로 기억하는데, 물론 다 보수 일색이었지요. 저는 저 나름대로 한국 노동법 학계에 진보적인 학설을 소개한다고 해서 1990년대 초 처음 교과서를 썼었어요. 그땐 제가 40대 초반이었고, 정말로 열심히 연구도 하고 논문도 쓰고 그랬거든요.

‖ 그렇게 주류 학계와는 좀 척을 지셨고, 대신 진보적인 시민사회 운동에 열심이셨습니다.

네. 노동법학회 대신에 1980년대 말부터 민주주의법학연구회 같은 학회 활동을 열심히 했죠. 당시만 해도 이 연구회가 법률가들이 만들었던 유일한 진보적 단체였는데, 이런 단체에서 몇 년간 회장도 지내고 했습니다. 여기서 나름으로 더 나은 사회를 위해 고민했던 시절이 있었고, 그건 저에게도 행복한 기억으로 남아 있습니다. 1990년대에 들어와서 전두환과 노태우의 재판 등에 대해서 민주주의법학연구회가 가장 앞장을 섰었죠. 1980년대 후반부터 국제인권법을 국내에 소개하기 위해 애를 쓰기도 했고요. 우리나라의 국제인권법에 관한 진지한 논의는 아마 이곳에서 처음 본격적으로 시작되지 않았던가 싶습니다.

‖ 그리고 한국아나키즘학회에서 회장을 지내기도 하셨지요. 아나키즘은 교수님의 평생에 걸친 화두라고 할 수 있습니다. 아나키즘이란 역시 인간의 자유와 자치, 그리고 자연을 중시하고, 반인간적인 권위와 권력에 반대하고, 자율적이고 주체적인 인간성을 최고의 가치로 삼는 이념이자 신념일 텐데요.

그렇습니다. 아나키즘이야말로 세상에서 가장 많이 오해되고 있고, 또 동시에 가장 미래지향적일 수도 있는 어떤 이념이라고 믿고 있어요. 그런데 언젠가 제 딸은 저에게 "내가 보아하니, 아빠는 세상의 모든 걸 아나키즘의 관점에서 보는 사람이다."고 면박을 주기도 하더군요. 틀린 말은 아닙니다. (웃음)

‖ 그간의 대학 생활을 어떻게 회고하시나요? 교수님은 소속 대학의 행정에 대해 쓴소리도 많이 하셨고, 또 1981년에는 시위 전력으로 영남대 교수 임용에서 탈락한 적도 있다고 알고 있습니다.

그러긴 했었죠. 학교에서 누구보다 열심히 가르쳤다고 자부하고 있고, 학생들과의 관계에 있어선 행복했던 기억이 많습니다만, 그래도 돌이켜본다면 대학의 교수 생활은 역시 좀 외로웠습니다. 저는 대한민국에서 가장 보수적인 곳이 대학이라고 생각합니다. 군대 다음으로요. 그리고, 절대다수의 교수들은 굉장히 보수적입니다. 그래서 학과 내에서도 제가 다른 교수들과 그리 사이가 좋지 못했던 게 사실이고요. 영남대학교에서 따로 징계를 당한 적은 없지만, 대학의 이사회나 행정 당국과 사이가 안 좋았던 게 사실입니다. 그런 면에서 제 대학 생활은 좀 불행하지 않았나 싶습니다. 그런 삶을 후회하진 않습니다만.

읽고, 쓰고, 경작하는 삶

‖ 교수님의 대략적인 하루 일과는 어떻게 됩니까?

보통 새벽 2시에서 3시 사이에 일어나고요. 저녁 8시에서 9시 사이에 잡니다. 하루에 대여섯 시간 자는 것 같아요. 새

벽에 일어나선 책도 읽고 글도 쓰고 그러지요. 이 새벽 시간이 제가 제일 집중적으로 작업을 하는 때라고 볼 수 있겠습니다. 그러다가 봄이나 여름이면 아내와 함께 아침 7시에서 8시까지 밭일을 한 후 도시락을 싸서 학교에 나오죠. 한 9시에 학교에 도착한 후부터 오후 5시까지 도서관을 둘러보고, 도서관 안의 지금 이 방, 명예교수열람실에서 또 책을 읽고 글을 씁니다. 그러다 저녁에는 6시 정도부터 한 시간, 필요할 때는 하루에 두어 시간 남짓 밭일을 하고 있고요. 그리고 집에 돌아옵니다.

‖ 밭일을 말씀하셨는데, 시골에서 살며 농사를 지으시는 것도 유명합니다. 사모님과 함께 600평의 땅을 경작하고 계시는데요.

네. 저희가 경작하는 밭은 600평입니다. 제가 소유의 한계로 정해둔 면적인데요. 한반도의 국토 면적이 22만㎢인데, 거기서 산을 제외한 면적을 이 땅에 살던 사람 수 7천만으로 나누니까 1인당 3백 평이 나오더군요. 그래서 아내와 제 몫으로 600평을 산 것입니다. 저희 부부는 아주 일찍부터 자급자족의 삶이랄까, 그런 걸 지향했기에 이 600평에서 나온 작물을 1년 내내 먹고 있죠. 주위 사람들과 나누기도 하고요. 지금도 당근과 오이, 매실과 비트, 시금치와 마늘과 양파와 토마토 등등을 기르고 있습니다.

저희는 농약을 전연 치지 않고, 물론 기계도 전혀 사용하지 않습니다. 낙엽이 썩은 부식토 같은 것으로 화학비료를 대신하고 있고요. 완전한 유기농법이라고 할 수도 있지만, 그래서 여러모로 힘든 점도 많고 사람들에겐 '반타작 농사'라고 농담을 하기도 하죠. (웃음) 사실 그보다도 이런 농사법의 가장 힘든 점은 잡초를 제거하는 일이에요. 농사를 지어본 분들은 아시겠지만, 잡초는 정말 뽑아도 뽑아도 끝이 없습니다. 가히 잡초와의 전쟁이라 할 만하기도 하죠. 저희 부부가 주위의 농부 어르신들한테 십수 년간 얼마나 잔소리를 들었는지 모릅니다. 그렇게 농사지어서 뭐가 남겠냐면서 말이죠. 이제는 그분들도 포기하신 것 같긴 하지만요. (웃음)

어쨌든 제가 시골에 들어와서 농사를 짓기 시작했던 생활이 이제 정확히 20년이 되었습니다만 그나마 이렇게 농사를 지으면서 소박하게 살 수 있다는 게 정말 행복해요. 물론 요즘 세상에서 완전한 유기농, 완전한 자급자족이 어떻게 가능하겠습니까? 저도 그걸 잘 알고 있습니다. 다만 저는 '서울의 아파트에 살면서 우리 농촌을 걱정하는 건 앞뒤가 안 맞는 일이 아닐까.' 그런 생각을 오래전부터 했었죠. 진짜 농촌이 걱정되면 농촌에 와서 농사지어라. 제가 주위 분들에게 그런 이야기도 많이 했었는데. (웃음) 그 마음은 지금도 변함이 없습니다.

‖ 종일 책을 읽고, 글을 쓰고, 농사를 짓고……. 이런 삶이 특이하다는 건 알고 계시죠? (웃음)

저한테는 자연스러운 삶입니다. (웃음) 저처럼 이런 삶을 사는 분이 또 계시는지는 잘 모르겠습니다. 제가 남들 삶은 잘 모르니까요. 그냥 그럭저럭 이렇게 살고 있습니다.

‖ 휴대전화를 쓰지 않으시고, 자동차 면허도 없고, 인터넷은 필요할 때만 가끔, 또 동창회나 회식 같은 걸 아주 싫어하시고, 아내와 함께 직접 농사를 지으시며, 교수직에서 퇴임한 후에도 매일 도시락을 싸 들고 도서관에 나오시는 그런 교수님의 모습이 있습니다. 이게 수십 년 전부터 교수님이 주

창하던 어떤 이상적인 삶의 모습 같은 것에 꽤 명료하게 부합해서 제가 교수님께 무척 끌렸던 것 같습니다. 지행일치라고 해야 할까요? 한마디로 말해서 글로든 삶으로든 '자발적 고독'을 아주 훌륭하게 실천하고 계신 게 아닐까, 그런 생각을 했죠. 이 시끌벅적하고 빠른 세상에서 말입니다.

그건 너무 좋게 말씀해주시는 것 같고요. 제가 이런 삶을 주장하거나 살아갈 때 무슨 100퍼센트의 확신이나 이념이 있었던 것은 아닙니다. 경우에 따라선 그렇게 될 수밖에 없던 상황적인 탓도 있고, 이렇게 몰리게 된 측면도 분명히 있고요. 또 아직도 저는 저 자신의 삶과 입장에 대해서 계속 회의하고 있어요. 이러한 아웃사이더의 삶이 항상 제게 희망이나 기쁨만을 주는 것도 아닙니다. 경우에 따라선 불행하다고 생각될 때도 있고, 콤플렉스로 느껴질 때도 있고, 항상 왔다 갔다 하는데요.
그것은 제가 분명히 말씀드리고 싶어요. 이 책을 읽는 분들이 저를 포함해서 누구든 조금도 이상화하거나 절대화하지 말고, 제가 저의 삶을 솔직하게 말씀드림으로써 누구나 다 똑같이 고민하고 있고 방황하고 있다는 것을 알게 되고, 그래서 그분들이 살아갈 때 '그래, 누구나 다 그렇지. 그렇지만 그런 고민과 방황에도 힘이 있지. 박홍규의 얘길 들어보니 그 정도는 인정할 수 있겠다.'라는 것을 제가 조금만 보여줄 수 있다면. 그것만으로 참 다행일 거라고 생각합니다.

‖ 저희가 지금도 영남대 도서관 건물 안에 있는 명예교수열람실에서 말씀을 나누고 있잖아요. 저도 대학 시절부터 지금까지 도서관에서 오랜 시간을 보냈고, 많은 사람이 왜 도서관을 자주 찾지 않는지 참으로 궁금해하는 한 사람인데요. 도서관이야말로 우리 사회에서 가장 과소평가되고 있는 훌륭하고 멋진 공간 아닙니까? (웃음) 교수님의 도서관 라이프와 함께, 요즘은 무슨 책을 읽으시는지도 들어보고 싶습니다.

저는 워낙 잡독의 습관이 배어 있어서……. (웃음) 제가 도서관에 오면 거의 매일, 하루에 한두 시간 정도는 아무 목적 없이 서가를 돌아다니는데요. 서가를 어슬렁거리다가 흥미로운 책이 있으면 그 옆에 앉아서 몇 시간을 읽기도 하고요. 그렇게 서가를 배회하며 책을 읽다 보면 또 흥미롭고 새로운 책을 발견하게 되고, 그럼 시간이 정말 훌쩍 흘러가지요. 좀 미진하다 싶으면 책들을 대여해서 여기로 가져오는데, 하루에 두세 번은 꼭 그렇게 서가와 이곳 열람실을 오가는 것 같습니다. 책은 10권 전후로 빌리는 것 같고요.

오늘 아침에는 한국음악사에 관한 책을 빌려왔어요. 문득 우리 음악사에 대한 책이 읽고 싶더라고요. 왜 그런 생각이 들었는지는 기억나지 않습니다만. (웃음) 또 기세춘이라는 동양학자가 쓴 『묵자』와 『논어』, 『주역』 등을 같이 읽어나가고 있습니다. 이분이 공자에 대해 비판적이면서 묵자를 높이 평가하더라고요. 그 점이 저하고는 딱 맞아서 아주 즐겁게 글을 읽고 있죠. 요즘 동양학과 중국학 쪽에도 관심이 많이 가서, 이분에 대하여 좀 더 알아봐야겠다고 생각하는 중입니다.

그리고 지난주에는 제가 그동안 여성 사상가에 관한 관심이 좀 부족했다고 생각해서 『여성철학사』를 빌려와서 흥미롭게 읽고 있습니다. 또 요즘 기후와 환경 문제가 아주 심각하게 대두되고 있지 않습니까? 그래서 예전에 읽었던 나오미 클라인의 책들을 다시 읽고 있지요. 그리고 작업 때문에 칼 폴라니의 책들을 다시 빌려오기도 했고……. 또 생각나는 건, 제가 도서관에서 지나치다가 『또라이들의 시대』라는 책을 봤는데, 제목이 흥미로워서 펼쳐봤더니 정말 재미있더라고요. 이 책은 자기계발서에 속한다고 볼 수도 있는데, 자기계발서에 대한 저의 오랜 편견을 약간은 깨뜨려준 책이라고 할 수 있습니다. (웃음) 그리고 집에서는 틈틈이 오래전에 사두었던 『피터 드러커 자서전』을 다시 읽고 있습니다.

‖ 아, 교수님이 읽는 피터 드러커가 어떨지 궁금하군요.

드러커가 참 재미있어요. 드러커의 책은 어떤 책보다 사상적으로 깊이가 있습니다. 피터 드러커는 오스트리아-헝가리 제국 출신의 사람인데, 그가 태어나기 직전인 19세기 말과 20세기 초엽의 오스트리아 빈이라고 하는 곳의 문화는 굉장히 지적이고 르네상스적이었죠. 구스타브 클림트가 있었고, 구스타프 말러가 있었고, 지그문트 프로이트가 있던 그 분위기 속에서 피터 드러커도 성장한 거예요. 또 드러커의 집안은 헝가리 부다페스트에 살고 있어서, 드러커는 아르놀트 하우저와 게오르그 루카치를 비롯한 헝가리 지식서클 사람들의 영향도 많이 받습니다. 이런 사람들 이야기가 자서전에서 굉장히 많이 나와요. 드러커는 그러한 지식 사회에서 살다가 미국에 와서 경영학자로 변신하는데, 사실 그 변신의 근저에서 인문학과 예술이 거대한 지하수처럼 용솟음치고 있는 것이 그의 경영 사상이라고 할 수 있죠.

‖ 교수님이 세계 최고의 경영학자라고 불리던 드러커를 이렇게 높이 평가하실 줄은 예상치 못했습니다. 아무래도 경영학이랄까, 그런 쪽은 교수님의 취향이 아니라고 생각했던 것 같아요. (웃음)

피터 드러커는 오래전부터 참 좋아했죠. 물론 저는 경영학자 드러커라기보단 인문적인 소양이 풍부한 드러커를 좋아하는 셈이지만요. (웃음)

‖ 퇴임과 함께, 아버지의 호 초암樵癌을 따서 초암평화사상연구소를 만드시기도 했습니다.

제 아버지는 2013년에 돌아가셨는데요. 사실 아버지는 머리부터 끝까지 경상도의 가부장이라고 할 만한 분이셨고,

저는 평생에 걸쳐 아버지와 정치적 견해 차이로 극렬하게 부딪쳤다고 할 수 있어요. 그렇지만 줄곧 학교에서 아이들을 가르치며 농사를 지으셨던 어떤 지극한 성실함은 제가 많이 배우고 좇으려고 했던 바 있고요. 또 저의 아버지는 젊은 시절부터 냉전적 사고방식을 벗어나지 못한 아주 보수적인 분이었지만, 그래도 '평화'라는 키워드에 대해서만큼은 저와 아버지의 공감대가 있을 수 있지 않을까, 평화야말로 모든 인간적인 삶의 가장 기본적인 전제라 할 수 있지 않을까, 그런 생각으로 연구소 이름을 지었습니다.

그리고 제가 지난해 말에 델리의 간디박물관을 다녀왔는데, 올해 연말에도 인도에 한 번 더 가서 간디 평전을 준비할 자료를 수집해보려고 해요. 간디 평전을 쓰는 일은 제 평생의 숙원이라고 할 만한 것이거든요. 연구소 차원에서도 그쪽에 제가 펴냈던 책을 들고 가서 함께 공부할 만한 분도 찾고, 정보를 교환하려는 계획도 가지고 있습니다. 또 영남대 부설 독도연구소와 함께 평화연구센터를 만드는 일에 대한 고민과 이야기를 계속하고 있고, 내년 즈음 동아시아 평화에 관한 컨퍼런스를 주최하는 일도 계획 중입니다. 그런데 이런 일에는 사람들의 도움이 필요한데, 제 평생 사람 관리,

인맥 관리 같은 걸 멀리했던지라 요즘 좀 걱정이 많기도 해요. (웃음)

‖ 계속 이런저런 일들을 손에서 놓지 못하시는군요.

십수 년 전 제 아버지가 교직에서 퇴직하셨는데, 그 뒤로 아버지가 마음의 동요 같은 것도 참 많이 보이시고 우울증도 겪으시더라고요. 그래서 그때, 내가 나중에 교수 자리에서 물러날 때가 오면 일을 한순간에 놓는다거나 퇴직 전까지와 전혀 다른 생활을 하거나 그러지는 말아야겠다, 그런 생각을 많이 했습니다. 그래서 저는 퇴임했던 그다음 날부터 똑같이 여기 도서관에 나오고 그랬죠. (웃음) 저에게는 요즘도 그냥 교수 생활의 연장이랄까, 그런 기분이에요. 제 주위 분들은 저에게 "이제 좀 쉴 때도 되지 않으셨나." "이제 슬슬 정리하셔야죠." 같은 말씀을 하시는데, 잘 모르겠어요. 일단 지금은 제가 평생 살아오던 것과 똑같이 생활을 해나가려 해요. 젊었을 적처럼 힘이 넘치거나 속도가 빠르진 않더라도, 계속 열심히 읽고, 또 쓰고, 변함없이 해오던 것을 천천히 이어가며, 그렇게 노년의 삶을 마무리하려고 합니다.

노년의 풍요로운 삶을 위하여

‖ 거의 매주 주말마다 사모님과 함께 대구 시내의 서점을 들르시고, 두 분이 같이 영화를 본다는 말씀을 들었는데요, 정말 보기 좋은 노부부의 주말 의례처럼 느껴집니다.

맞아요. 둘이 시내에 일찍 나가서 영화표를 예매하고, 그러곤 두어 시간 동안 서점에서 책을 읽습니다. 저는 제가 읽고픈 책을 읽고, 아내는 아내가 읽고픈 책을 읽고……. 가끔은 오페라하우스를 가고, 미술관을 가기도 하고요. 사실 저는 바깥에 보이는 것만큼 은둔자나 반사회적인 사람은 아닌데요, 영화를 좋아하는 걸 보면 그게 스스로 실감이 좀 되는 것 같습니다. 지금도 영화를 매주 몇 편씩 보고 있고, 영화를 통해서 세계와 호흡한다고 말하는 게 과언이 아닐 정도로 영화를 좋아하니까요.

그런데 지난주 저와 아내와 「그때 그들」이란 이탈리아 영화를 보고 왔는데요, 이 작품은 극장에서 한 다섯 명쯤이 같이 봤던 것 같습니다. 말 그대로 상영관이 텅텅 비어 있는 거죠. 예술 영화를 트는 상영관은 언제나 그렇습니다. 텅 빈

극장에서 저희 부부 두 사람만 보는 경우도 허다하거든요. 대중적 인기를 끄는 블록버스터 상업 영화들은 주말엔 늘 인산인해인데도 말이죠. 저는 사람들에게 무조건 예술 영화를 보라거나 상업 영화를 보지 말라고 이야기할 생각은 없습니다만, 이런 현상에 대해서 무언가 아쉬운 마음이 드는 건 어쩔 수 없죠.

더욱이 이쪽 대구에는 예술 영화를 트는 곳이 한 세 군데 정도 있거든요. 저와 제 아내가 그 극장들에 가면 항상 나이가 제일 많아요. 심지어는 70~80대가 된 노인들을 소재로 한 영화일 때도 말이죠. 제가 다른 나라를 여행할 때 박물관과 미술관, 도서관을 꼬박꼬박 찾는데, 가보면 대부분이 노인들입니다. 도서관은 특히 노인들이 많죠. 노인들이 소일거리로 책을 쌓아두고 도서관에서 몇 시간을 보내는 풍경이 참 익숙하단 말이에요. 그런데 우리는 도서관에도 노인들이 없습니다.

‖ 우리나라 도서관은 대부분 공부하는 학생들이나 젊은 직장인 위주가 아닙니까? 그건 좀 안타까운 일이죠.

그렇습니다. 우리 사회의 노인들에 대해서 참 가슴 아프게 생각하는 것은, 어린 시절부터 책을 읽거나, 자신만의 취향을 쌓을 수 있는 삶의 시간과 공간이 그분들에게 전혀 주어지지 않았다는 점이에요. 특히 진지한 예술 영화는, 젊은이들의 이야기도 꽤 있지만 적어도 반 이상이 중년의 이야기, 노인의 이야기 아닌가요? 어느 정도 살 만큼 살아본 사람들의 삶 말이죠. 청춘 영화는, 예술 영화로 다룰 만한 소재가 아주 많지는 않은 게 사실이니까요. 제 생각은 이래요. 노인들을 다룬 영화는 노인들이 봐주어야 해요. 그런데 이런 영화를 상영하는 극장에서 노인을 찾는 일이 극히 힘들다는 게 마음이 아프죠.

그렇지만 그분들을 변호하고 싶은 생각은 없습니다. 저는 노인이라는 소리가 참 듣기 싫습니다. 우리 노인들 중에는 품위도 없고, 여유도 없고, 성격도 강파르고, 욕도 많이 하는 분들이 참 많습니다. 그걸 인정해야 해요. 여름에 지하철을 타면 아침부터 막걸리와 소주를 마시고 타는 분들이 있는데, 술이 얼큰하게 취해서 그렇게나 고함들을 치는 거예요. 젊은 친구들에게 자리 양보 안 한다고 고함을 지른다거나, 외국인 노동자들에게 너희 나라 안 돌아가고 여기서 뭐 하느냐고 윽박지르는 모습 같은 것을 저도 자주 봐왔고요. 지하철이나 버스, 공공장소 안에서 핸드폰에 대고 소리를 치는 것도 꼴불견입니다.

‖ 교수님의 말씀은 일전에 효암학원 이사장 채현국 선생이 "노인들을 절대로 믿지 말라", "노인들이 저 모양인 걸 잘 봐두어라"라고 일갈해서 크게 화제가 되었던 대목을 떠올리게 하는군요.

채 선생의 기사는 저도 인상 깊게 읽었습니다. 참 좋은 말씀이죠. 그런데 노인들을 믿고 안 믿고는 둘째치고, 정치적으로 과거 독재 시절을 예찬하면서 우경화된 노인들보다 저에게 더 서글픈 것은 역시 일상적인 생활의 면면입니다. 우리 문화라는 게 사실 대부분 다 청춘 문화예요. 어딜 가나 젊은 이들과 학생들이죠. 도서관도 그렇고, 미술관도 그렇고, 연극을 무대에 올리는 극장도 마찬가지고요. 노인들은 다 어디로 갔을까요? 독서나 영화, 음악이나 미술 등등에 대해서 무언가 여유롭게 즐길 수 있는 우리나라의 문화적인 역사가 참으로 짧은 것 같다는 생각도 들어요.

제가 걱정하고 안타깝게 생각하는 건 그것이에요. 지금 저희보다 젊은 분들도 바로 그런 문화를 충분히 익히지 못하고 있는 게 아닐까, 이런 걱정이 들 때가 있습니다. 상업 영화든 예술 영화든 여러 층위의 다양한 문화를 즐기며 자신만의 취향을 계발시키고, 도서관에 시험 준비를 하러 오는 게 아니라 정말 순수하게 지적 호기심을 만족시키기 위해 찾아와서 이런저런 교양서를 읽는다거나……. 사회는 분명 꽤 윤택해졌는데, 그런 정신적이고 문화적인 여유는 아직도 참 부족한 것 같아요.

그래서 청소년기나 20~30대의 젊은 분들이 '30~40년 뒤에 도서관이나 미술관에서 자기 삶을 풍요롭게 살아갈 수 있는 훈련을 하고 있는가'라는 질문에 대해서, 저는 조금 회의적으로 느껴집니다. 과거 제가 젊었을 때보다는 낫다고 볼 수도 있겠지만, 저는 여전히 무척 부족하다고 생각돼요. 이게 한 사람의 노인으로서 지금 젊은 세대에게 책임감을 느끼고 있는 부분이에요.

‖ 한 사람이 지적·감성적으로 일찍부터 쌓아나가는 체계적인 훈련, 그리고 자신만의 습관이 중요하다는 말씀이시겠죠?

저도 노인이고, 제가 젊은이들에게 무언가를 바라고 요구할 수 있는 사람은 아니겠지만, 저는 지금이라도 젊은 분들에게 당신들은 제발 고함지르고 무지한 노인들이 되지 말라고 말씀드리고 싶을 뿐이에요. 그렇게 되지 않기 위해선 아주 젊은 시절부터 반드시 훈련이 필요하다, 자신의 몸과 피부에 와닿는 노력이 필요하다, 이런 말씀을 꼭 드리고 싶습니다. 이렇게 말씀드리면 '제 딴엔 교수로 평생을 지냈고 여유가 있으니 저런 식으로 말한다.'라면서 꼰대로 몰릴지도 모르겠지만…… 그래도 저는 이 대담에서 이런 얘기들을 계속 들려드릴 것 같습니다. (웃음) 우리도 먹고살기가 바쁘다, 이것은 치열하고 빡빡한 사회 탓이다, 이렇게 항변할 수도 있겠지만, 그렇게 따지자면 지금 저렇게 나이 든 노인들도 '옛날 우리 젊은 시절에 먹고살기가 너무 고되고 힘들었다'라고 똑같이 항변할 것 아니겠어요?

‖ 공감합니다. 이 대담을 읽으시는 분들에게 전하고 싶은 메시지가 교수님의 방금 말씀에 응축되어 있다고 느껴집니다. 나이가 들어서도 자연스레 도서관을 찾아, 자신이 평생 즐겨온 분야의 책을 읽는 어떤 노인들의 초상. 저도 그런 노인

이 되기를 바라고 있고요.

그런 이야기라면 얼마든지 들려드릴 수 있습니다. (웃음) 부족한 사람이지만, 앞으로 박 선생과 함께 즐겁게 이야기를 나누어갔으면 좋겠군요.

2

독서에 관하여:

책은 날씨와 공기처럼

‖ 교수님은 왕성한 다독가로 유명하시지요. 교수님께 직접 책에 관한 이야기, 독서에 관한 이런저런 이야기를 듣고 싶은 마음이 컸습니다. 보통은 어떤 방식으로 책을 읽으십니까?

일상적으로는 이렇게 매일매일 학교 도서관에 다니고 있고요. 한 달에 두어 번은 온종일 대구 시내 서점에 머물면서 모든 분야의 신간들을 둘러보곤 합니다. 지금 당장 제가 무언가를 작업하는 것과 관련해 흥미롭게 살펴보는 일도 있지만, 지난 50여 년 이상 저한테 습관이 된 것이 하나 있어요. 서점에 진열된 책들을 몇 시간은 일단 그냥 휘휘 보는 거예요.

‖ 웬만하면 모두 둘러본다는 것이죠?

네. 모두 둘러보려고 하죠.

‖ 아무래도 연세도 있으시고, 몇 시간이고 계속 서점에서 책을 읽는다는 건 쉽지 않은 일일 텐데요.

글쎄요. 막상 서점에 가면 딱히 힘들다는 생각이 들지는 않는 것 같아요. 저렇게 새롭고 다양한 책들이 많다는 건 늘 즐겁고 흥분되는 일이니까요. 그 시간은, 저에게는 마치 하루하루 변화무쌍한 날씨를 보는 것과 같이 느껴지거든요. 지금도 서점에 가서 이리저리 거닐다보면 한두 시간이 훌쩍 가곤 하는 것 같습니다. 지난 주말에도 몇 시간을 서서 책을 봤는데 그다지 힘들다는 느낌은 없었어요.

‖ 책을 둘러보는 것은 매일의 날씨를 대하는 것과 같다. 멋진 말씀인데요. 대충 봐선 밋밋하고 새로울 것도 없는 듯하지만, 세심하게 집중해 보면 굉장히 멋진 것들이 숨겨져 있는…….

그리고 그 날씨 아래에서 빛나는 숲을 바라본다고 해야 할까요. 저는 매일 아침 1시간 정도 걸어서 학교에 옵니다만, 똑같은 길을 걸어오는데 모든 날이 항상 다르잖아요. 시간에 따른 풍경의 미묘한 변화들이 있고, 또 시시각각 다른 하늘도 보이고 숲도 보이고……. 날씨가 변하고 계절이 변하는 것처럼 말입니다. 저는 서점에 가도 그런 느낌을 받습니다. 또 그걸 느껴야만 제가 살아 있다는 느낌을 받을 수 있고요. 그 자체로 기쁨이 있는 것이죠.

새로운 지적인 모험으로서의 새로운 책과 그 안의 셀 수 없는 이야깃거리들……. 이런 게 저에게는 정말 신선하게 느껴집니다. '아, 오늘 날씨가 참 좋아졌네', '아, 바람이 이렇게 맑고 상쾌하구나'라는 감정과 비슷하게 말이지요. 이런 면에선 저는 그냥 '생활독서인'이라고 할까요, 그런 단어로 표현될 수 있을 것 같아요.

‖ 교수님 생활의 기쁨은 지적인 호기심에서 비롯된다는 것이죠.

네. 저는 다른 전공의 교수들을 만나도, 그 분야에 관해서 이야기 나누는 것을 참 좋아했어요. 예를 들어 독문학 교수를 만나면 그분과 독일 문화에 관해 이야기 나누는 식으로 말입니다. 모든 교수가 이런 이야기를 좋아했던 건 아니지만, 그래도 저와 이야기를 재밌게 나눠주시는 분들도 많았죠. “그런 분야에도 관심이 있으십니까?”, “그런 책도 보십니까?”라는 이야기를 자주 듣기도 했어요. 여하튼 저 나름으로는 일종의 ‘사상의 지도’랄까, ‘지성의 지도’랄까, 그런 것을 그리면서 전체적으로 하나의 책방을 둘러보는 것을 참 좋아했습니다.

‖ 서점을 둘러보며 머릿속의 지도를 그린다.

너무 거창한 표현이지요? (웃음)

‖ 아무리 취향이 넓으시더라도, 아무래도 좀 선호하시는 책들은 있을 것 같은데요.

물론 제가 큰 서점을 가게 되면 인문과 예술 코너에 가장 많은 시간을 할애하는 것은 사실입니다. 새로 나온 화집들은 꼭 살펴보려 하고요. 역시 철학과 사상 분야의 책들을 가장 많이 펴드는 것 같습니다. 그렇지만, 저는 다 돌아봐요. 문학과 종교, 사회과학, 자연과학 코너를 다 돌아보죠. 여행

코너에도 가서 새로 나온 여행 에세이도 들춰보고요.

‖ 1년에 두어 번은 꼭 일본에 가서 며칠씩 책만 읽다 돌아오신다는 말씀도 해주셨잖아요. 지난 연초에도 배를 타고 후쿠오카를 다녀오셨다고요.

맞아요. 그건 제가 오랫동안 유지하고 있는 '책 여행'의 시간입니다. 혼자서 즐기는 일종의 '책 서핑'이자 '책 사냥'이라고 할 수 있겠죠. 요즘은 우리나라도 많이 나아진 것 같지만, 일본 서점들에선 확실히 좀 더 다양하고 흥미로운 새 책들을 많이 볼 수 있는 것 같습니다. 우리나라는 교보문고 정도 되는 대형 서점에서도 대학출판사에서 나온 책이라든가 전문적인 학술서를 찾기란 쉽지 않은 게 사실이에요. 일본은 후쿠오카만 하더라도 그런 방면의 다양성은 훨씬 더 낫게 느껴질 때가 많습니다. 교보문고만큼의 규모는 아니더라도, 그런 다양성을 꾀하면서 훌륭한 내실을 보여주는 서점들이 몇 군데 있어요. 그런 서점들을 한 계절에 한 번만 찾아가도 며칠은 정말이지 행복하게 책 여행을 할 수 있는 거예요.

‖ 일본이 출판 강국인 걸 실감할 수 있죠.

그렇습니다. 특히 일본의 번역 문화는 굉장하죠. 일본엔 어느 나라에서도 쉽게 구하기 힘든 책들, 심지어는 영어로도 번역되지 않은 전 세계의 책들이 소개돼 있습니다. 예를 들어 『불가리아의 12세기 신화』 같은 책들이 출판되어 있을 정도니까요. 저는 일본에 가서 일본 사람들이 쓴 책은 별로 사지 않아요. 다른 나라에서는 구할 수 없거나 볼 수 없는 책들 위주로 사 오곤 합니다. 아무튼, 일본은 대단한 출판 강국이에요. 참으로 탄탄한 번역 문화를 지니고 있어서 전 세계의 지성을 전면적으로, 빠르게 습득하는 것이 가능한 국가라고 할 수 있어요. 일본 서점에 갈 때마다 이런 생각을 하곤 한답니다.

책이라는 오랜 벗

‖ 사실 세상일이 다 그렇듯이 독서도 훈련이라고 한다면, 교수님은 어린 시절부터 그런 훈련을 잘 해오셨던 것 같습니

다. 이런 점은 어떻게 형성이 되었을까요?

음, 어떻게 형성이 되었을까요? 짧게 말씀드리기 쉽지 않을 것 같은데……. (웃음) 무엇보다 매일매일의 습관과 취미처럼 익숙하게 만드는 게 가장 중요하지 않을까요? 제가 날씨의 비유를 들기도 했던 것처럼 말입니다. 제가 무슨 해답을 드릴 수 있는 건 아니겠지만, 여하튼 자기 삶에서 그처럼 자연스럽게 느껴지는 게 참 중요한 것 같습니다. 우리 사회에 이와 같은 의미의 자연스러운 독서, 생활과 밀착된 독서가 더욱더 필요하지 않을까, 라는 생각도 많이 들어요.

‖ 역시 독서란 오랫동안 한 권의 책을 혼자서 읽어내는 일에 가깝잖아요. 본래 혼자서 무언가를 하는 걸 좋아하셨나요?

그랬던 것 같아요. 어릴 때 저의 부모님 두 분과 우리 4형제가 한 방에 함께 살았는데, 집의 천장 위에는 다락방이 있었고, 마루 밑에는 지하실 비슷한 공간이 있었어요. 초등학교 때 이 지하에서 전등불로 했던 인형 놀이, 그리고 다락방에 올라가서 혼자 몇 시간이고 책을 보는 그런 시간이 기억나네요. 이런 경험이 제 안에 깊숙하게 남아 있어요. 저는 밖에서 뛰어다니는 운동 같은 걸 별로 좋아하지도 않고, 이렇게 홀로 노는 것을 너무나도 좋아했던 것 같습니다.

‖ 교수님의 본격적인 독서는 중학교 때부터 시작되었다고 알고 있습니다.

저는 시골에서 초등학교를 마치고, 1964년에 중학교에 다니기 위해서 대구에 왔습니다. 대구의 유일한 친척이 남편을 일찍 여의시고 혼자 살고 계시던 고모님이셨어요. 고모님 댁은 달성공원 뒤의 빈민촌에 있었어요. 그 시절에 아버지가 저에게 주셨던 유일한 용돈이 버스비였습니다. 고모님 댁에서 학교까지의 거리는 한 시간 남짓한 거리, 약 4~5킬로미터 정도 되는 거리여서 버스를 타고 다녀야 했는데, 당시 버스비가 제 기억으로는 한 3원 정도 되었을 거예요. 그러니까, 버스를 타지 않고 서너 번쯤 걸어 다니면 헌책방에 가서 책 한 권을 살 수가 있었습니다. 그때 헌책방에서 제일 싼 책이 「사상계」였습니다. 제가 이 「사상계」부터 사 모으면서 본격적인 독서를 하고 책의 수집을 시작했습니다.

이때는 어린 마음에도 참 외로웠던 기억이 나요. 학교가 파한 후 집에 일찍 들어가기는 싫고……. 그럴 땐 길가에 있는 서점들을 들르는 게 저의 자유시간을 쓸 수 있는 가장 싼 방법이었어요. 책방에서 소설도 보고, 잡지도 읽고, 만화도 보고, 야한 주간지 같은 것도 봤던 기억이 있습니다. (웃음)

‖ 처음엔 외로웠기 때문에 독서에 정을 붙이셨던 것이군요.

맞아요. 중학교에 올라온 제게 대구라고 하는 공간은 너무나도 외로운 곳이었어요. 제 마음을 이해해 줄 이가 아무도 없었던 것처럼 느껴졌습니다. 제 고모는 온종일 달성공원 뒤의 시장에서 채소와 과일 등을 파셨어야 했어요. 집에 가면 늘 아무도 없었습니다. 혼자 저녁을 먹은 후엔 헌책방에서 가져온 책을 읽다가 자고 그랬습니다. 그 책들을 들고 다음 날 학교에 가져가서 수업시간에도 읽고 그랬던 기억이 있습니다.

그래서 집에 일찍 들어가기 싫으니 하굣길의 헌책방에서 정말 많은 시간을 보내곤 했었죠. 그때 헌책방 주인분들은 저 같은 학생이 책을 샅샅이 헤집고, 몇 시간이나 구석에 앉아서 줄곧 그 책들을 읽는 것을 눈감아주었던 것 같아요. 그 덕분에 열심히 읽었고, 그런 버릇이 중학교와 고등학교, 또 대학교까지 이어지면서 그냥 제 생활이 된 것 같습니다. 그래서 대학 3학년쯤 되었을 때는 누군가가 제가 사는 집에 와서 '만 권의 책'을 소장하고 있다고 표현할 정도로 책을 많이 갖게 된 게 아닐까 싶습니다.

‖ 만 권의 책이요? 굉장한데요. 누가 그런 말씀을 하셨던 겁니까?

작년에 구미시장이 된 장세용이란 분이 있는데, 그 보수적인 도시의 시장이 더불어민주당 출신이 되었다고 크게 화제가 된 적이 있죠. 저와 같은 대학을 졸업하고, 나중에 부산대에서 교수를 하다가 구미시장이 된 분인데요, 얼마 전 신문과의 인터뷰에서 이분이 "정치와 사회에 관심을 가진 계기가 무엇이냐"는 질문을 받았더군요. 그러니까 대학 1학년 때 자신이 박홍규의 집에 왔더래요. 장세용 씨가 제 동생의 친구였거든요. 그러곤 제 서재를 보더니 "책이 만 권이 있더라"라는 표현을 했다더군요. 그때 제가 자기에게 조지 오웰 이야기를 하면서 『1984』를 건네주더라, 그걸 읽고 사회에 처음으로 진지하게 관심을 두게 되었다고 말했더군요. 저는 잘 기억이 나지 않는 에피소드이지만 말입니다. (웃음)

어쨌든 이렇게 중학교 1학년 때부터 악착같이 책을 사 모았으니, 대학 3학년쯤 되니까 장세용 씨가 만 권이라고 표현할 정도가 되지 않았겠어요? 물론 만 권은 과장이 좀 심한 수치인 듯하지만 말이죠. (웃음) 어쨌든 그 친구가 보기에 그만큼 책이 많았다는 표현이었겠지요.

‖ 그렇게 책을 사 모으시려면 돈도 많이 들었을 것 같은데요.

그랬습니다. 매일매일 헌책방에 죽치고 앉아서 이 책 저 책 뒤지면서 보다가, 그래도 나올 때 책을 한 권은 사야지 않았겠습니까? 그래서 아까 말씀드렸듯 그때 가장 쌌던 「사상계」나 「현대문학」 같은 문학 잡지를 주로 한 권씩 샀죠. 대학 시절에는 틈틈이 아르바이트도 했었고요. 저는 대학 때 잠바 한두 벌 외에는 양복 한 벌이나 구두 한 켤레도 산 적이 없어요. 그 시절엔 돈만 있으면 책을 샀습니다.

‖ 말 그대로 책에 파묻혀 지내셨군요. 그럴 만한 환경에 계셨고, 그래서 책에 자석처럼 이끌리는 듯 말이죠.

그러니까 제가 책을 사랑하게 된 계기는 천성적으로 책을 좋아하고 말고 이런 것과는 거의 관련이 없는 것 같아요. 그저 너무 고독하고, 너무도 심심하고 외로웠기 때문에 책방에서 두세 시간 이상 보내야 했던 겁니다. 이게 계기라면 계기라고 할 수 있겠네요. 그때부터 이미 책은 저에게 공기와 날씨처럼 느껴졌던 것 같습니다.
이런 이야기를 하는 게, 지금 재미있는 것들이 너무도 많은 시대에 무슨 의미가 있을진 모르겠습니다만…… 어쨌든 부모님이 저를 위해서 어린이용 책이나 동화 같은 것을 사주셨던 분도 아니셨고요. 부모님도 체계적인 독서 훈련 같은 게 되어 있던 분들이 전혀 아니셨어요. 집에 좋은 서재가 있지도 않았고요.

‖ 그래도 뭐 다른 즐길 거리를 찾을 수도 있었을 텐데 말이죠. 어떻게 그런 일이 가능했을까요?

일단 먼 거리였기 때문에 혼자 걸어 다녀야 했고……. 가장 고마운 건 장사엔 거의 도움도 되지 않았을 중학생을 너그럽게 받아준 헌책방 사장님들이죠. (웃음)

‖ 저도 걷는 일을 무진장 좋아해서 파주출판도시 인근을 오랫동안 어슬렁거렸던 기록인 『산책하는 마음』이란 책을 쓰기도 했습니다만, 그렇게 하루도 빼놓지 않고 왕복 10킬로미터의 거리를 걸어서 통학할 순 없었을 것 같습니다. (웃음) 아무튼 그때 교수님은 이미 책이 주는 즐거움 같은 것을 아주 깊이 느끼셨던 것 같습니다.

세상을 바라보는 눈으로서 책은 제게 가장 중요했습니다. 그냥 저한테는 그랬던 것 같아요. 잡지를 많이 읽다 보니 다양한 방면에 관심을 두게 되었고, 그야말로 잡학 비슷한 것이 되었죠. 지금까지 제가 해왔던 여러 저술과 번역 작업 역시 잡학이라고 표현할 수 있겠지만……. 어쨌든 제 경험은 좀 특수한 것일지도 모르겠습니다. 제가 어른이 되어서 만난 동료들, 혹은 저와 같이 학교에 다녔던 친구 중엔 이런 식으로 독서가 생활화된 경우는 거의 없었던 것 같거든요.

당시에 헌책방을 거의 매일같이 다녔어도 거기서 저의 친구들을 본 적은 없었고, 그런 저의 경험을 같이 공유할 수 있는 대화를 나눈 적도 없었습니다. 저로서도 그런 생활이 가끔은 힘들고 외롭기도 했지만, 책에 파묻힌 나날은 무척 즐거운 시간이었던 게 분명하죠. 헌책방에 매일 다니고, 가끔은 새 책을 파는 서점에도 들르고, 그러다 좀 더 경제적인 여유가 생기면 종종 영화관에도 가고 했던 그런 생활이 말이죠.

‖ 지금은 안타깝게도 지역 곳곳의 오랜 역사를 지닌 헌책방들이 거의 다 사라지고 있죠. 그때는 대구에도 헌책방이 꽤 많았던가 봅니다.

그때는 대구라는 도시가 참 좁았어요. 한쪽 끝이 제가 다니던 대구중학교, 또 한쪽 끝이 제가 살던 달성공원이었는데 그 좁은 시내에도 헌책방이 참 많았습니다. 그리고 그곳에는 교과서나 참고서류만이 아니라 이런저런 교양서적과 문학 전집, 시집 같은 것들이 참 많았습니다. 오히려 다양성의 측면에선 지금보다 더 나았다는 인상까지 남아 있어요.

제가 그때 열심히 사두었던 책들을 지금도 꽤 많이 간직하고 있는데요, 그때의 문고판과 전집의 목록을 보면 정말 다양했어요. 어떻게 본다면 지적인 다양성은 그 시절보다 지금이 더 사라진 시대가 아닌가, 그런 생각이 들 때도 있습니다. 물론 요즘은 그 시절에 없었던 자기계발서와 실용서류가 훨씬 많이 나오고 있습니다만…….

제가 학창 시절을 보냈던 1960년대라고 하는 시간은, 우리나라에 사상과 문학, 인문 교양 분야가 그 나름으로는 굉장히 융성했던 때가 아닌가 생각이 됩니다. 어떤 지식의 보급 차원에선 '인문 교양의 전성기'라고 할 만큼요. 또 그 당시의 「사상계」나 「세대」 같은 잡지들의 수준은 정말로 훌륭했습니다. 그런 시대적인 자양분을 통해서 제가 참 많은 것을 배우고 얻을 수 있었던 것 같아요. 그런 경험은 제가 이후에 걸어갈 삶의 길에 매우 중요한 역할을 하지 않았나 생각이 됩니다.

‖ 중학교 때 갑자기 책을 좋아하셨을 것 같진 않은데요.

중학교 이전부터 책은 참 좋아했죠. 이렇게 예전 이야기를 물어봐주시니 그 시절 생각이 자꾸 나는군요. 저는 초등학교 3학년 즈음에 초등학교 교사였던 아버지를 따라서 경상북도 문경에서 살게 되었어요. 그때 저한테 그림을 가르쳐주신 미술 선생님도 만나고, 일찍부터 철학이나 문학에 관해 이런저런 이야기를 들려주셨던 선생님도 만났습니다. 아마 그 시절 시골 아이가 좀 책도 읽고 하니까 그런 걸 기특하게 봤던 선생님들이 많이 도와주셨던 기억이 있어요. 선생님들께도 가끔 책을 빌려와서 읽었죠.

또 그즈음 의사이신 친구 아버지가 서재를 가지고 있었는데, 그 서재에서 이런저런 책들을 빌려서 읽었던 일도 생각나는군요. 중학교에 들어와서 책을 열심히 읽었다기보단, 이미 초등학교 3~4학년 시절부터 책도 읽고, 글도 쓰고, 그런 취향이 확고하게 만들어졌던 것 같아요. 글짓기 대회에 나가서 상도 받고, 그림 그리기 대회에 나가서 상도 받고요. 그런 대회는 지금도 아마 많이 있겠지요? 아무튼, 그 시절에 문학이나 미술 같은 것에 대해서 그처럼 지성적 · 감성적으로 눈뜨는 계기들을 만들 수 있었고, 그런 것이 자연스레 저 자신의 생활이 되었던 거라고 생각해요.

‖ 중·고등학교 시절에 읽었던 책 이야기를 좀 들려주시겠습니까?

제가 중학교를 들어갔던 1964년도에 제가 가장 좋아했던 책들이 신구문화사에서 나온 『세계의 인간상』이라고 하는 전집이었어요. 그게 열두 권으로 된 책이었는데, 권당 네 사람의 인물을 다루었어요. 모두 합치면 48명의 사람을 다루었죠.
지금도 아이들을 위해서 동화책 수준이나 중·고등학생을 위한 인물 시리즈가 많이 나오는 것으로 알고 있는데요, 제가 초등학교 5학년 즈음에 학원사라는 출판사에서 출간했던 소년·소녀용 위인전들을 많이 읽었어요. 그리고 중학교에 들어왔을 땐, 지금 말했던 청소년 대상의 책들은 별로 읽지 않고 바로 성인서로 뛰어넘었던 것 같습니다. 돌이켜보면, 그래서 부작용도 많았던 것 같고요.
지금도 생생하게 기억하는 것은 『세계의 인간상』에서 처음 읽은 니체에 관한 책입니다. 그때 제가 엘리자베스 니체라고 니체의 여동생이 쓴 니체 전기를 읽었어요. 이게 참 나쁜 니체 전기인데요, (웃음) 어쨌든 당시엔 이 전기를 읽고 굉장히 큰 감동을 받았는데, 사실 이 책보다 더 큰 감동을 받았던 것은 오스트리아 작가인 슈테판 폴라첵이 쓴 빈센트 반 고흐의 전기입니다. 최근 새로 번역이 되어서 나오기도 했지요.

동시에 제가 제일 좋아했던 책은 로맹 롤랑이 쓴 몇 사람의 전기였습니다. 톨스토이, 간디, 밀레, 베토벤의 전기 말이죠. 이렇게 네 사람이었던 걸로 기억되네요. 아마 이 전기들이 제가 어릴 때, 중학교 시절에 가장 좋아했던 작품이었던 것 같습니다. 그러면서 제가 평생에 걸쳐 크게 영향을 받은 톨스토이와 간디의 책들로 자연스럽게 넘어갔던 것으로 기억됩니다. 아, 그때 『운명의 별이 빛날 때』라는 니체의 책도 참 재밌게 읽었습니다.

‖ 제목이 좀 낯선데요?

『차라투스트라는 이렇게 말했다』를 저 제목으로 번역했던 것이죠. 그리고 니체부터 시작해서 본격적으로 철학과 문학 고전들을 찾아서 읽기 시작했던 것으로 기억해요. 그리고 그땐 거리의 가판대에서 그런 책들을 팔았습니다. 얼마나 지적인 시대였습니까? (웃음) 로맹 롤랑의 소설 『장 크리스토프』도 가판대에서 샀던 게 기억나네요. 만화책이 중심이었지만, 아주 다양한 분야의 책을 빌려주는 대여점도 몇 군데 있었고요. 제가 그때 세계문학 전집 같은 책들을 이런 대여점에서 빌려와 열심히 읽습니다. 그땐 참 독서인들의 수준이 높지 않았나요? (웃음)
어린 시절이었으니, 아마 그런 책들의 내용을 깊숙하게 이해하고 읽었던 건 아니었겠죠. 그런데 그런 책들에서 어렴풋이나마 배웠던 것은, 저의 아버지와 학교 선생님들이 얘기하는 것과 정반대의 미덕이었던 것 같아요. 한 사람의 자유가 얼마나 소중한지, 우리의 인간성이 그 자체로 얼마나 심원하고 아름다운지, 이런 것들 말이죠. 어쨌든 그런 독서를 통해서 뭔가가 제 안에서 성숙해지고, 지적이고 감성적인 조숙 같은 게 이뤄졌던 것으로 생각이 됩니다. 아마 많은 청소년들 역시 저와 마찬가지의 경험이 있으리라고 생각해요. 제게도 역시 그런 독서의 경험은 사춘기적인 반항심을 무언가 제 나름으로 좀 더 가다듬고 보편화시켰던 일이라고 할 수 있지 않을까 싶습니다.

독서는 날씨와 공기처럼

‖ 교수님은 대구중학교를 거쳐 경북고등학교에 입학하셨지요. 아무래도 지역의 명문 학교인 만큼 일찍부터 입시 분위기가 거셌을 것 같긴 한데, 그런 유유자적한 생활을 계속 이어가실 수 있었습니까? (웃음)

그랬죠. 오히려 더 심해지지 않았나 싶기도 하고요. (웃음) 그때도 당연히 중학교 시절부터 매주 시험을 치고 매달 성적표와 통지표 같은 것을 보내서 학생들과 학부모들을 수험에 몰두하게 하는 분위기가 있었습니다. 경북고등학교 때야 말할 것도 없었지요. 중학교까지는 학교 수업과는 전연 상관이 없는 책을 읽고 그러면서도 시험 성적을 내는 게 병행이 가능했는데, 고등학교 때는 아무래도 성적이 유지되긴 힘들더라고요. 그래도 고등학교 3년 내내 제 버릇을 고치진 못했지만 말이죠.

‖ 교수님은 어른이 되신 후 우리나라의 입시 교육 비판을 많이 하셨습니다. 대한민국의 학교 교육이 한 사람을 얼마

나 피폐하게 하는지를 말이죠.

맞아요. 많이 했어요.

‖ 그런데 교수님도 대구중학교와 경북고등학교, 당시에 지역의 명문 중·고교들을 거치면서 획일적인 교육을 받고 자랐다는 아이러니가 있지 않을까요? 중학교 때부터 매주 시험을 보셨다고 하니, 지금보다 훨씬 더 획일적인 측면이 있지 않았을까 싶은데요. 그런 곳에서 또 교수님과 같은 사람이 자라났다고 한다면, 어떤 면에선 한 사람의 성장은 환경이나 교육제도 같은 것들에 생각보다 덜 영향을 받는 건 아닌가, 그런 궁금증이 들 때가 있습니다.

움베르토 에코도 이런 맥락의 이야기를 했던 적이 있습니다. 이탈리아의 독재정권에서 자랐던 사람들이 가장 격렬하게 파시스트에 반대하는 세대가 되지 않았느냐, 우리는 한 사람의 인격이 성숙하는 과정에 대하여 너무 지나치게 한쪽으로 확신하기보단 '우린 그에 대해 아직 다 알진 못한다'는 점을 겸허하게 인정할 필요가 있다고 말이죠. 그간 우리의 교육 현실을 선명하게 비판해온 교수님의 입장에선 이런 반문에 대해서 어떻게 생각하십니까?

박 선생의 말이 맞습니다. 좋은 지적이에요. 에코의 그런 겸허한 코멘트는 충분히 경청할 만합니다. 그렇지만 제 경험에 비추어 돌아본다면…… 저는 제가 속한 세대에서 분명히 예외적이고 지극히 소수자적인 존재였습니다. 말 그대로 다수에 소속된 건 아니었던 거죠. 박정희 세대에서 대구중학교와 경북고등학교를 나왔던 저의 세대 사람들은, 그들이 명문대를 다녔든 아니든 간에, 상당수가 너무나도 획일적인 보수 세력이자 수구 세력이 되었습니다. 그것이 제가 동창회를 안 나가는 중요한 이유 중 하나이기도 하죠. (웃음) 그분들에게는 제가 가당치도 않은 '열외자'이자 '아웃사이더'로 여겨지고 있지 않겠습니까?
방금 박 선생이 말씀하신 예외적 가능성은 어디에나 있을 수 있습니다. 아마도 에코가 경험했던 이탈리아에서도 마찬가지였겠지요. 그렇지만 에코의 통찰은 그것대로 인정하되, 이탈리아의 현실을 보자면 그 시대의 교육에 관한 약간의 착시가 있었던 건 아닐까 싶습니다. 무솔리니 치하에서 공부했던 청년 중에선 물론 무솔리니에 저항하고 이탈리아의 민주화와 진보를 이끌었던 세대가 싹트기도 했지만, 또 결국은 상당수가 베를루스코니 전 총리 같은 이를 지지하기도 해서 이탈리아의 정체와 퇴보를 불러일으켰던 것도 사실이니 말이죠.

‖ 교수님도 그렇게 획일적이고 출세 지향적인 성장 환경에서, 아들을 사회적으로 성공시키고 싶어 하셨던 가부장적인 아버지 밑에서 자랐던 건 사실이죠. 동시에 교수님은 아주 진보적이고 다양성을 중시하는 어른이 되었다는 것도 사실이라고 느껴집니다. 그러니까 저는 학교나 가정이 아무리 폭력적이고 비인간적이더라도, 거기서 마치 로봇을 찍어내듯 폭력적이고 비인간적인 사람이 나오는 것이 아니라는 게 늘 흥미롭게 생각됩니다. 오히려 그런 것에 더욱 분노하는 사람이 나오기도 하고요. 무엇이 그런 차이를 만들었다고 생각하십니까?

뭐 이런저런 다양한 요인들이 있겠지만…… 결국 독서라고 생각을 합니다. 독서가 그만큼 중요하고, 한 사람의 많은 것을 바꿔낼 수 있다고 믿고 있어요. 앞에서 말했듯 마치 공기처럼, 혹은 날씨처럼 말입니다. 그리고 그렇게 독서의 힘이 마치 공기와 날씨 같을 때만이 누군가의 진정한 변화를 끌어낼 수 있는 건 아닐까요? 그런 생각이 듭니다. 저는 평생 아이들에게 공부하라는 말을 단 한 번도 한 적이 없습니다. 제가 그나마 아이들에게 제공해주었던 건 저의 서재에서 그림을 그린다거나 음악을 듣는다거나 독서를 한다거나 하는, 어떤 학구적이고 차분한 분위기밖에 없어요. 그 분위기 속에서 아이들이 사춘기를 보냈던 시간이 그들에게 좋은 영향을 미친 건 아닐까, 저는 그렇게 생각하고 있어요.

나중에 만날 기회가 있다면 한번 물어보세요. (웃음) 그네 아버지의 서재나 그런 취미 생활이 그 아이들에게 어떤 영향을 미쳤는지 말이죠. 저는 그 '공기'와 '분위기'가 아이들에게 분명 좋은 영향을 미치지 않았나, 그런 생각을 하곤 있으니까요. 저에게는 이제 마흔 내외가 된 아들 하나 딸 하나가 있는데요, 그 아이 중 남자아이는 게임회사를 운영한다고 이래저래 고생하고 있고, 딸아이는 자유로이 노래를 부르며 춤을 추고 다니는 그런 삶을 살고 있습니다. 아, 제 딸은 미미시스터즈라는 그룹의 '작은 미미'이기도 해요. (웃음) '장기하와 얼굴들'의 댄스와 코러스를 맡다가 음반도 두 장이나 냈던 2인조 여성 그룹 미미시스터즈라고 있는데…… 박 선생은 미미시스터즈를 알고 계셨습니까?

‖ 정말요? 미미시스터즈는 알고 있었는데, '작은 미미'가 교수님의 따님이었다는 건 처음 안 사실입니다. (웃음)

예. 제 딸은 지금은 가족과 함께 인도에 가서 살고 있고, 가끔 한국으로 돌아와서 음악 작업도 하고 글도 쓰고 그럽디다. (웃음) 어쨌든 저의 두 아이 다 자기 몫을 하면서 먹고 살고 있고, 평범하면서도 자기 나름의 개별적인 삶을 살아가고 있거든요. 저는 그저 두 아이가 하고 싶은 것을 하면서 평범한 시민으로, 큰 욕심을 부리지도 않고 제 생활을 할 정도로만 소박한 행복을 누리기만 바랐어요. 제 아이들이어서 이런 이야길 하는 건지도 모르지만, 좋은 사람들로 자란 것 같아요. 사실, 제가 둘의 삶을 속속들이 잘 알지는 못하지만요. (웃음)

‖ 독서의 힘은 그처럼 아름답게 전파되면서 한 사람을 성장케 할 수 있다는 말씀인 것 같은데요. 좀 이상적으로 느껴지

긴 합니다. (웃음)

역시 그렇죠? 그런데 정말 그런 것 같아요. 책을 읽는 일은 그 자체가 즐거웠고, 그건 지금도 마찬가지예요. 그 자체가 말이죠. 독서가 제가 살아가는 데에, 또는 제가 어떤 곤경에 빠졌을 때 직접 무슨 도움을 주진 않았던 것 같습니다. 그런데 저는 독서가 제게 미친 어떤 영혼의 힘 같은 걸 항상 느끼고 있으니 말입니다. 이 행위가 없었더라면 제가 과연 어떤 사람이 되었을지 상상조차 할 수 없습니다.
그런데 학생들이나 사람들이 저를 만나면 빼놓지 않고 묻는 게 뭐냐면, 당신의 삶에 도움이 된 한 권의 책을 이야기해달라는 것이에요. 내 사정이 이렇게 힘들고 내가 이러저러한 상황에 빠져 있는데, 이때 추천해줄 수 있는 한 권의 책, 한 권의 영화를 추천해달라는 부탁을 받을 때가 참 많습니다. 이게 저한테는 정말 괴로운 질문입니다. (웃음) 이 분들은 제게 "선생님께서 그렇게 수많은 책을 읽고 여러 영화를 보셨다고 하는데, 당신의 삶에 결정적인 영향을 미친 단 하나를 꼽아달라"고 말씀하시죠. 사실, 제게 그런 작품은 없거든요. 그래서 그 질문에 대해 "참 많은 작품이 있죠"

라고 답을 드리면 다들 실망해요.

‖ 마치 교수님에게서 자신의 삶까지 바꿔줄 단 하나의 마스터피스를 듣고 싶은 것이겠죠.

그런데 또 그런 거짓말 같은 그런 식의 책들이 많아요. (웃음) 나의 인생을 결정하는 한 권의 책 같은 것 말이죠. 나는 어떤 경우에 어떤 어려움을 겪었는데, 바로 그 책이 마치 자신의 삶을 송두리째 바꿔주었다고 하는 식의 이야기가 말이죠. 예컨대, 『데미안』을 읽고 육군사관학교에 갔다고 하는 어느 군인의 일화도 있지 않습니까? 『데미안』의 반전주의적인 배경과 맥락을 이해하고 본다면 참 아이로니컬한 일화가 아닐 수 없습니다.
사실, 저는 그런 부류의 이야기를 참 싫어합니다. 전 이 세상에 수많은 책과 영화가 있고, 거기엔 다 그 나름의 가치가 있다고 생각합니다. 또 한 권의 책을 읽어내는 사람의 의지만 있다면, 우리는 어떤 책에서든 무언가를 배울 만한 게 있다고 생각하니까요. 그렇지만 특정한 책 한 권이 누군가의 절망을 희망으로 바꾸어줄 수 있다? 저는 그런 식의 '단 한 권의 책'을 믿지 않아요. 더욱이 지식인으로 불리는 사람이 그와 같은 방식으로 책에 관해 이야기하는 건 문제가 있다고 보고, 좀 더 강하게 말하자면 지적인 사기처럼 느껴질 때가 있습니다. 그런 책이 세상에 있을 수 있을까요?
그보다 제가 드릴 수 있는 말씀은, 책을 읽는 것 자체가 즐거워야 해요. 저 자신에게도 그랬습니다. 저는 어떤 경우든지 간에, 어떤 책이든 간에 '읽는다는 것'이 그 자체로 도움이 된다고 생각하는 거예요. 그리고 그런 습관과 감수성이 쌓인다면, 사람들은 저마다 이 세상에 얼마나 좋은 책들이 많은지 발견해나갈 수 있겠죠. 그 모든 책이 그것을 읽는 한 사람의 인생을 바꿔줄 수 있는 책들일 겁니다. 제게도 그랬고 말이죠.

‖ 어떤 책이나 그것을 쓴 작가 자체보다도, 그것을 읽어내는 사람의 주체적인 힘과 맥락이 더 중요하다는 말씀으로 다가옵니다.

이 세상에 수많은 책이 있는데, 우리가 그걸 다 섭렵할 수는 없는 노릇이죠. 이렇게 저렇게 기회가 닿을 때 자신에게 맞은 영향을 미치는 작가와 책, 혹은 예술가를 만나면 되는 것입니다. 저 같은 경우에는 특별히 빈센트 반 고흐나 마하트마 간디, 레프 톨스토이 등을 만나서 그들과 깊은 인연을 맺었던 것 같고요. 이반 일리치나 헨리 데이비드 소로우, 루쉰과 조지 오웰 같은 사람들도 마찬가지이죠. 그렇지만 제가 그런 사람들에 매료되고 그들에게 많은 것을 배울 수 있었다고 하더라도, 저는 그들을 절대적으로 신주처럼 모시는 현상에 대해선 딱 질색이었습니다. 사람인데 어떻게 완벽할 수가 있겠습니까? 그들 다 자신들만의 장점만큼 저마다의 단점과 한계도 가지고 있던 사람들이 분명했으니까요.

‖ 누구도 완벽한 사람은 없을 테니……. 가르친다는 것은 다만 희망을 말하는 것일 뿐이라던 아라공의 시구가 떠오르는군요.

그래서 서로 다르다는 게 중요합니다. 여러 관점이 다양하게 존재하는 세계랄까요. 저는 그런 세계관이 정말로 중요하다고 생각합니다. 제가 책을 읽는 이유도 그렇고, 그런 독서를 바탕으로 책을 쓰는 이유 역시 그렇습니다. 지적 세계의 핵심은 다양함입니다. 이런 다양함이라는 지적 세계의 본질적인 측면은, 우리의 삶에 관해서도 마찬가지일 거예요. 또 우리 사회에 있어서도 마찬가지이고요.
자유로운 개인이란, 결국은 자기 자신에게 가장 충실하고, 자기다운 삶을 사는 사람을 일컫는 게 아닐까 싶어요. 각각의 사람들이 살아가는 삶은 저마다 다른 게 자연스럽지요. 우린 다 다르게 태어나고, 다른 환경에서 다른 생각을 하며 자라온 사람들이니까요. 어떻게 삶과 생각, 인생관과 세계관이 하나처럼 같을 수가 있겠어요? 그러니까, 자유롭다면 다를 수밖에 없죠. 달라야 하고요. 각각의 개인들이 저도 모르게 집단의 분위기에 휩쓸려 비슷한 삶을 추구하는 순간, 사회는 획일주의이자 전체주의로 흐릅니다. 저는 그런 걸 굉장히 비판적으로 생각하는 것 같아요. 그래서 저는 가능한 한 다르게 살아라, 자기만의 삶의 스타일을 추구하라고 학생들에게 자주 얘기하곤 했어요. 이런 인간과 사회의 다양성이 제가 생각하는 가장 소중한 삶의 가치인 것 같습니다.

‖ 그리고, 우리의 인생 역시 너무도 다양하고 또 예측 불가

능하니까 말이죠. 독서라는 행위는 거기에 대해서 어떤 침착하고 사려 깊은 마음의 지도, 생각의 지도를 그려줄 수 있는 건 분명한 것 같습니다.

꼭 책만이 아니고 다양한 경험 역시 그런 역할을 해줄 수 있을 겁니다. 그렇지만 폭넓은 독서를 통해서, 즉 책을 꾸준하게 읽음으로써 자기만의 생각을 더욱 날카롭게 만들어갈 수 있다는 건 분명한 것 같아요. 그렇게 읽으면서, 자기만의 수많은 생각을 품고서 말이에요.

뭐랄까요. 생각을 깊이 하라, 많이 하라는 말은 세상에 얼마나 많나요? 그런데 제가 보기엔, 그처럼 '생각의 힘'을 막무가내로 강조하는 것만으로는 충분하지 않습니다. 저는 생각한다는 일의 진정한 힘은 '여러 가지를 다양하게 생각할 수 있는 힘'이라고 믿고 있어요. 다양한 생각들이 자기 안에 축적되어 있고, 그래서 자기 생각의 좌표를 정확하게 인식할 수 있는 것. 그런 축적과 인식의 연쇄 과정. 그게 바로 생각의 가치가 아닐까 싶습니다.

‖ 생각의 가치와 중요성은 단순히 생각을 오래, 많이 하는 데

있는 것이 아니라, 여러 가지 생각을 다양하게 해볼 수 있다는 데 있다는 말씀이시죠? 그러려면 자기 안의 '생각들의 레퍼런스'가 풍성해야 할 테고요. 느껴지는 바가 있습니다.

그렇죠. 이렇게도 해보고, 저렇게도 해보고. 그럴 때만 기존의 자기 생각을 회의하고 반성할 수 있으니까요. 또 어떤 생각이든 다시 생각해볼 수 있고, 거꾸로 생각해볼 수 있으니 말이죠. 무엇보다도 중요한 것은 회의하는 것입니다. 뒤집어 생각하는 것이고요. 그리고 사실 꼭 좋은 책만 그런 역할을 해주는 건 아닐 겁니다. 좋은 예술, 좋은 영화도 마찬가지겠죠.

예를 들어 저는 지난주에 아내와 「메리, 퀸 오브 스코틀랜드」란 영화를 보고 왔어요. 제가 그동안 메리 여왕의 이야기를 영화로 본 것만 해도 서너 편은 넘을 거예요. 책은 뭐 말할 것도 없고요. 그런데, 이 영화는 또 새로운 거예요. 지금까지 이 소재를 다룬 책과 영화에선 엘리자베스 1세 여왕을 굉장히 우상화했던 측면이 있거든요. 그런데 이 영화에선 엘리자베스 1세를 아주 비판적으로 묘사하죠. 고리타분하고 관료적이고 국가주의적인 엘리자베스 1세와 대조적으로, 메리 여왕을 종교적 관용과 정치적 자유, 여성의 인권 차원에서 아주 부각한 거예요. 그렇지만 결국 메리가 처형당하고 엘리자베스 1세가 승리할 수밖에 없는 그런 현실적인 문제를 아주 예리하게 보여준 작품이었습니다. 이것은 물론 영화에 대한 제 해석입니다만. (웃음)

요즘은 아카데미 주간이기 때문에 영화관에서 후보작들을 계속 상영해주고 있거든요. 저는 아카데미 후보작들을 올해처럼 매주 즐겁게 보았던 건 처음인 것 같아요. 물론 책을 읽는 것도 즐거운 일이지만, 한 편의 영화로 일주일의 피로와 권태로움이 완전히 청산되는 그런 느낌은 참 상쾌한 것 같습니다.

‖ 역시 좋은 책과 영화가 주는 신선함과 상쾌함 같은 게 있으니까요.

그렇습니다. 그런 작품들의 새로운 해석과 새로운 관점이 계속 등장해서 우리를 즐겁게 해주는 것 아니겠습니까? 책도 그렇고 영화도 그렇고요. 아무튼, 이 세상과 사람, 혹은 어떤 사건을 독창적으로 바라보려는 자기 나름의 관점은 언제든 참 반가워요. 흥미를 갖게 되고요. 박 선생의 책 『아이돌을 인문하다』와 『산책하는 마음』을 읽고도 이런 감정을 느꼈습니다만. (웃음) 정말입니다. 특히 『아이돌을 인문하다』를 읽고선 제가 이 책에 등장했던 모든 아이돌의 곡들을 인터넷에서 찾아 들어보기도 했습니다. 그리고 여러 아이돌 중에서도 세계적으로 굉장히 화제가 되고 있는 방탄소년단 있지 않습니까. 박 선생 덕분에 저도 이 친구들 음악을 많이 들어볼 수 있었는데요.

‖ 그 곡들을 다 들어보셨다고요? 대단하십니다. (웃음) 방탄소년단의 음악은 좀 어땠습니까?

사실 제가 세대가 세대인 만큼 이 그룹의 멜로디에 감성적으로 확 빠져들지 못한 건 사실이에요. 이런 음악에 익숙하지 못한 탓이 큰 것 같습니다. 그렇지만 노랫말은 대단하더군요. 정말 감탄했습니다. 책 안의 노래들에서는 「피 땀 눈물」과 「Whalien 52」의 가사가 참 좋았던 것으로 기억돼요. 그래서 제가 이 친구들의 곡을 인터넷에서 좀 더 찾아봤는데, 「N. O.」와 「Answer: Love myself」, 「낙원」 같은 곡의 메시지는 제가 줄곧 이야기하던 사회관, 인간관과 아주 잘 통해서 반갑기도 했습니다. 젊은이들이 그 나름의 진솔한 감성을 자기 노래에 대변해서 저토록 인기를 끌고 있구나, 그런 마음이 들었죠.

‖ 맞습니다. 참으로 대단한 그룹임엔 틀림없죠. 좋아하는 영화감독이 있으신가요?

켄 로치를 가장 좋아합니다. 켄 로치 작품들은 하나같이 다 좋았고요. 압바스 키아로스타미를 비롯한 이란 영화나 인도 영화도 좋아하고, 한국 감독으로는 임순례 감독이 가장 먼저 떠오릅니다. 장진 감독과 이창동 감독도 생각나네요.

기존의 지식과 권위에 '퀘스천 마크'를 붙일 수 있는 힘

‖ 요새는 취향 공동체 같은 것들이 유행이어서, 독서라는 행위를 통해 사람도 편안하게 많이 만나고, 책을 함께 읽어가는 경험도 주목을 받고 있습니다. 그건 교수님이 젊었던 시

절과는 꽤 다른 풍경인 것 같아요. 그때는 아무래도 독서가 훨씬 더 진중하고 개인적인 일로 여겨졌을 것 같습니다.

그런 건 아주 긍정적인 변화죠. 제가 1980년대에 일본과 미국, 유럽으로 유학을 갔을 때, 그 나라 사람들이 보여주었던 삶의 양식과 일상에서, 저 자신의 어떤 정당성이랄까, 자연스러움을 확인했던 측면이 있어요. 거기서 만났던 사람들과의 대화와 소통을 통해, 아, 이들도 나처럼 참 다양한 지적 관심사를 갖고 있구나, 이런 생각을 했으니까요. 예를 들어 하버드 로스쿨 교수라고 하더라도 미술이나 음악, 책과 문학 이야기를 자유로이 함께할 수 있던 즐거움이 있었거든요. 사실 그때 하버드에서 만났던 한국인 교수들과는 그런 대화를 나누지 못했던 게 사실입니다.
이건 제가 잘났다 못났다, 이런 이야기는 전혀 아닙니다. 무슨 해외 예찬을 하는 것도 아니고요. 우리가 요새 인문학이니 뭐니 하는 이야기를 많이 하잖아요? 저야 특이한 환경 속에서 책을 읽는 일이 생활화가 되어 버렸습니다만, 지금 우리나라 현실과 수준이라면 그런 식으로 지적인 취향도 함께 나누고, 독서를 평생의 생활이자 삶의 방식으로 만들어가려는 분위기가 있었으면 좋겠어요. 부모들도 좋은 책들로 채워진 서재를 가지고, 아이들에게 독서나 예술에 대한 감성을 생활 속에서 키워줄 만한 여건은 충분히 되지 않나, 그런 생각을 자주 하곤 합니다.

‖ 책을 읽는 삶이 자연스럽게 일상이 되는 게 중요하다는 말씀이시겠죠?

그렇습니다. 서재 얘기를 좀 더 해보고 싶은데, 다른 나라에 가보면, 웬만큼 평범한 시민들이 가진 서재가 우리나라의 대학교수들의 서재보다 더 수준이 높다고 느껴질 때가 많았습니다. 제가 지금 무슨 브리태니커 사전을 장식처럼 꽂아 놓는 서재를 말하는 것이 아닙니다. 자신이 좋아하는 책들, 오랫동안 모은 책들로 차곡차곡한 서재를 만든다는 것이야말로 한 사회가 축적한 문화의 상징, 지성의 상징이 아닐까 싶습니다. 우린 그런 문화가 없어요. 저는 우리도 그런 문화를 바랍니다. 앞으로는 그런 서재 문화 같은 게 가능해지지 않을까, 저는 그런 기대와 희망을 품고 있습니다.

‖ 책을 읽지 않는 정치인에 관해서도 하실 말씀이 많으시죠? 교수님의 책 『독서독인』은 아예 이런 정치인들에게 화가 나서 쓴 책이라고 밝히기도 하셨고요. (웃음)

우리나라 정치인들이 참 책을 읽지 않습니다. 정치와 독서의 관계는 절대로 떨어질 수 없는 것임에도요. 한 사람의 정치인이 정치를 시작하게 되는 데 독서라고 하는 것이 참으로 큰 작용을 하게 마련입니다. 그렇게 작용해야 하고요. 히틀러든, 처칠이든, 체 게바라든, 호지명이든, 간디든 누구나 마찬가지예요. 책을 통해서 자신의 정치관을 수립한다거나 자기만의 삶의 자세를 조탁해야 마땅합니다. 그런데 제 생각에는, 우리나라 정치인의 경우엔 좌우를 막론하고 책을 읽지 않고, 책을 통해서 진지하게 자신의 정치관을 세우는 경우가 거의 없습니다. 솔직히 말하면 책 자체를 일종의 사치품이나 장식품처럼 생각하는 경우가 너무도 많습니다. 정치 행사를 출판기념회로 포장하는, 이런 되지도 않은 겉멋에 책이 이용되고 있는 것이죠. 이것은 참으로 썩어빠진 한국적인 정치 전통입니다. 그렇지 않습니까?

‖ 출판계 선배가 들려주었던 말씀이 기억나네요. 예전에 어느 유력 정치인의 자서전을 편집하면서 충격을 크게 받았다고 하더군요. 문장도 엉망이고, 보좌관이나 비서가 대신 쓴 게 분명한, 영혼 없는 내용으로 가득했던 것 때문에요. 그 정치인의 이름을 듣고 저도 깜짝 놀란 적이 있습니다. (웃음)

말할 것도 없습니다. 그야말로 자신의 정치적·이념적 노선에 끼워넣기 위해서 아주 선별적이고 단편적인 독서만을 한 느낌이랄까요? 이것은 여느 정치인의 독서 경로와 지적 배경을 훑어봐도 마찬가지인 것 같습니다. 제 생각엔, 책을 제대로 읽는다고 하는 것은 그런 식의 겉핥기식 독서가 절대 될 수 없어요. 동서양을 막론하고, 간디나 호지명 같은 사람들은 독서라는 게 그 자체로 생활화가 되어 있던 사람들입니다. 그런데 우리나라 정치인 중엔 독서가 곧 생활이 된 사람이 거의 없는 것 같아서 안타까워요. 그들의 독서는 "나는 이렇게 독서도 한다"라는 과시이자 수식으로 기능한다는 것 같다는 얘기죠. 저는 우리나라 정치가 여전히 천박하고 수준이 낮은 이유가 독서가 그 자체로 정치인 자신의 생활이 되어 있지 않았기 때문이라고 봐요. 지금은 탄핵이 된 어느 대통령의 서재도 화제가 된 적이 있지 않습니까? 그 서재의 빈곤함과 체계 없음을 지적했던 정치인 또한 제가 보기엔 독서의 깊이가 전혀 탄탄하다고 생각되진 않았지만……. (웃음)

‖ 그런 면에서 한국의 법률 교육에 대해서도 많이 비판하셨던 것으로 압니다.

지금 우리나라 정치인들의 상당한 수가 법조인 출신이죠. 법률가라고 하는 것이 정치인으로 출세하는 가장 유력한 밑바탕인 게 사실이니까요. 제가 30여 년간 법과대학에서 예비 법률가들을 가르친 바에 의하면, 우리나라의 교육제도에 있어서 가장 빈곤한 게 독서라는 사실이 분명합니다. 아시다시피 법률가가 된다고 하는 것은, 말 그대로 법률 교과서, 육법전서를 거의 달달 외우는 수준으로 공부하는 거예요. 그래서 어떤 다양한 사고의 실험도, 공감의 경험도 법률가를 지망하는 20~30대 청년의 머릿속에는 작용하지 않게 되는 것이고요. 그야말로 교조적인 두뇌가 형성되는 것이죠.

이런 예비 법률가들의 기본적인 장점은 암기력과 두뇌 회전이 아닌가 싶습니다. 중·고등학교 시절의 획일적인 교육제도 아래에서 우수한 성적을 받았던 경우가 대부분이니까요. 그런데 인간 지성의 훈련이란, 많은 독서와 예술, 경험을 통한 시행착오 속에서 자아가 형성되어가는 걸 의미하거든요. 보수든 진보든 상관없이요. 그런 시행착오를 겪어가면서 유연하게 자신의 이성과 감성을 스스로 함양해나가야 하고, 우린 그 과정을 바로 '인격의 성숙'이라고 부를 수 있을 거예요. 그 인격이 바탕이 되어야 자유로운 사고와 성찰이 가능할 테고요.

그런데 우리나라의 법률 교육이라고 하는 게 철두철미 폐쇄적이고 도그마적인 것이기 때문에, 그런 교육을 받은 사람이 법률가가 되어도 개방적이고 유연한 사고를 하기란 대단히 힘든 법입니다. 법률가의 두뇌 구조는 보통 굉장히 경직되어 있는데, 무엇 하나를 우직하게 밀고 나간다는 점에 있어선 그게 장점이 될 수도 있습니다. 그러나 우리가 사는 이 민주사회에서 수많은 환경과 경우에 처해 있는 다양한 사람들을 유연하게 바라보고, 인정하고, 품어낸다는 차원에선 여러모로 많은 문제를 안고 있는 게 사실이죠.

‖ 교수님은 일찍부터 〈법과 예술〉 같은 강의를 하시며 로스쿨 도입 시점에 그 커리큘럼의 교양 교육에 일정한 영향을 주신 것으로 알고 있는데요.

로스쿨이라고 하는 공간이 사실은 교양 있는 법률가를 양성하기 위한 목표를 갖고 창립된 공간이죠. 법대 교수를 오랫동안 하다 보니, 법대 들어온 학생들이 대부분 고등학교까지 공부만 하던 학생들이 많았어요. 그래서 법과대학에 갓 들어온 학생들과 얘기를 나누다 보면 소설이나 시, 철학을 제대로 읽은 것도 없고, 아무런 교양을 갖추지 못했단 인상을 크게 받았어요. 음악이니 미술이니 하는 건 더 말할 것도 없었고요.
그런 문제의식을 품고 제가 법과대학에서 1998년부터 시작했던 〈법과 예술〉이란 강의를 만들었고, 법학과의 교양과목으로 설정해서 법조인이 되고자 하는 법학도들에게 법과 관련된 음악과 미술, 문학을 가르치려고 노력했습니다. 제가 1998년에 시작해서 2008년 로스쿨이 시작되기까지 딱 10년의 기간이 있었잖아요. 그동안 전국의 법과대학에 제가 그런 강의를 한다는 것이 많이 알려져서 비슷한 과목이 많이 설정되기도 했어요. 제게 자문을 구했던 교수들도 많았고요.

‖ 로스쿨 도입 때는 그래도 그런 커리큘럼이 많이 있지 않았나요? 반영이 안 되었나요?

얼마간 흉내 비슷하게 내다가 결국 반영이 거의 안 됐어요. 그 강의들은 2~3년 후에는 다 없어져버리는 분위기가 됐죠. 그래서 저는 영남대와 경북대 로스쿨에서 인권과 법문화론, 법인류학 강의를 하다가 그런 정책에 실망해서 그 운영에서 완전히 빠졌습니다. 막상 로스쿨 안을 들여다보면 정말로 서울 신림동 고시학원식으로 운영된 게 사실이고, 그건 지금 로스쿨도 마찬가지입니다. 이 제도에 대해선 저도 할 말이 많고 여러 복잡한 논의의 지점들이 있겠지만, 한마디로 말해서 우리의 로스쿨은 교양 있는 법률가를 양성하는 곳이 전혀 아닙니다. 옛날 신림동 고시학원을 좀 더 고급화시킨 것과 다름없다고 봐요. 입학하는 구성원들이 굉장히 계층화되어 있는 것도 사실이고요.

‖ 안타까운 일이군요. 실망이 크셨겠습니다.

로스쿨도 로스쿨이지만, 이런 관점에서 우리 교육의 문제, 초·중·고는 물론이요, 심지어는 대학을 지배하는 교과서주의에 대해 이야기를 해보고 싶습니다. 저는 이 교과서주의야말로 우리 교육의 가장 뼈아픈 미신이라고 생각해요. 교과서란 문자 그대로 어떤 '교과에 관한' 책이죠. 이것은 교과서가 성경과 같은 절대적인 텍스트가 아니라 한 권의 대본이라는 의미입니다. 그런데 우리나라는 교과서, '텍스트북'이 절대적 진리를 담은 책처럼 여겨지는 경우가 많은 것 같습니다.
성경과 같은 경전의 절대주의가 중세의 천년 가까운 시간을 지배했지만, 서구의 경우 르네상스 이후엔 일반적인 지식사회, 지식의 세계에서 '절대적인 책'이란 존재하지 않았습니다. 그게 바로 근대적 지식의 출발점이었다고 할 수 있겠죠. 그런데 우리나라의 경우 교육에서 교과서라고 하는 것이 미신적 권위를 품고 있는 게 아닌가 싶어요. '교과서적인 인간'이 마치 정도를 걷는 원칙적인 인간을 의미하는 식으로 통용되기도 하고요. 심지어는 수십 년 동안 국정교과서로 전국의 학생들이 교육을 받아야 했고, 지금도 국정교과서는 아니지만, 학교에서 채택하는 교과서라고 하는 게 굉장히 한정되어 있잖아요. 교육의 지극히 국가주의적인 성격을 엿볼 수 있습니다. 교과서가 아니면 다른 텍스트는 필요가 없다는 인식, 저는 이것이야말로 적폐 중의 적폐라고 보고 있으니까요.

서구에서 교과서는 전혀 그런 권위를 지니고 있지 않습니다. 영미권이나 유럽권에 나가 보면, 교사가 자신이 가르치는 교과목을 가르치기 위해 채택하는 책은 항상 바뀌고, 또 한 권의 책이 아니라 여러 권의 교과서를 씁니다. 초등학교 때부터 말이죠. 심지어 이미 많은 사회에서 시행 중인 대안적인 자유교육의 경우 교과서를 아예 없애고 교사가 나름의 교안을 가지고 학생들을 가르치는 중인데, 우리나라는 이런 교육은 상상하기 힘들지 않습니까?

제가 학창 시절에 평소 집에서 다른 책을 읽고 있으면, 제 부모나 교사들은 언제나 "너 왜 쓸데없는 책을 읽고 있느냐?"라고 핀잔을 주었단 말이에요. 제가 앞에선 법과대학의 문제를 주로 이야기했지만, 특히 고시를 패스하기 위해서 절대적인 수험 방식으로 통했던 것이 이 교과서주의기도 하니까요.

‖ 공무원 시험에서도 수험서의 지극히 지엽적인 지식을 묻는 문항이 화제가 된 바도 있지요. 그야말로 한 권의 책을 달달 외워야지만 맞힐 수 있는 그런 식의 시험 패턴이 여전히 존재하는 게 사실입니다.

다 마찬가지죠. 시험 출제위원이 쓴 교과서 한 권을 달달 외우는 것, 다른 견해를 쓴 텍스트는 아무런 의미도 없다는 식의 감성이 분명히 존재하는 듯해요. 저는 이런 감성이 참으로 큰 문제라고 생각해요. 무언가 더 나은 사회에 대한 상상력 자체를 죽여버리니까요.
제가 20여 년 전에 썼던 노동법에 관한 소수 의견과 개론들이 이제야 현실이 되고 있습니다. 당시에는 주류 노동법 통설과 어긋나는 소수 의견, 즉 제한적인 근로시간제나 탄력근무제 같은 것들 말이죠. 노동자들을 좀 더 보호해야 한다는 취지의 여러 주장이 옛날에는 통하지 않았습니다. 그때는 국가가 정한 법률 그대로가 옳다고 생각하는 그런 교과서만 통했던 시절이었으니까요.

전반적으로는 지금도 마찬가지입니다. 저는 이러한 우리들의 교육 체계, '교과서 미신'이 여전히 너무도 강해서 사춘기 학생들이 얼마든지 품을 수 있는 발랄한 호기심이 계속 억눌리고 있다고 봐요. 호기심이란 뭡니까? 기이한 것을 좋아한다는 것 아니겠어요? 호기심과 의문, 회의, 즉 무엇인가에 대하여 퀘스천 마크를 붙이는 것, 이처럼 세상을 살아가는 데 기본적인 의문을 던지는 자세 자체를 무시해버리는 것이 교과서주의입니다. 교과서 안에 모든 게 들어 있고, 다른 것을 생각할 필요가 없고, 교과서만 달달 외우면 된다는 바로 그런 암묵적인 요구가 교과서주의입니다. 왜냐면, 교과서가 모든 시험의 근거가 되니까요.

더군다나 무슨 인문 교양 서적과 같은 것은 이런 교육 현실에선 아예 필요가 없고 무의미한 것들이 되어버리는 거죠. 그러다 보니 아이들이 가질 수 있는 호기심과 의문이 배척될 수밖에 없는 것입니다. 저는 이 교과서주의 때문에 성인들도 책을 이토록 읽지 않는 풍조 같은 것이 생겼다고 생각합니다. 물론 다른 여러 요인도 있겠지만요.

그것을 극복해야 해요. 어린 시절부터 아이들이 가질 수 있는 당연한 감성을 북돋워줄 필요가 있습니다. 아이들 스스로가 이런 책 저런 책을 찾아다니면서 자기 의문점을 해결하고 새로운 관점을 모색하는 독서가 대단히 중요하다는 거예요. 아이뿐만 아니라 어른도 마찬가지일 것이고요. 이런 자세는 정말이지 모든 사람에게 중요한 덕목이라고 생각합니다. 민주사회의 시민이 갖춰야 할 가장 기본적인 덕목이기도 하고요.

‖ 공감됩니다. 무언가에 대하여 신기함을 느끼는 감정, 그리고 어떤 사안에 대해서든 퀘스천 마크를 붙일 수 있는 자세. 그게 바로 독서가 주는 원천적인 힘과 감성이라고 생각되기도 하고요.

제가 사람들에게 무작정 책을 더 많이 읽으라고 강변하려는 것은 아닙니다. 다만, 우리 사회의 구성원들이 이런 점을 좀 더 생각해볼 필요가 있다는 것이죠. 저도 마찬가지예요. 저도 여러 권의 책을 썼지만, 저는 사람들이 무조건 제 책을 읽어야 한다거나 그 책이 좋은 책이라는 생각을 전혀 하고 있지 않습니다. 다만 저는 제 나름의 호기심을 해결하기 위해서, 저의 회의심을 유지하고, 제가 느끼는 새로운 것을 향한 관심과 의문을 저 나름으로 모색하기 위해 그런 작업을 했을 뿐이에요. 제 호기심을 한 권의 책으로 풀어서 내보냈다, 이런 표현이 적절할 것 같기도 합니다. 그리고 저는 책이 꼭 절대적인 진리를 준다고 절대로 생각하지 않아요. 모든 책은 어떤 하나의 문제에 대한 하나의 의견일 뿐이니까요.

고흐의 영혼, 그리고 고흐의 독서

‖ 교수님이 법률과 관련되지 않은 분야에 대하여 가장 먼저 집필하셨던 건 빈센트 반 고흐에 관한 책이었지요? 이제 교수님이 그 어떤 예술가보다 큰 애정을 갖고 계신 고흐 이야기로 자연스럽게 넘어가 보면 어떨까 싶습니다.

제가 처음으로 고흐 책을 쓴 게 1999년인가 그랬을 거예요. 이 책의 원고는 1997년쯤 본격적으로 썼는데, 사실 고흐에 관한 애정과 관심은 제가 대학을 다니던 1970년대부터 계속 이어져 왔어요. 그때부터 노동 야학에 다니며 노동법 관련 강의를 하러 가면, 노동법 조항들을 무미건조하게 소개하는 것뿐만 아니라 꼭 고흐의 그림을 함께 보고 설명도 드리고 그랬었거든요. 제가 수집했던 고흐 그림들을 열심히 챙겨서, 지금은 사라진 옛 슬라이드 환등기 같은 것을 통해 그분들과 함께 감상했던 일이 기억납니다.

빈센트 반 고흐는 평생 자신의 육체로 무언가를 생산해내는 노동자들에 대한 경외를 가졌고, 자기 자신을 노동자 화가로 분명하게 인식했어요. 그런데 우리나라에는 왜 그런 인식이 그토록 부족했었을까요? 우리나라에선 고흐에 대해 '천재' 또는 '광인'이라는 식의 지극히 이분법적인 묘사만 가득했고, 저는 여기에 대해서 큰 반감을 느꼈던 것 같습니다. 그래서 저 나름의 새로운 접근을 했던 것이지요. 그 작업에 대해선 지금도 꽤 자부심을 갖고 있습니다.

고흐는 그의 사후에 세계 최고의 값으로 팔리는 화가가 되었지만, 저는 무슨 돈 많은 예술 애호가들이 아니라 하루하루 힘겹게 살아가는 노동자들이 그의 그림을 알아야 하고, 알 필요가 있다고 믿었어요. 그래서 늘 노동자와 함께하는 자리에 가면 "여러분들이 고흐의 그림을 좋아하길 바란다"고 말해왔습니다. 고흐 자신이 그런 바람을 가졌고, 실제로 그런 바람을 절절하게 그림에 녹여내기도 했습니다. 그래서, 우리가 다 공감하다시피 그의 그림은 전혀 어렵지 않습니다. 그의 그림은 대단한 미술 교육을 받은 사람들만 이해할 수 있는 난해한 그림이 아니잖아요.

‖ 고흐를 새롭게 바라보고자 하셨군요. 교수님 나름의 관점과 해석으로 말이죠.

제가 영화와 소설 『완득이』를 참 좋아합니다. 그중에서도 좋아하는 대목이 있는데요. 그 작품에서 완득이가 수업시간엔 맨날 잠만 자는 불량 학생 아니었습니까? 그런데 한번은 미술 시간에 선생님이 밀레의 〈이삭줍기〉를 설명하다가, 평소처럼 쿨쿨 자던 완득이에게 "이 그림 보면 무엇을 느껴?"라고 묻죠. 그 장면이 완득이가 필리핀 출신의 자기 어머니가 집을 도망 나가서 어디 교회에 있다는 것을 들었던 직후였을 거예요. 어머니에 대한 애증이 교차하던 때였는데, 딱 보니까 그림에서 아주머니 세 분이 이삭을 줍고 있습니다.
그런데 완득이에겐 불현듯 저 아주머니 중 한 분이 자신의 어머니처럼 느껴진 거죠. 완득이는 선생님에게 저 아주머니도 지금은 저렇게 허드렛일을 하고 있지만, 자기 나라에선 훌륭한 교육을 받고 양갓집 규수였을지도 모른다고 이야기합니다. 완득이의 어머니도 필리핀에선 교육을 받았던 분이셨잖아요. 그런데 지금 저렇게 들판에서 고생하고 있으니 어쩌면 화가 나서 돌멩이를 집어 들고 있을지도 모른다고, 완득이는 그렇게 해석을 합니다.

그런데 제가 보기엔 그런 완득이의 말이 밀레의 이 그림에 대한 딱 맞는 해석이에요. 당시 19세기 후반 프랑스의 농업 노동은 프랑스인들이 굉장히 기피하는 일종의 3D 업종이었어요. 그래서 동유럽에서 여름과 가을이 되면 많은 이민 노동자, 계절 노동자들이 프랑스로 건너와서 그 일을 하곤 했죠. 그러다가 마지막으로 이삭을 줍고 겨울이 되면 다시 자신의 나라로 돌아가는, 지금은 우리 사회도 겪는 이민 노동이라고 하는 게 이미 당시 프랑스에서 시작되었던 거죠.

고흐의 그림도 정확히 이런 맥락에서 해석할 수 있습니다. 고흐가 자기 그림에 그렸던 거의 모든 모델은 노동자와 농민이에요. 이 화가는 한 번도 예쁜 사람, 잘난 사람을 그려 본 적이 없습니다. 그는 자기의 이웃에 사는 평범한 노동자와 농민의 얼굴을 그렸고, 그림을 그리는 방식 또한 그들의 정서, 즉 거친 붓과 격정적인 터치를 선택했죠. 그것이 고흐의 자랑이자 자부심이었습니다.

‖ 평범한 사람들에 관한 애정이 뒷받침된 그림이었군요. 그건 자신과 꼭 닮은, 자기 스스로의 평범함과 범속함에 대한 애정이기도 했을 테고요.

빈센트 반 고흐는 무학자였죠. 미술대학은커녕 미술학원도 제대로 다닌 적 없이 여러 노동을 경험하다가 마지막으론 실업자 신세가 되지 않았습니까? 서점 점원과 임시 교사도 해보고 여러 가지 직장을 거쳤지만, 자기에겐 도저히 아무 일도 가능하지 않다고 절망하던 인생을 살았죠. 그러곤 마지막으로 2년 동안 광산 노동자들의 삶을 화폭에 그려야겠단 일념으로 그림을 그리기 시작했습니다. 그때 그의 심정이 얼마나 절실했을까요. 그 노동의 현실을 절실하게 그리려고 했던 고흐가, 10년 동안 불꽃처럼 노동자와 농민들의 얼굴을 그리면서 뜨겁게 살다가 죽었던 것이죠.
이런 빈센트 반 고흐가 20세기 현대미술의 아버지로 이야기되는 게 참으로 놀랍지 않습니까? 고흐는 고흐 이전의 모든 미술을 부정했다. 20세기에 등장한 입체파든 상징파든 고흐의 영향력에서 자유로운 화가는 누구도 없다. 훗날 평단에선 이런 식으로 칭송받기도 하는 게 사실이니까요. 저에게는 고흐가 그만큼 자신의 삶, 뭐 하나 특별할 것 없는 보통 사람들의 삶, 즉 노동자의 삶에 대한 뜨거운 애정과 관심이 진실했기 때문에 어떤 예술과 미학상의 변화와 혁명까지 가능한 것이 아닐까, 그런 생각이 들었던 것이죠. 저는 그 생각을 한 권의 책으로 옮겼던 것입니다.

‖ 더불어 고흐는 지적 욕구가 굉장히 강한 사람이었던 게 인상적입니다. 외국어도 많이 하고요.

맞습니다. 고흐는 그야말로 광적인 독서인이었습니다. 그 말씀과 관해선, 고흐가 얼마나 약하고 무능했던 인간인지를 다시 상기할 필요가 있다고 생각됩니다. 고흐 같은 경우엔 직업 세계에서의 무능력. 여성 관계에서의 무능력. 그리고 인간관계에서의 무능력. 이 세 개를 다 갖춘 사람이었습니다. 잘 알려진 사실이지만, 고흐는 붉은 머리카락을 가지고 있었죠. 붉은색의 머리는 19세기 네덜란드와 유럽 사회에서 환영받지 못하는 것이었습니다. 고흐의 얼굴 또한 그다지 호감을 주는 인상이 아니었고요. 그는 정상적인 교육도 제대로 받지 못했고, 10대 후반에는 친척 집의 화랑에 제대로 적응하지 못해서 쫓겨났습니다. 또 여러 직업을 경험해보았지만 하나도 예외 없이 다 실패를 하고 말죠.

그런데 그 실패의 과정에서 고흐가 항상 끊임없이 의지하는 것은 독서였습니다. 사실은 책을 통해서 자기 아버지의 전통적인 종교와도 거리를 두게 되고, 부모와 형제들과도 거리를 두게 되고, 사회적으로도 상당히 소외되는 반골 기질과 성격을 갖게 되기도 했죠. 그가 직업 세계에 적응하지 못했던 이유 역시 그런 성격이 형성되었기 때문이었어요. 어떤 의미에서는, 독서 때문에 그의 인생이 굉장히 피곤해졌던 거예요. 그런데 고흐가 자신의 그런 소외를 극복할 수 있던 것도 독서 덕분이었다고 전 생각해요. 적어도 27세 이전, 그러니까 그가 본격적으로 그림을 그리기 전까지는 말이죠.

‖ 고흐는 독서의 힘을 통해서 세계로부터 스스로를 격리했고, 그 힘을 통해 다시 세계로 나아갈 수 있었다는 말씀이시죠? 자기 자신을 더욱 치열하게 발견하고, 표현하면서요.

그렇습니다. 그의 표현은 그림을 통해서 이뤄졌는데요, 그가 그림을 통해서 사람들과 적극적으로 교류했다고 보기엔 힘들지만, 그래도 자기가 그림을 그렸던 사람들과의 교감은 분명히 있었죠. 특히 아를 시절에 그렸던 우체부 가족들과 그가 나눈 교류는 저를 언제나 애틋한 감정으로 만들어요. 결국, 그는 그림을 통해서 사람들과 교류하고, 자연과 교류하는 삶을 선택했던 것이죠.

그러니까 사실 고흐의 서른일곱 생애란 굉장히 고독한 생애예요. 정말로 고독하죠. 어떤 의미에선 루저의 생애이고, 소외된 생애이며, 사회적 아웃사이더의 생애입니다. 그런데 고흐는 아웃사이더로서의 자기 삶의 고통을 그림이나 독서를 통해 표출하고 있죠. 고흐가 아웃사이더로서의 자기 삶을 인사이더로 만들기 위하여 격정적이고 격렬하게 쏟아냈던 결과물이 바로 고흐의 예술일 거예요. 그리고 저는 그 그림을 뒷받침해주는 어떤 사상이랄까, 생각의 기본적인 틀은 독서라고 봐요.

어쨌든 고흐의 독서와 고흐의 그림은 떼려야 뗄 수가 없습니다. 고흐와 같은 후기인상파라고 할 수 있는 고갱이나 세잔도 굉장히 혁신적인 그림을 그려서 세잔은 보다 입체파에, 고갱은 보다 상징파에 가까운 선구자가 되었지요. 그러나 20세기 미술의 전통 파괴, 기법 파괴에 가장 앞선 사람은 빈센트 반 고흐입니다. 그리고 저의 관점에선 고흐의 그림이 그만큼 새롭고 혁명적일 수 있던 건, 리얼리즘 문학을 중심으로 해서 당시의 신학과 철학 등에 대한 그의 폭넓은 독서가 주요한 요인이 되었다고 생각합니다.

‖ 아르놀트 하우저의 명저 『문학과 예술의 사회사』 생각도 나는군요. 하우저가 강조하는 것처럼 결국 위대한 예술가라고 하는 사람들은 당대의 시대정신이랄까, 사회경제적 무의식을 가장 절절하게 자기 작품에 구현했던 이들이라고 봐도 될 테니까 말이죠. 아주 순수하게, 그리고 용감하게요.

순수하고 용감하게……. 그 말씀을 듣고 보니 고흐의 짝사랑이 떠오릅니다. 제가 젊을 때 고흐를 읽고 가장 감명 깊었던 것은. 사실은 고흐의 사랑 이야기예요. 고흐는 끊임없이 짝사랑했던 사람입니다. 박 선생은 짝사랑의 경험이 있는지 없는지 모르겠습니다만. (웃음)

고흐가 목사가 되기 위해서 공부할 때 먼 친척 과부가 한 사람 있었어요. 과부는 고흐가 너무 싫었습니다. 고흐는 그녀의 집을 찾아가요. 그때 그녀는 가족들과 함께 전등 없이 촛불을 켜고 식사를 하는 중이었는데요, 고흐는 그 식탁의 촛불 위에 손을 얹습니다. 이 손이 타는 시간만이라도 사랑하는 사람을 보게 해달라고 말이죠. 고흐 손이 지글지글 타고 있으니까, 그녀와 그 가족들이 혼비백산해서 막 미친놈이라고 욕도 하고, 결국 고흐는 거기서 쫓겨나고 말죠. 얼마나 지질한 에피소드입니까? (웃음)

그러곤 그로부터 한두 달 동안 고흐가 친척 과부에게 자신의 마음을 전하는 격렬한 편지를 씁니다. 근데 그 과정에서 끊임없이 고흐가 참고하는 게 책이에요. 고흐가 그즈음 쥘 미슐레의 책을 읽는데, 이 책들은 지금 우리나라에도 번역이 되어 있죠. 사실 미슐레는 프랑스 혁명사에 관한 방대한 역사책으로 가장 유명한 사람인데요., 이 미슐레가 쓴 사랑이나 여성에 관한 책들이 고흐가 그런 식의 짝사랑을 하게 만든 거예요. 왜냐면 누군가의 사랑이 그토록 절실하면 절실할수록 그 마음이 상대방에게도 당연히 전달된다고 하는, 일종의 고흐식 정신승리법이라고 할까요. 사랑승리법이라고 할까. 그게 이미 미슐레의 책에서 나오는 이야기니까요. 미슐레는 그렇게 절실하게 한 여성을 사모하라, 사랑하라고 자기 책에서 강조했습니다. 그런데 사실 그건 너무나도 비현실적인 얘기죠. 한 남자가 촛불에 자기 손을 태우는 걸 보고 상대편 여자가 사랑에 빠지는 일이 어디 있겠어요? 절대로 있을 수 없는 일 아니겠습니까?

그런데, 그렇게 해서 결국 이루지 못한 사랑의 고통을 달래기 위해서 고흐가 택한 건 또다시 미슐레의 책입니다. 그러니까, 좀 속되게 말하면 '병 주고 약 주는 게' 바로 고흐의 삶에 있어서 독서였던 거예요. 고흐는 끊임없이 책을 읽고 사람들에게 편지를 쓰면서 자기 독서에 관한 이야기를 합니다. 그는 소설에 나오는 주인공들에게 공감하기도 하고, 주인공들의 삶을 통해서 자신의 삶을 대비하고, '그 사람처럼 살아야 하는데, 나는 왜 이렇게 살고 있나'라는 자기반성과 비판도 많이 하고요.

그는 현실에서 이루지 못하는 어떤 돈벌이나 직업에 대한 열망을 버리지 못하고, 죽을 때까지 그런 것들에 대한 꿈을 가졌어요. 어떻게 하면 내가 그림을 통해서 돈을 좀 벌 수 있을까, 내 그림을 어떻게 세상에 좀 팔아볼 수 없나, 이런 열망 말이죠. 그는 동생 테오한테 10년 동안이나 얹혀사는 신세였으니까요. 테오는 고흐가 죽기 2년 전쯤 결혼을 합니다만, 빈센트 반 고흐도 끊임없이 여성과, 사랑과, 결혼에 대한 열망을 품고 있었죠. 그러니까 고흐의 경우, 무언가 세속적이고 애욕적인 것을 초월한 사람은 전혀 아니었습니다. 그는 속물적이고 세속적인 욕망, 즉 금전욕이든 명예욕이든 출세욕이든 성욕이든 그런 욕망 때문에 끊임없이 번민하고 고뇌했죠.

고흐의 아버지는 목사였어요. 그는 어린 시절 아버지를 대단히 존경했지만, 나중에는 종교인들의 물질주의 같은 것에 대해 비판하고 그런 비판을 통해서 오히려 자기 자신을 위안하기도 하죠. 자신이 능력이 부족해서 목사가 되지 못하고 전도사로서도 실패했지만, 나의 종교, 내가 믿는 하느님에 의하면 그것이 반드시 바른길은 아니라고 자신을 변명합니다. 내 가족과 친척들은 다들 무난하게 살고 있지만, 그들은 세속적인 욕망에 휘둘리며 살아가기 때문에 나는 그들과 다르다, 이런 식의 자위도 하고요.

이런 기록들은 무슨 종교적이고 초월자적인 입장에서 하는 사람의 이야기가 전혀 아닌 거예요. 그렇지만 20대와 30대를 패배자로 살아야 했던 사람이 고백했던 번민과 슬픔, 아픔, 자기과시 등을 읽고 있노라면 그게 그만큼 인간적인 면모로 보이는 거죠. 그 에너지가 그의 예술에 고스란히 응축되어 있다는 걸 아니까요.

‖ 고흐의 아웃사이더적 기질에 굉장한 이입을 하셨던 것 같습니다. 고흐는 철저하게 보통 사람이었고, 그 에너지가 그의 위대한 예술에 어떤 본질적인 원동력이 되었다는 것이겠죠. 그리고 그런 사실은 교수님에게도 많은 용기를 주었던 것 같고요.

그렇습니다. 저는 제가 뭐 대단한 사람이 되겠다고 생각한 적도 없고요, 일찍부터 저의 한계를 알았습니다. 그래도 언제나 제가 좋아하는 걸 찾아서 최선을 다하기는 했던 것 같아요. 저는 젊은 분들이 '야망을 가져라', '하면 된다'라는 식의 이야기 등에서 거리를 두었으면 좋겠고, 정말로 자기가 가장 사랑하는 무언가를 찾아서 성실히 해나갔으면 좋겠다고 늘 생각하기는 합니다. 꼭 고흐처럼 힘든 삶을 살지는 않더라도, 자기 자신에게 철저하게 충실했던 그의 자세는 지금도 제 가슴을 뛰게 만듭니다. 저도 평생을 책 속에

파문했던 데서 가장 큰 즐거움을 느꼈고요. 10대 시절부터 고흐에게서 그런 용기를 많이 배웠죠. 자신만의 삶을 우직하게 밀고 나가는 용기 말입니다.

‖ 교수님의 책 『독학자, 반 고흐가 사랑한 책』의 부제가 '책과 그림과 영혼이 하나 된 사람의 이야기' 아니었습니까? 이 문장이 교수님이 바라본 고흐를 가장 아름답게 압축한 게 아닐까 생각되기도 합니다. 이 책에서는 지금 교수님 말씀처럼 고흐가 자신의 편지에 남긴 300권이 넘는 책들, 고전부터 당대까지 150명이 넘는 작가를 두루 언급했던 것이 상세히 소개되고 있죠.

맞아요. 저는 어떤 분야의 엘리트가 아닌 사람들, 고흐와 같은 모든 평범한 시민이 즐겁게 읽을 수 있는 책이 참 소중하다고 생각해요. 사실 법률 분야를 제외한다면, 책을 쓰는 저의 입장부터가 어떤 엘리트, 전문가가 아니었잖아요. 아까 말씀드렸듯 저도 젊은 시절부터 노동운동에 참여하고 노동자분들에게 노동법에 관해서 몇 시간씩 알려드리는 자리를 많이 가졌는데요, 사실 노동법이란 게 참 어렵고 재미가 없단 말이에요. (웃음) 그래서 그 중간중간에 노동과 관련된 문학과 음악, 미술 이야기를 들려드리려고 노력했어요. 그 분들과 함께 읽을 만한 좋은 책이 없었다는 것이 제가 처음 책을 쓰게 된 동기였습니다.
여기서 좀 더 나아가서, 저는 특별한 계급이나 계층, 돈이나 지위가 필요한 그런 배경이 되는 사람들만이 향유할 수 있는 사법 문화나 학문, 책과 예술이 있어서는 안 된다는 입장을 견지해 왔습니다. 그런데 우리의 사법 제도나 학문 제도, 대학 제도는 철저하게 엘리트주의적으로 형성되어 있었기 때문에 저 나름으로 이런 것을 타파하고 싶기도 했어요. 물론 여러모로 부족했지만, 시민의 사법 참여를 논한 여러 책, 그리고 시민 중심의 예술 해설을 통해서 그런 노력을 열심히 해왔다고는 생각하고 있어요.

‖ 같은 맥락일 것 같은데요. 교수님이 지적 재산권에 관련해서 '카피레프트'의 입장을 고수하시는 것도 잘 알려져 있습니다.

네. 제가 1985~1986년 정도부터 책을 처음 쓰기 시작했던 때부터 한동안은 원고료나 인세를 아예 받지 않았고요, 가능한 한 책값을 좀 싸게 해서 더 많은 사람이 책을 접할 수 있는 문화에 일조해보자란 생각을 했습니다. 저작권과 관련해서도 마찬가지였습니다. 그동안 제가 쓴 책이나 논문을 이렇게 저렇게 다른 책으로 만들고, 심지어는 제게 아무런 이야기도 없이 자기 논문에 가져다 쓰는 사람들도 많았어요. 노동 단체나 노동조합 같은 곳에서 제가 썼던 노동법 논문을 거의 그대로 자기들 자료집에 쓰거나 책으로 쓰거나 한 경우도 자주 봤는데요, 저는 한 번도 거기에 대해서 저작권 침해라고 말해본 적은 없습니다.

에피소드가 하나 생각나네요. 2000년대 초반 즈음이었나? 제가 스페인에서 자유교육을 제일 처음으로 주창했던 프란시스코 페레라는 사람의 평전을 썼는데요. 평전 제목이 『꽃으로도 아이를 때리지 말라』였습니다. 그런데 한 2년쯤 후였던가, 김혜자 씨가 『꽃으로도 때리지 말라』라는 책을 낸 거예요. 책이 나온 후에 김혜자 씨에게서 미안하다고 전화가 오더라고요. 저는 괜찮다고 얘기했죠. (웃음) 그게 김혜자 씨의 결정인지 아닌지는 모르겠지만, 솔직히 얘길 하자면 저는 출판사든 김혜자 씨든 제가 쓴 제목을 분명히 알고

참고했을 거라고 생각하긴 합니다. (웃음)

‖ 그런 일이 있었군요. 당연히 사전에 양해를 구했어야 하는 것 아닙니까?

전화해서 양해를 구하면 당연히 해주겠거니 생각했던 것 아닐까요? 아무튼 저는 괜찮다고 했습니다. 저는 카피레프트니까 아무런 걱정도 하지 마시라, 그렇게 말씀드렸습니다.

‖ 김혜자 씨는 몰랐다고 하더라도, 출판사 차원에서 해당 출판사에 대응하는 게 맞지 않았나 싶기는 합니다. 지금보단 저작권 개념이 훨씬 희박했던 시절이어서 그냥 넘어가긴 했을 테지만 말입니다.

지금 그런 일이 똑같이 일어난다고 하더라도 저는 마찬가지로 대응했을 거라고 생각하긴 합니다. 가끔 제가 했던 이야기를 다른 책에서 출처를 밝히지 않고 인용하는 걸 발견할 때 기분이 썩 좋지 않은 건 사실이지만, 한 번도 시비를 가리거나 한 적은 없습니다. 『병원이 병을 만든다』와 『행복은 자전거를 타고 온다』 같은 책 제목도 이러저러하게 모방을 많이들 하시더라고요.

에드워드 사이드의 『오리엔탈리즘』에 관하여

‖ 앞으로는 좀 더 엄격하게 대응했으면 하고 바라봅니다. (웃음) 이제 번역에 관한 이야기로 넘어가 볼까요? 아무래도 교수님의 번역 작업에 있어선 1991년에 나온 『오리엔탈리즘』 이야기를 빼놓을 수 없을 것 같습니다. 이 책은 어떻게 우리말로 옮기게 되신 겁니까?

이 책의 원서는 1978년도에 나왔지요. 제가 1989년 하버드대의 휴먼 라이트 프로그램에 연구교수로 갔을 때도 이미 그 책에 관해선 잘 알고 있었는데, 마침 에드워드 사이드가 하버드에 강의를 왔던 적이 있어요. 그게 1989년 가을이었나 그럴 겁니다. 그때 저와 이 프로그램에 같이 펠로우로 있던 친구가 이집트에서 왔던 판사였는데 그 친구도 에드워드 사이드를 무척 좋아하더군요. 그래서 같이 들으러 갔죠. 이 책의 가치라고 한다면, 이집트를 포함하여 중동에 대해 서양이 오랫동안 폄훼와 왜곡을 일삼았던 일종의 사상적이고 문학적이고 예술적인 역사와 흐름을 오리엔탈리즘이란 말로 명쾌하게 개념화했던 것 아니겠습니까?
아무튼 제가 직접 들었던 자리에서 사이드가 이야기한 건 팔레스타인에 관해서였어요. 지금 사이드의 세부적인 강연 내용까지 기억나진 않지만, 그때 사이드를 직접 본 후에 이 책을 우리나라에 소개하면 꼭 좋겠다고 생각했던 것 같아요.

‖ 그래도 막상 번역까지 결심하기는 쉽지 않았을 것 같은데요.

그때 하버드에 같이 있던 한국인 영문과 교수가 제 방의 『오리엔탈리즘』 책을 보더니, 저에게 이런 책도 읽느냐고 묻더군요. 제가 왜 10여 년이나 된 이 책이 우리나라에 번역이 되지 않았느냐, 빨리 번역이 되었으면 좋겠다고 말씀드렸습니다. 그런데 그분이 하시는 말씀이 그 책을 번역할 사람이 없을 거다, 한국에서 별로 관심도 없고, 이러시면서 자기도 그 책이 그리 읽힐 가치가 있는지 모르겠다, 우리나라에 꼭 필요한 책인가, 이런 식으로 핀잔을 주듯 얘기하는 것 아니겠어요? 그날 저녁에 이를 갈면서 아내에게 이 책을 내가 번역해야겠다고 말했던 게 기억나네요. (웃음)

‖ 당시 우리 학계의 보수적이고 주류 일변의 풍토에 반발하셨던 것 같습니다. 아마 그때까지만 해도 영문학계 혹은 인류학계에서 사이드에 관해선 별다르게 주목하지 않았던 시점이겠죠?

거의 얘기되지 않았죠. 사이드뿐만 아니라 당시 제3세계에 대한 관심이라는 것은 아직도 꽤 제한적이었어요. 물론 1987년의 6·29 선언 이후에 어떤 해빙 무드가 존재했고 사회주의 문헌들이 국내에도 많이 번역되었지만, 그때까지만 하더라도 대단히 선명하고 투쟁적인 책들이 먼저 소개되었던 기억이 납니다. 그리고 이론적으로는 미셸 푸코를 비롯한 구조주의, 후기구조주의 등이 막 소개되던 시점이었는데, 그즈음까진 사이드나 이런 학자들에 대해선 제대로 조명되지 못했던 것 같아요. 사이드가 다루는 오리엔탈리즘은 기본적으로 중동 지역연구 비슷하게 취급되던 시점이 아니었을까 싶습니다. 그래서 우리 영문학자들에겐 별다른 인상을 주지 못했던 것 같습니다.

저는 1980년대 초 일본에서 유학하고 있었는데, 일본에선 이미 사이드가 상당히 활발하게 번역이 되어 있었죠. 저도 『오리엔탈리즘』을 일본어 번역본으로 먼저 읽고 감명을 받았는데요. 이 책은 일차적으로 중동을 다룬 책이지만, 저한테는 한국을 비롯한 식민지를 경험했던 많은 제3세계 나라에서는 공감할 수 있는 내용이다, 우리나라의 현실에서도 대단히 참조할 만한 얘기가 많다, 이렇게 생각이 됐었지요.

‖ 교수님이 1980년대에 푸코의 『감시와 처벌』을 먼저 우리말로 옮기셨던 것도 사이드를 번역하게 되신 하나의 계기가 되었을 것 같습니다.

푸코 말씀을 해주셔서 말인데, 1995년이었나요? 교수신문사에서 20세기의 가장 중요한 번역서 10권을 꼽았는데, 그중 제가 옮긴 책이 두 권이나 있었어요. 『오리엔탈리즘』과 『감시와 처벌』이 10권 중에서 2권을 차지했었는데요, 제 자랑 같지만 이건 퍽 영광스러운 일이었습니다. (웃음)

어쨌든 우리나라에 미셸 푸코를 가장 먼저 소개한 사람이 강원대 이광래 교수인데, 그분과 인연이 있어서 『감시와 처벌』 번역 작업을 시작했죠. 제가 창원대학에 있을 때 영어책과 일어책, 그리고 프랑스책을 다 갖다 놓고, 불문과 교수들을 찾아다니며 열심히 묻기도 하면서 번역했습니다. 그걸 1988년에 강원대 출판사에서 내게 되었어요. 푸코의 이 책은 서양의 행형 체계와 형법 사상의 비인간성을 아주 깊이 있게 파헤친 책이지 않습니까? 법사회학적으로도 아주 의미가 있는 책이었고요.

이 책을 번역해서 낸 뒤 이광래 교수와 푸코에 관해서 이야기를 나누며, 특히 서양 사람들의 비서양에 대한 편견의 문제를 푸코식의 방법론과 시각을 적용했던 사람이 바로 에드워드 사이드 같다고 얘기했어요. 그런 배경이 있었기에 하버드에서 번역을 시작했던 게 좀 더 수월했겠지요. 그런데 당시만 해도 에드워드 사이드를 아는 분이 국내에 몇 없어서 번역이 끝난 뒤 출판사를 찾는 데도 애를 먹었던 기억이 납니다.

‖ 미국의 아이비리그에서 연구하던 한국인 학자가 『오리엔

탈리즘』을 번역하셨다니, 그 자체로 좀 인상적인 작업이었던 것 같습니다. (웃음)

일종의 오기였던 것 같아요. 만용도 있었고요. 뭐랄까, 저도 하버드에서 오리엔탈리즘적인 시선에서 자유롭지 못했다고 할까, 인종차별 같은 것도 많이 느꼈지만요. 제가 하버드에 있으면서 경험한 콤플렉스는 그보다 하버드에 와 있는 한국 사람들에게서 받았던 게 더 크다고 볼 수가 있어요. 이를테면 한국에서 대단히 승승장구하던 소위 엘리트 명문가의 사람들에게 하버드는 대단한 지적인 상징이고, 인맥 카르텔과 다름없었죠. 누구 할아버지가 대법원장이네, 누구 아버지는 대법관이네…… 이런 식의 이야기를 제가 거기서 얼마나 많이 들었는지 모릅니다.
하버드에는 한국의 대단한 집안의 아들딸 손주들이 모여 있다는, 어떤 오만한 분위기가 뒤엉켜 있었던 거죠. 그런 폐쇄적인 오만함을 참 많이 느꼈어요. 거기엔 하버드라는 브랜드에 얽힌 상업주의적이고 출세지향적인 인맥 카르텔의 느낌들이 있지 않았겠습니까? 그런 분위기 속에서 저한테 "당신은 명문대 출신도 아니고 시골 대학을 나온 사람인데

여길 어떻게 왔습니까?"라고 거의 직접적으로 묻는 분도 있었어요. 제가 그런 식의 눈초리를 얼마나 많이 받았겠습니까? (웃음)
어쨌든 하버드 동창회나 동문회 같은 것도 있고, 우리 집으로도 그런 동창회 명부 같은 것도 오고 그랬는데요, 저는 물론 그런 자리에 한 번도 가본 적도 없습니다만, 요컨대 하버드 출신이란 타이틀이 마치 한국 사회 지도층의 표상처럼 되어 있는 아니꼬운 현실이 있었습니다. 물론, 지금도 있을 거고요. 제가 보기엔 그들에겐 하버드와 미국 문화, 어떤 영미 문화에 대한 지극히 우상숭배적인 측면이 있었단 말이지요. 이런 걸 느끼면서 아, 내가 『오리엔탈리즘』이란 책은 꼭 번역해야겠다고 느꼈던 거죠. (웃음)

‖ 서양에 대한 콤플렉스 이전에, 서양을 동경하는 한국인들이랄까요. 서양을 하나의 지렛대처럼 활용하는 엘리트주의적 카르텔에 대해 많이 분노하셨던 것 같습니다.

그렇지요. 하버드의 1년 반 경험은 저 나름의 오리엔탈리즘을 극복해보는 하나의 계기가 되었다면 계기가 되었던 것 같아요. 하버드에서 그런 경험을 하고 『오리엔탈리즘』을 옮기고 난 뒤, 제가 책을 쓰거나 글을 쓸 때 사이드적인 관점이랄까요. 그런 걸 많이 체득했습니다. 무엇에 대해서도 숭배하거나 추종하지 말 것. 어떤 우상이든 철저하게 분석하고 부수어버릴 것. 이런 관점과 자세를 말이죠. 물론 사이드 또한 서양의 오리엔탈리즘에 대해 비판하면서도, 자신이 하버드 출신의 콜럼비아대 영문학 교수라는 점 때문에 영문학의 권위에 대해선 그다지 도전적이지 못했고, 아랍 문화에 대한 관심이 부족했던 것도 사실이지만요.

저는 오랫동안 대학교수 생활을 하면서, 사회의 민주화나 우리나라의 정치 문제에 대해선 서명도 열심히 하고 대단히 진보적인 입장을 피력하면서도 자기 학문 분야에 있어선 아주 보수적인 입장을 취하는 분들을 많이 봤거든요. 정치적으로는 굉장히 진보적인 분인데 자기 전공 학문이나 지도교수에 대해선 거의 숭배에 가까운 태도를 보인다거나, 특히 자기가 서구권의 국가에서 유학을 했을 때 그 나라와 문화에 대한 지나친 예찬을 보여주시는 분들이 너무 많았습니다. 이런 식의 태도가 사실 저한테는 굉장히 못마땅했어요. (웃음)

노엄 촘스키는 달랐죠. 그는 자신이 평생을 근무하고 자기에게 종신교수직을 준 MIT를 미국 제국주의의 총본산이라고 항상 비판하곤 했죠. 참 대단하지 않나요? 제가 얼마 전 촘스키에 관한 원고를 한 편 쓸 일이 있었는데, 거기에 이렇게 적었어요. 촘스키는 자기가 속한 대학, 자기가 속한 나라, 자기가 속한 모든 권위의 해체를 말할 수 있었기 때문에 정말로 높이 평가받아야 한다고요.

우리는 그렇지가 못해요. 교수들이 끼리끼리 모여서 대통령과 정치인들을 비난하고 욕하는 일, 무슨 성명서를 쓰거나 선언문을 쓰는 일, 그건 사실 그리 어렵지 않습니다. 그게 아니라 정말로 자신이 공부하는 분야, 자기가 속한 조직의 권력, 학문의 권위 같은 것을 향해서 철두철미 비판적 태도를 견지해야 할 텐데……. 아무튼 저는 바깥세상에 대곤 정의와 진보를 얘기하면서 자기가 속한 학문, 대학, 가정, 학연, 지연, 혈연을 너무 존중하고 아끼는 사람들을 너무 많이 봤던 것 같아요. (웃음) 많이 실망하기도 하고 그랬죠.

‖ 말씀에 깊이 공감하는 바입니다. 어쨌든 교수님이 옮기신 『오리엔탈리즘』은 굉장한 주목을 받았고, 지금까지도 스테

디셀러의 반열에 올라 있습니다.

재미있던 것은 이 책이 나오자마자 한의사분들이 그렇게 저를 강연에 초대하시고 그랬어요. (웃음) 오리엔탈리즘이 동양에 대한 찬양이랄까, 동양우월주의 같은 식으로 약간 오해되었던 측면이 있었죠. 그래서 제가 그런 자리에 가서 이 책은 동양의 우월성에 대해 논한 책이 아니고, 오히려 서양 사람들의 동양에 대한 재발견, 찬양 같은 것에 반응해서 동양에 대한 우월의식을 강조하는 것이야말로 역오리엔탈리즘과 같은 것이다, 그것이야말로 가장 문제적인 식민주의와 열등의식의 반영이다, 이렇게 말씀드리곤 했지요. 그럴 때 강연 주최자들이 이 사람 공연히 불렀다는 식으로 표정을 짓고 그랬던 게 기억이 납니다. (웃음)

번역 작업과 우리의 번역 문화에 관하여

‖ 저는 번역의 경험이 없지만, 역시 번역이란 한 권의 책을 더 깊이 읽어내는 일과 다르지 않을 거라고 생각됩니다. 제

주위에는 직업번역가분들이 많은데, 그분들이 얼마나 책을 꼼꼼하게 읽고 그 책의 세계를 장악하는지를 옆에서 볼 때면 존경스러울 때도 많거든요.

맞아요. 저한테도 어떤 책을 직접 번역하는 것이 공부가 훨씬 더 깊이 되고, 많이 되는 일이었습니다. 책을 한 권 번역하는 일은 저에겐 아주 집중적인 독서를 요구하는 작업이었어요. 번역을 해봐야지만 한 권의 책과 그 책의 작가에 대해서 제대로 알 수 있겠구나, 이런 느낌을 받았던 경우가 참 많았습니다. 번역은 단순히 외국어를 한국어로 옮기는 작업이 아니라 책에 집약된 하나의 사상을 전달하는 작업이라고 생각했으니까요. 그래서 지금 생각하면 조금 촌스럽게 느껴질 때도 있지만, 제가 옮긴 책에 저 나름의 많은 해설과 역주를 넣었던 것도 사실이에요. 아무튼, 번역 작업이란 그런 식의 의지와 사명감이 있어야만 할 수밖에 없지 않은가, 이게 제 생각입니다.

‖ 서점이나 인터넷의 책 리뷰 페이지에는 사실 교수님 번역에 대한 비판의 목소리도 있는 게 사실입니다. 그런 점을 알

고 계셨습니까?

알고 있습니다. 저의 부족함도 인정하고, 또 번역이라는 게 항상 그런 문제가 생길 수밖에 없기도 하거든요. 그래서 제 번역에 대한 비판과 지적도 언제나 환영합니다. 저도 다른 분들의 번역을 지적하기도 하고요. 구체적으로 번역에 대한 비판적 의견을 전달해주시면 당연히 계속 고쳐나가기도 하고 그렇습니다. 아예 새롭게 번역하는 경우도 있고요. 에드워드 사이드의 『문화와 제국주의』 같은 경우는 과거 제가 했던 번역에 문제가 많이 보여서 새로 작업을 했던 책이기도 합니다.

그리고 제가 이미 번역해서 우리나라에 소개했던 책의 새로운 번역본이 나오는 게 저로서는 대단히 반가운 일이기도 해요. 그래야지 우리 출판계의 전체적인 번역 문화에 훨씬 더 유익한 일이라고 생각합니다. 제가 번역한 『감시와 처벌』도 그 뒤에 서울대 오생근 교수가 새 번역본을 내지 않았습니까? 요즘은 이반 일리치의 책들도 새로 번역되어 나오고 있습니다. 『행복은 자전거를 타고 온다』도 30년 만에 새 번역본이 나왔는데, 그쪽 출판사에서 제가 썼던 해설을 쓰겠다는 연락이 왔더라고요. 저는 얼마든지 요즘 시대에 맞게 고쳐 쓰시라고 말씀드리기도 했죠. 프레드 로델의 『저주받은 번역가들』이란 책도 새 번역이 되었는데, 책이 나오기 전 새로 번역을 맡았던 번역가님이 저에게 감수를 요청해온 일도 있었습니다. 그래서 저도 즐거운 마음으로 굉장히 꼼꼼하게 그분의 번역에 대한 피드백을 드리기도 했습니다. 무보수로 말이죠. (웃음)

‖ 자연스럽게 연결될 수 있을 것 같은데요, 우리나라의 전반적인 번역 문화에 대해서도 꽤 비판적으로 보고 계시죠?

저는 『오리엔탈리즘』이 대단히 중요한 책이라고 생각해서 번역했고, 그 작업에 대해 지금도 자랑스럽게 생각하고 있습니다. 그런데 제가 1991년부터 지금까지 한국에서 이 책과 관련된 논문이나 책을 구해 읽을 수 있는 건 거의 다 읽어보았는데요, 제가 번역한 책을 인용한 텍스트를 본 적이 거의 없어요. (웃음) 연구자들은 항상 원전을 인용하지요. 그런데 이게 가까운 일본, 혹은 프랑스나 독일과 같은 나라들은 말이죠. 『오리엔탈리즘』을 인용할 때는 자국어로 번역된 책을 인용합니다. 그래야 그 나라 말을 쓰는 사람들이 그 인용의 근거를 찾아볼 수 있으니까요. 그런데 우리는 왜 굳이 원전을 고집할까요?
이런 의문에 대해 오해하지 않았으면 좋겠습니다. 저는 지금 제 『오리엔탈리즘』의 번역이 완벽하므로 제 번역본을 인용해야 한다는 말을 하려는 건 전혀 아닙니다. 제 번역뿐만이 아니라 대부분의 번역서에 관해서도 마찬가지예요. 그러니까, 한국에는 한국 사람들이 한국말로 연구하는 어떤 공통의 자산으로서의 번역 문화라는 게 없다는 얘길 하고 싶은 거예요. 더욱이 우리나라 대학에서는 교수의 연구 업적에서 번역을 완전히 도외시합니다. 대학에서 교수를 평가하는 가장 중요한 것은 오로지 논문뿐이니까요.

‖ 저술도 굉장히 낮게 본다고 여러 교수님께 들었던 적이 있습니다.

단행본도 낮게 보거나, 거의 보지 않죠. 오직 논문입니다. 물론 미국에서도 그런 야유가 있어요. 교수가 쓴 논문을 읽는 사람은 그 논문을 쓴 교수 자신, 논문 대부분의 초안을 잡아 준 조교들, 이렇게 해서 평균 2.3명 정도가 될 거라는 농담 반 진담 반의 야유가 말이죠. (웃음) 거기에 대해서 노엄 촘스키나 임매뉴얼 월러스틴 같은 사람들은 크게 반발했습니다. 논문 말고 일반인들에게 쓰는 글들과 책들이 매우 중요하다고 말이죠.

분야에 따라 조금씩 다르겠지만, 미국이나 일본에서는 설령 논문이라는 게 중시될지라도 단행본 역시 기본적으로 연구 업적에 포함되는 게 사실입니다. 번역 또한 단행본 저술과 함께 연구 업적으로 인정되는 게 보통이고요. 미국이나 일본 같은 경우엔 가령 중요한 고전 번역, 산스크리트어 번역이라든가 고대 힌두어 번역이라든가, 그런 번역은 대단히 중요한 연구 업적으로 포함됩니다. 즉, 고전이나 중요한 언어 번역은 그 자체가 박사 학위 논문으로 인정이 돼요.

예를 들어 한국의 신라 시대나 고려 시대의 원전 작품을 한국어로 번역한 논문도 일본이나 미국 대학의 정책에선 박사 학위 논문으로 대체가 됩니다. 주일 미국대사를 지내기도 하고, 미국에선 일본사와 중국사 연구의 최고봉이라고 평가받았던 에드윈 라이샤워라는 학자가 있었어요. 이 사람은 12세기 일본의 승려 엔닌이 당나라에 건너가서 썼던 여행기를 영어로 번역해 하버드에서 박사 학위를 받을 정도였습니다.

그런데 우리나라는 단행본도 무시되고, 번역도 무시되고, 오로지 논문입니다. 저는 이런 현상이 책도 안 쓰고 번역도 물론 하지 않고, 학계 바깥의 대중과 유리된 채 상아탑 안에 머무는 것만을 고집했던 고약한 유학파 교수들이 우리나라 학계를 지배한 탓이라고 생각합니다.

‖ 이게 2000년대 들어서 점점 심각해지고 있는 문제라고 알고 있는데요, 교수님도 만약 2000년대 이후에 교수 생활을 시작하셨으면 만만치 않으셨을 것 같습니다.

그랬겠죠. 하지만 번역이라고 하는 것은 대단히 중요한 공통 문화 자산이에요. 물론 아카데미즘의 세계, 그 안에서 엄격한 기준을 갖고 쓰인 논문은 아주 중요합니다. 저도 학교에 재직 중엔 최선을 다해서 그런 작업에 임했었고요. 그렇지만, 대학의 교수들이 대학 바깥의 누구도 읽지 않고 접근조차 쉽지 않은 논문에만 매달리고 있다는 것은 정말 큰 문제라고 생각됩니다.

미국이나 유럽, 일본 같은 경우엔 중요한 작품들과 학문적 저작에 대하여, 학계와 출판계에서 이런 정도의 책은 당연히 번역되어야 한다는 공감대와 기준 같은 게 있단 말이에요? 우리 지식사회에는 그런 기준이 없습니다. 잘 팔리는 책은 번역이 돼요. 그런데 잘 팔리지 않는다고 생각되는 책은 번역이 되지 않습니다. 학문적이고 예술적인 가치에서 일정한 수준이라고 얘기할 수 있는 것조차도 전연 번역이 안 되는 것이지요.

‖ 그처럼 학술적·문화적 공감대가 부족한 토양에선 어떤 대중적 유행에 부합하는 책들만이 계속 인기를 끄는 현상이 나타나겠죠.

그렇습니다. 이를테면, 촘스키를 한번 볼까요? 제가 정확하게 세어본 적은 없지만, 촘스키 책이 제 서가에 있는 것만 해도 스무 종 정도가 될 거예요. 서점에 번역된 책들까지 다 합치면 아마 촘스키 번역본은 50~60종이 넘을 듯합니다. 그런데 정작 그 책 중에는 상당히 중복되는 책도 많습니다. 촘스키가 이처럼 많이 번역되고 잘 읽히는 이유가 있죠. 그는 쉽게 쓰고, 굉장히 다양한 국제 정세를 소재로 다루고 하기 때문입니다. 촘스키 독자가 많은 것이 나쁜 것도 아니고, 촘스키는 정말 중요한 학자인 것도 사실입니다. 저는 촘스키 책이 번역되었다는 사실 자체를 탓하는 것이 아니에요. 촘스키가 번역되는 정도로 다른 세계적 지식인들의 책이 소개되어야 하는 건 아닌가, 하는 생각이 드는 거죠. 20세기와 21세기 세계의 지식사회에 노엄 촘스키만 있는 건 아니었을 테고, 촘스키만큼 중요한 이야기를 하는 학자도 수두룩하게 많았으니까 말이죠. 그런 사람들의 책도 지금보다 훨씬 더 많이 번역될 필요가 있다는 말입니다.

‖ 체계적이고 전문적인 번역의 역사도 너무 짧고, 학계와 출판계의 공통 문화도 많이 부족하다는 지적이시죠? 제 주위의 전문 번역가님들도 많이 지적하는 문제인데요, 우리 지성 사회의 탄탄한 지반 자체가 부재하다는 말씀 아니겠습니까?

네. 공통의 문화가 없습니다. 예컨대, 지금 세계엔 우리가 공유할 만하고, 또 공유해야 하는 학계와 예술계, 문화계의 어떤 영역이 있을 겁니다. 아마존이든 하버드든 옥스퍼드든 우리가 파악할 수 있는 세계적인 의미의 문화 공간들이 있잖아요. 그 문화 공간에 대해서 한국의 독자들이 한국어로 읽을 수 있는 번역 문화가 형성되어 있지 않아요. 그 대신에 대단히 상업주의적인 일부만 도드라지게 형성되어 있다는 거죠. 예컨대 촘스키 책 중에 상업적인 목적과 배려에 의하지 않고 순수하게 촘스키에 대한 학문적인 전파, 대중적인 보급의 차원에서 진지하게 낸 책은 몇 권이나 될 것이냐, 저는 이에 대해서 그렇게 많다고 보지 않는 것이지요.

‖ 출판인의 한 사람으로서 반성이 됩니다. 출판계에도 자기만의 전문 분야에 관해서 오래도록 천착할 수 있는 문화가 굉장히 빈약한 게 사실이거든요.

같은 맥락에서 제가 아는 한 독일철학 전공자가 그런 얘기를 했어요. 독일의 니체 전공자보다 한국의 니체 전공자가 더 많은 것 같고, 독일에서 나온 니체 책보다 한국에서 나온 니체 책이 더 많아 보일 정도라고요. 니체도 촘스키와 마찬가지예요. 니체라는 철학자가 중요하다는 걸 모르는 사람이 어디 있겠어요? 니체는 여전히 탐구할 만한 게 많은 사람이지만, 반면에 니체 외에도 독일엔 중요한 철학자들이 많지 않았습니까? 한국에서는 니체만큼 독일의 다른 학자들이 소개되지 않고 언급되지 않는 거죠. 그건 문제가 있는 것이라고 봅니다.
니어링 부부에 대해서도 같은 이야기를 할 수 있습니다. 스콧 니어링과 헬렌 니어링 부부도 참 배울 게 많은 사람입니다. 그런데 가까운 일본의 예를 본다면, 니어링이 쓴 사회주의와 경제학 관련 책들이 잘 번역되어 있어요. 한국에는 전혀 번역되어 있지 않고요. 그런데 우리나라에 그렇게 번역도 많이 되고 베스트셀러까지 된 이 부부의 생활 이야기들이 있잖아요. 심지어 후기 니어링 부부가 쓴 음식 레시피까지 번역이 되어 나와 있는 것으로 알고 있는데, 이런 책들은 일본에 아예 소개되어 있지 않아요. 그러니 니어링이라고 하면, 일본 사람들은 이들 부부에 대해 미국에선 보기 드물었던 사회주의 경제학자로 기억하는 경우가 많아요. 한국엔 이런 니어링의 전문 서적이 전혀 번역되어 있지 않습니다.

‖ 아무래도 가볍고 읽기 편한 걸 좋아한다는 말씀이시죠.

그런 것만 계속 나오고 있죠. 스콧 니어링이 죽기 직전의 생활에 대한 책들만 쏟아져 나왔다는 말인데, 그게 니어링 부부의 전부라고 생각하면 정말이지 큰 오산입니다.

‖ 학문의 폐쇄적인 고급화와 지나친 상업성이 함께 가는 역설이 있는 것 같습니다.

우리나라의 대다수 학자는 번역을 통하여 더 많은 사람이 한글로 좋은 책을 읽을 수 있도록 노력하려는 의식 자체가 없는 것 같아요. 심지어는 그런 걸 꺼리는 것 같은 인상까지 받을 때가 많았습니다. 해외는 다르죠. 가령 에드워드 사이드의 지적인 후배로서 유명한 사람 중 한 명이 가야트리 스피박이란 사람이잖아요. 이 사람은 번역을 대단히 많이 하는 사람입니다. 데리다 번역으로 잘 알려져 있고, 저도 원전의 번역보다 더 많은 분량의 주석과 해석을 보면서 혀를 내두르기도 했습니다.
전문 학자들이 번역을 중시해야 해요. 다른 나라의 문화를 한국 문화와 믹스시키는 데 가장 중요한 가교가 되는 것이 번역이에요. 저는 외국 학문이나 외국의 문화, 외국어를 전공하는 학자들이 반드시 해야 할 과업 중의 하나가 번역이라고 생각합니다. 그래야 그 일이 우리 문화에 다른 문화를 더 발전적으로 융화시키고 융합시켜줄 수 있으니까요. 저도 부족하나마 능력이 닿는 한 좋은 책들을 우리말로 옮기려고 노력해왔고, 윌리엄 모리스나 루이스 멈포드, 머레이 북친 등등 지적 · 학술적으로 중요하다고 생각하는 몇몇 이의 작품들을 우리나라에 처음 소개하기도 했습니다.

외국어를 능수능란하게 하고, 해외로 유학까지 다녀온 한국의 학자들은 굳이 번역이 필요하지 않겠죠. 그렇지만 공부를 업으로 삼지 않은 일반인들이 오리엔탈리즘이란 개념에 관해서 알고, 에드워드 사이드의 책을 읽는다는 것. 저는 그게 굉장히 중요하다고 봐요. 공학을 전공하든 경영학을 전공하든 『오리엔탈리즘』 정도는 읽을 수가 있어야 한다고요. 그런데 우리는 번역도 소홀히 되고, 독서도 소홀히 되고, 외국 학문과 문화의 소개는 철저하게 고립되어 상아탑 속에 고급화되어 있고……. 학생들도 취업하느라 바빠서 점점 더 그런 책들을 진득하게 읽어내지 못하고 있는 것 아닙니까? 결국, 어떤 단단한 공통의 문화적 영역이 형성되질 못하고 있는 거예요.

‖ 홍기빈 칼폴라니사회연구소장이 교수님과 같은 관점에서 "번역이야말로 지식인의 의무"라고 말했던 게 기억나네요. 홍 소장은 아침마다 1~2시간씩 꼬박꼬박 뭐든 번역한다고 밝히기도 했는데, 이처럼 후배 학자들이 좀 더 힘을 내주길 바라시는 것입니까?

번역도 많이 하고, 대중에게 읽힐 수 있는 책도 많이 쓰고요. 또 그런 책들이 대학에서 널리 읽힐 수 있도록 이런 취업 일변도의 분위기와 대학의 풍토도 바뀌어야 할 것이고요. 제가 20년 전부터 주위의 동료 학자들에게 요구했던 것도 바로 그런 글이었어요. 편하게 써보자, 좋은 글을 우리말로 옮겨보자, 그런 책들이 앞으로는 더 필요해질 것이다, 이런 말들을 계속 드렸죠.

책은 자신을 알기 위한 가장 훌륭한 도구이기에

‖ 우리 인문학 전반의 부박한 풍토 같은 게 있는 것 같고, 그런 면을 강하게 지적해주고 계신데요, 그렇지만 학자들은

학자들이더라도 일단 사람들이 너무 책을 읽지 않는 것 같기도 합니다. (웃음) 요즘은 워낙 재밌는 것들이 많아진 세상이라서 이런 현상은 앞으로도 점점 더 심해질 듯합니다. 이 점에 대해선 어떻게 생각하십니까?

박 선생, 저는 이게 꼭 어제오늘 이야기라고 생각하진 않습니다. 물론 독서의 절대량은 점점 줄어들고 있는 게 사실이지만, 제가 강조하고 싶었던 독서의 생활화랄까요. 일상화랄까요. 이런 건 예나 지금이나 척박한 건 마찬가지라고 생각합니다. 저 역시 평생에 걸쳐 사람들이 더 책을 읽어주길 바라며 이런저런 작업을 해왔던 건 사실이고, 책과 떼려야 뗄 수 없이 살아왔기 때문에 책이 한 사람에게 주는 영향이랄까, 그런 건 대단하다고 늘 생각하긴 하지만, 제 주위를 봐도 책을 안 읽는 경향이 더 농후해진 것도 부정할 수 없죠. 최근에 어느 출판사에서 『내 삶에 스며든 헤세』라는 책을 낸다고 해서 그 원고를 청탁받았어요. 50명 정도 되는 필진에게 헤르만 헤세가 자신의 삶에 미친 영향을 듣는 책이라고 하던데, 어젯밤에 그 원고를 쓰면서 그런 생각을 해보기도 했어요. 헤세가 『데미안』을 쓸 때가 2차 세계대전의 막

바지였습니다. 이때 독일이든 유럽이든 정말로 피폐한 절망 상황이었죠. 이런 상황에서 헤세가 이야기한 건 그야말로 '자기에게 충실할 것'이었잖아요. 『데미안』은 자기 삶의 의미를 추구하기 위하여 세상과 대결할 것을, 자신의 알을 깨고 나아갈 것을 이야기한 책이죠. 그때나 지금이나 자신의 알을 깬다는 것은 누구에게든 괴롭고 힘든 일이겠지만, 저는 그런 순간에 책이 다른 매체는 전달하기 힘든 도움을 줄 수 있다는 걸 믿고 있습니다. 제가 젊은 시절 헤세를 읽고 감명을 받았듯, 사람들은 앞으로도 계속 좋은 책들을 읽고 감동할 수 있지 않을까 싶어요.

‖ 저도 늘 책이 안 읽힌다, 책이 안 팔린다, 이렇게 불평하곤 하지만 교수님 말씀에 공감하긴 합니다. 내가 정말 가장 깊은 층위에서 전하고 싶은 말, 내가 가장 고독한 차원에서 품고 있는 생각을 다른 사람에게 보편적인 문법으로 전할 수 있는 매체가 책이니까요. 책의 영향력은 앞으로도 유지될 것이되, 독서의 생활화와 일상화가 지금보다 더 중요해져야 한다는 게 교수님의 말씀이라고 생각됩니다.

네. 많이 읽어야 하고, 다양하게 읽어야 합니다. 계속 말씀 드렸듯 저는 우리 사회의 고질적인 병폐가 교과서 숭배주의라고 생각합니다. 시험을 통한 능력주의라고 생각하고요. 그런 걸 좀 배제하고 더욱 다양한 생각이 흘러넘치는 세상이 제가 생각하는 바람직한 민주주의입니다. 좀 더 많은 사상과 생각들이 자유롭게 떠다니고 서로 부딪치면서 새로운 걸 만들어낼 수 있는 분위기, 그런 분위기를 만드는 데에 독서라는 건 기본적으로 필요한 것이라고 봐요. 교과서 몇 권으로 명문대에 합격했다, 이것만큼 독서 문화에 위험한 생각은 없다고 생각합니다. 이건 명문대를 나오지 못한 저의 삶을 합리화시키는 이야기일 수도 있겠지만요……. (웃음) 어쨌든 다양한 독서를 통해 다양한 생각이 열리고, 그 열림 속에서 다양한 독서와 번역과 저술이 가능해지는 그런 세상이 좋은 세상, 바람직한 세상이라 생각합니다.

‖ 전문가에 대한 불신이 팽배한 시대입니다. 사람들은 이제 계몽적인 느낌을 좋아하지 않는 것 같아요. 전반적으로 쿨한 분위기가 있는 것 같고, 또 한편으로는 계몽이나 훈계 대신에 공감과 위로를 좋아하는 분위기도 있는 것 같습니다.

살기가 너무 팍팍하니까 충분히 이해되는 트렌드이긴 한데, 또 교수님은 아주 오랫동안 계몽주의자의 면모를 꿋꿋이 유지하고 계신 것 같거든요. 또 그렇다고 완전히 보수적인 '꼰대'는 아니신 것 같기도 하고 말이죠. 그런 다면성이 제게는 꽤 매력적으로 느껴집니다. (웃음)

지금 2019년의 우리 상황이 이렇게 강팔라진 것이 누구의 책임인지는 모르겠습니다만, IMF 이후 우리 사회의 참 많은 게 메말라버렸죠. 2000년대 들어와서는, 진보가 정권을 잡든 보수가 정권을 잡든 우리 시대의 불안이 굉장히 커진 게 사실입니다. 이런 각박한 현실에서 책을 읽는 게 사치처럼 느껴지는 현실에 대해 제가 할 수 있는 말은, 각박한 현실이기 때문에 더욱더 자기를 잘 알고, 자기 자신에게 절실한 것을 탐구할 수 있는 계기를 마련하는 게 중요하다는 것입니다. 그런 계기를 만들어주는 게 바로 독서이지만, 꼭 독서가 아니어도 됩니다. 어쨌든 헤세적인 의미에서의 알을 뚫고 나가려는 노력과 시행착오, 그럴 수 있는 용기를 주는 일은 참 중요하다고 봅니다. 그래도 그런 용기를 위한 지도와 도표로서 무엇보다 책을 가까이할 필요가 있지 않을까,

저는 그렇게 생각하고 있습니다. 박 선생은 저를 계몽주의자라고 표현했지만, 뭐 자기가 하기 싫으면 그만이고 제가 그걸 억지로 시킬 수는 없는 노릇 아니겠습니까. (웃음) 달리 어떻게 이야기할 수 있을까요?

제가 책을 많이 옮기고 직접 쓰기도 했습니다만 무슨 베스트셀러 작가도 아니고, 제 책을 읽은 모든 독자가 그 책에 좋은 반응을 보여준 것도 아니었을 거예요. 그런데 전혀 예상외로 제 책의 독자가 책에 대해서 우연스럽고 정성스러운 피드백을 전해주었던 몇몇 경험들이 있습니다. 그럴 때마다 제 노력이 아주 헛된 건 아니었구나, 하고 격려를 받게 되기도 했던 것 같아요. 박 선생도 그런 경험이 있지 않나요? 가끔 박 선생의 책을 읽은 독자를 만날 때, 예상치 못했던 편지나 이메일을 받을 때, 아, 내가 이 일을 해나가는 보람이 있구나, 그런 생각이 들 때가 있었을 거예요.

저는 중·고등학생에게서 편지를 받은 적도 몇 번 있었고, 또 어느 고등학생이 『젊은 날의 깨달음』 같은 책을 들고 와선 자기가 10대 시절에 읽은 가장 감동적인 청춘 찬가였다면서 사인을 부탁하는 아이도 있었습니다. 대안학교에 다니는 고교생들이 자발적으로 제게 강연을 청해 오는 일도 있었고요. 어떤 분들은 여기 대학까지 찾아와서 저에게 인생 상담을 요청하던 일도 있었어요. 그런 요청은 좀 당혹스럽긴 했습니다만, 어쨌든 감사하고 반가운 일이긴 했지요. (웃음)

‖ 책이 읽히지 않는다는 말들이 넘쳐나지만 그래도 여전히 어딘가에서는 책과 함께 고민에 잠겨 있고, 무언가를 모색하는 이들이 있을 거라는 말씀이시죠?

그렇습니다. 특히 아이들에게서 지금도 입시 지옥이 훨씬 더 심해지고 했지만 지금도 예외적으로 무언가 불타오르고 자기 나름으로 열정과 회의와 모험을 하는 아이들이 있을 겁니다. 자기 나름의 길을 추구하기도 해보고, 또 입시 교육이나 주어지는 그런 것에서 벗어나 자기 나름대로 뭔가를 모색하고 방황하는 아이들이 지금도 많이 있을 거예요. 그런데 여전히 그런 친구들은 예외적인 존재가 아닐까요? (웃음)

‖ 저로서는 책을 읽을 때, 나와 완전히 맞는 사람은 이 세상에 없다는 것을 인정하는 편안함이 있습니다. 우린 다 사람

을 그리워하면서도, 막상 사람들과 어울리면 썩 재미도 없고 그런 경우가 많지 않습니까? 그런 면에서는 독서는 아주 멋진 방식으로 자기 자신과 나누는 대화라고 봐도 좋을 것 같습니다.

아, 공감되는군요. 저도 마찬가지입니다. 제가 누군가의 모든 작품을 싹 다 읽고 그에 관한 책을 썼다고 하더라도, 제가 그 사람에 관해서 알고 있는 것은 사실 얼마나 불완전하겠어요. 아마 제가 오웰을 직접 만났더라면 별로 재미가 없고 서로 잘 맞지 않았을 가능성도 큽니다. (웃음)

‖ 다소 서글프지만, 저도 나이가 들어갈수록 더 그런 일이 잦아지는 것 같습니다. 그래도 책은 언제든지 우리를 기다려주고 있지요. 막상 펴들면 쉽사리 멈출 수 없는 멋진 이야길 가득 담고서 말이죠.

그렇습니다. 방금 말씀하신 그런 서글픔은 우리가 인간이기 때문에 느낄 수밖에 없는 것일 거예요. 앞으로 박 선생이 더 나이가 들어갈수록 그런 감정을 점점 더 많이 느끼실 거라고 봅니다. 아, 이건 악담처럼 들릴지도 모르겠지만요.

(웃음)

3

고독에 관하여:

가족, 거울, 그리고 스마트폰 너머에

‖ 독서와 번역 이야기를 길게 들어보았습니다. 어쨌든 교수님이 그런 삶을 살 수 있었던 건 의도적으로 사람들과 꽤 거리를 두셨기 때문에 가능했던 일 아니겠습니까?

20년 전에 제가 지금 사는 시골에 들어온 이유 중 하나가, 그런 걸 끊어내는 일이 참 편리했어요. 가령 제가 사는 곳은 버스가 다니지 않고 자전거를 타고 다녀야 하는데 밤늦게 가면 그 길은 극히 위험하다는 얘길 참 많이 했죠. (웃음) 그래서 저녁에는 제가 어떤 행사에도 참여할 수 없으니 이해해달라는 식으로 말이죠. 그렇게 변명을 많이 댔어요.

‖ 셰익스피어도 자신의 극단 동료들에게 그런 변명을 많이 댔다고 읽은 적이 있습니다. 자기 글을 쓰기 위한 시간을 내기 위해서 말이죠.

끊어낸다는 건, 결국 끊어내기 위한 여러 가지 구실을 만드는 작업이란 생각도 들어요. 그렇지만 끝내 끊어내지 못하는 것도 있지요. 주변에서 제가 효자라고들 이야기하는데, 지금도 매일 아침에 어머님께 전화로 문안 인사를 드리고 있지요.

‖ 매일 아침에요? 어휴, 저로서는 대단하게 느껴집니다. (웃음)

뭐 그냥 아침 7시쯤 되어 전화 한 통 드리는 것이죠. (웃음) 오늘 괜찮으십니까, 기분이 어떠십니까, 건강에 무리는 없으십니까, 이런 정도의 의례적인 문안을 드리는 것입니다. 가끔 특별한 일이 있으면 얘기를 들어드리고 말씀을 나누고요. 어머님은 한 2~3주일에 한 번 정도 찾아뵙는 것 같아요.

‖ 장모님과 장인어른은요?

일찍 돌아가셨습니다. 제 아내는 자제 중에 막내여서 장인어른과 장모님은 우리가 결혼했을 때에도 이미 꽤 연로하셨었어요. 두 분께서 돌아가시고 나니 아내 쪽 친지들과의 인연이 그리 깊이 이어지진 않았던 것 같습니다.

‖ 교수님의 아버님과 어머님은 언제 결혼하셨습니까?

아버님이 1929년생이셨죠. 스물셋에 저를 낳았고요. 1950년에 한국전쟁이 터지는데, 그때 제 어머니가 열여덟 살이었습니다. 1932년생이거든요. 그때는 한국전쟁이 터진 후, 시골에 딸을 가진 부모가 갑자기 결혼을 시킨 경우가 많아요. 딸을 그냥 두어선 안 되겠다는 생각에 어떻게든 간에 결혼을 시킨 거예요. 제 부모님의 이야기를 들어보면, 뭐 결혼식도 없이 아주 급하게 결혼하셨다고 하더라고요. (웃음)

‖ 이번에 설을 지내셨을 텐데요, 좀 어떠셨습니까?

사실 이 얘기를 해야 할 것 같은데, 저 자신에게 가정 차원의 모순과 갈등, 균열은 여전히 존재합니다. 아버님께선 돌아가셨지만, 제 동생들과 친지들 다수는 이 지역의 전통적인 사고방식을 굳건하게 따르고 있습니다. 거기다가 정치적으로도 지극히 보수적인 이들이 많아서, 예컨대 1980년의 광주민주화운동에 북한이 개입했단 식의 말도 안 되는 의견을 당연하게 믿고 있죠. 정말로 안타깝습니다. 저는 명절에 그런 정치적인 얘길 나누는 게 딱 질색인데 제 친지 중엔 그런 걸 이야기하길 좋아하는 이도 있으니까요.

‖ 정치 이야기에 열을 내는 분들이 어디에나 꼭 있죠. (웃음) 우리의 제사라는 전통에 관해서는 교수님도 여러 비판을 하셨던 것으로 아는데요.

중학교 1학년 작문 시간 때 제가 '나는 제사가 너무나도 싫다'라고 쓴 적이 있었어요. 그러곤 선생님께 불려가서 크게 꾸중을 들었습니다. (웃음) 중학교 다닐 때 이미 그런 글을 썼던 기억이 납니다. 나중에야 뭐 그런 주장을 많이 펼치곤 했었지만요.
아버지가 태어난 고향은 정말이지 외딴 시골, 구미의 금오산 뒤편의 가난한 동네였어요. 어릴 때 명절만 되면 아버지에게 붙잡혀서 아버지 고향에 제사를 지내러 가는 게 그렇게 싫었어요. 특히 설날에는 참 춥잖아요. 그 길을 걸어서

가야 했는데, 제 할아버지와 할머니는 일찍 돌아가셔서 저는 얼굴도 뵌 적이 없거든요. 그러곤 거기 도착하면 4대, 5대 조상까지 제사를 지내곤 했었는데요, 조상들의 얼굴도 뭣도 아무것도 모르는데, 전이든 떡이든 올려놓고 제사를 지낸다는 게 중학생인 저한테도 굉장히 황당무계하게 생각되었던 것 같아요.

‖ 오래전 이하천 선생의 『나는 제사가 싫다』라는 책을 읽었던 게 기억이 납니다. 당시에 퍽 화제가 된 책이었는데, 바로 이런 초창기의 페미니즘적 목소리가 최근 몇 년 사이에는 가히 활화산처럼 터져 나오고 있죠.

10대 때 철이 들면서 느꼈던 그런 불만은 그로부터 60년 가까이 흐른 지금도 계속 이어지고 있어요. 제가 이제 내일모레 70인 나이인데요. 도대체 제사란 게 무엇이냐 하는 의문은 끊이질 않네요. 명절 자체에 대해선, 뭐 그런 전통이 있을 수도 있다고 봐요. 왜 이 나라 국민이 정해진 날짜에 그 고통스러운 교통 체증을 뚫고 움직여야 하는지는 의문이지만요.

각자의 집안에서, 각각의 가정에서, 날씨 좋은 봄날이나 가을날, 혹은 어머니와 아버지가 돌아가신 날이나 두 분의 생신, 그런 날을 골라서 1년에 두세 번씩 가족들이 모이는 방식이 좋지 않나 싶어요. 또 그러한 가족들의 만남에 대해서 제가 부정적으로 생각하는 것은 전혀 아닙니다. 다만 살아있는 구성원들이 자유롭고 편하게 어울릴 수 있는 것이 무엇보다 중요하다는 것이죠.
제가 좀 더 젊었을 적, 한 40대 언저리엔 신문에 제사를 비판하는 칼럼도 쓰고, 여기저기서 이 문제를 정말 많이 다루긴 했습니다만, 저 자신 장남이고 또 여기 경상북도에 살다 보니까 이 관습이 참으로 싫더라도 그것을 벗어나기가 쉽지 않은 게 사실입니다.

가족과 부모라는 무거운 굴레

‖ 어쨌든 장남으로서 그런 현실을 완전히 외면할 순 없고 순응하고 있다는 고백이시죠?

그런 걸 생각하면 가끔 비참할 때가 있습니다. 아버지와 어머니, 삼촌들, 집안사람들과도 정말 많이 싸웠는데, 아직도 해결하진 못하고 있어요. 제 어머니께서 이제 곧 구순이시죠. 저는 어머니가 아버지 돌아가시면 제사 같은 건 다 때려치우실 줄 알았어요. 그런데 오히려 더 적극적으로 제사를 지내시는 것 아니겠어요? 마치 제사 자체에 목적이 있는 것처럼 말이죠.
설령 어머니가 돌아가신다고 해도 제 동생들과 친척들에 의해서 그 제도는 유지될 것 같아요. 저로서는 가족끼리 오손도손 모여서 간단히 밥이나 먹고 이야기나 하고, 돌아가신 분들께 인사를 드리는 정도로 끝내자, 이렇게 이야기를 드리곤 있지만요. 가족이 만나는 것에 목적을 두고 서로를 격려하는 자리였으면 참 좋겠는데…….
더욱이 지금의 제사 방식은 완전히 여성 노동의 착취 아닌가요. 항상 제사 때문에 스트레스가 있었고, 제 아내도 이번에 처음으로 힘들다고 저에게 고백하더군요. 아내에게 정말 미안하고 그렇습니다. 이걸 어디 가서 하소연하겠습니까?

‖ 왜 그렇게까지 탈출하기가 힘들었던 것일까요. 교수님께

서는 평생 인간을 둘러싼 비합리성과 전근대성을 강하게 비판하셨는데, 교수님의 실존은 거기에서 시달리고 있는 면이 있었던 것이군요.

맞습니다. 어쩔 수 없는 한계이죠. 부정할 수가 없습니다. 저에게는 일종의 '마음의 감옥'이자 '전통의 감옥'처럼 느껴집니다. 예를 들어, 관혼상제를 가지 않고, 동창회를 가지 않고, 이런 것은 탈출할 수가 있어요. 그런데 가족이라고 하는 것, 부모 형제와 일가친척은 참 힘들다는 생각이 듭니다. 어찌 보면 제 마지막 한계라는 생각이 듭니다. 탈출할 수가 없어요.

‖ 왜 그럴까요?

부모라는 것, 부모와 자식 간의 관계라고 하는 것에서는 도저히 벗어날 수가 없었어요. 저에게는 말이죠. 그래서 끊임없이 부모와의 대화를 통해서 이걸 해결해보려고 했죠. 정말 오랫동안 '제사를 간소하게 지내자'라는 얘기를 해왔지만, 그게 통하질 않았네요. 제 부모님은 제사나 가정의례에 대해서 아주 절대적인 신념을 가지신 분들이라 저로서는 그걸 뚫어낼 수가 없었습니다.

‖ 교수님께, 그리고 한국 사회에서 '부모'라는 키워드가 그토록 강력해진 이유가 뭘까요? 교수님도 그렇고, 저 또한 마찬가지이고, 또 한국 사람이라면 누구나 조금씩 갖고 있을 그 부모에 대한 애증 말입니다.

부모와 거리를 두거나 심지어는 절연한다는 건 누구에게든 힘들고 부담스럽겠죠. 저는 부모와의 절연 같은 건 전혀 생각해본 적이 없는 사람이지만, 어떤 강요되고 일방적인 효도에 대해선 일찍부터 아주 비판적으로 생각했어요. 제 아버지는 제가 아주 어릴 때부터 저에게 아주 절대적인 복종을 강요하셨습니다. 제 아버지가 항상 했던 이야기가, 부모가 소를 지붕 위에 올리라고 하면 "예"라고 대답해야 한다는 것이었습니다. 그런 일화가 중국에 있었다고 했던가요? 또는 자기 넓적다리를 베어서 부모의 병을 고쳐주는 효자 이야기 같은 것 말이죠. 그런 말씀을 제게 하셨었죠. 그런 교육 혹은 세뇌를 끊임없이 받아왔어요.

‖ 유년기 때부터 그런 교육을 받아오셨고, 그런 영향이 교수님께 대단히 크게 남아 있는 것 같습니다.

맞아요. 서양의 경우, 아니, 이웃 나라인 일본 사람만 하더라도, 부모와 자식이 여러 이유에서 거의 만나지 않고 따로 살아가는 경우가 왕왕 있습니다. 물론 안 그런 경우도 있지만요. 저 같은 경우엔 제사라든가, 정치적인 견해 차이라든가, 이런 문제로 인해서 부모와 형제하고 절연한다, 이런 것은 생각해본 적이 없습니다.

‖ 오히려 교수님은 최근에 쓰신 존 스튜어트 밀의 평전에서, 밀이 자기 어머니를 그토록 멀리하고 냉대했다는 점을 비판하기도 하셨죠. 밀이 얼마나 위대한 사상가였든 간에 본인으로서는 도저히 이해할 수 없는 일이라면서요.

그렇습니다. 저는 흔히 '정상적'으로 여겨지는 혈연가족만이 올바른 가족이고, 그것을 무조건 지켜야 한다고 생각하는 사람은 전혀 아닙니다. 그렇지만 자신의 가족을 배려하고 아끼는 일은 그 자체로 굉장히 소중하다고 믿고 있기도 하니까요. 가족에 관해선 꽤 양가적인 감정이 있답니다.

‖ 부모님과 같이 살기도 하셨지요?

우리가 1978년부터 1980년까지, 신혼 때 한 3년을 같이 살았죠. 1981년부터 마산대학에 강의하러 가서 마산에 살았기 때문에, 그 뒤로는 따로 살았습니다.

‖ 그때 부모님께서 서운해하진 않으셨나요?

어휴, 많이 서운해하셨죠. 그래서 주말마다 올라와서 인사도 드리고 했었습니다. 제가 마산에 10년 살다가 다시 대구로 왔는데요, 대구로 와서는 아파트에서 부모님과 따로 떨어져 살았지만, 일주일에 한두 번은 찾아뵙고 시간을 함께 보냈습니다.

‖ 다행히 같이 살진 않으셨네요. (웃음)

그렇습니다. 제게는 그 자체만으로도 해도 다행이었습니

다. (웃음) 제가 1991년부터 대구에서 살았는데, 지금까지 28년 정도는 부모님과 따로 산 셈이군요. 사실 저희 부부가 지금처럼 1999년부터 시골에서 살게 된 것도 제 부모님은 썩 마뜩잖게 생각했습니다. 시골에 들어가서 농사짓는다는 걸 굉장히 못마땅해하시더라고요.

‖ 교수님이 이 지역의 대학교수가 되었을 때는 무척 좋아하셨을 것 같은데요.

저에게 티를 내진 않으셨던 것 같지만, 내심 자부심을 갖고 여기저기에 자랑도 많이 하신 걸로 알고 있어요. 우리 부모 세대는 자신의 선택이 아니라 어쩔 수 없이 농사를 지었던 세대였잖아요. 제 부모님은 어려서부터 너무나 농사일에 치였다고나 할까, 그러셨던 것 같아요. 그런데 대학에서 멀쩡히 교수를 하는 제가 1999년에 시골서 농사를 짓겠다고 하니까 "대체 왜 그러냐?"라고 묻기도 하셨죠.

‖ 아버님께선 선생님으로 일하는 동시에 농사를 지으셨던 건가요?

제가 어릴 때 아버지는 초등학교 교사였는데, 그때는 정말 경제적으로 어려웠던 기억이 있어요. 아버지는 새벽 다섯 시쯤 일어나셔서 논밭에 가서 두세 시간 농사를 지으시고, 또 저녁에 퇴근하면 몇 킬로미터 떨어진 논밭에 가서 농사를 짓고 하시더라고요. 그 당시만 하더라도 교사 월급으로는 자식 넷을 키우기가 힘들었던 것 같습니다.

저는 짜장면이라고 하는 것을 고등학교 2학년인가, 3학년인가에 처음 먹어봤어요. (웃음) 집에 라디오라는 게 생긴 것이 제가 대학생 때였습니다. TV는 언감생심이었고요. 그 전에는 집안이 참 가난했어요. 물론 아버지는 교사가 되기 전에도 집에서 농사를 지으셨겠죠. 어머니도 마찬가지였을 것이고요. 저는 부모님에게 자신들이 젊었을 때 매우 가난하게 살았다는 이야기를 끊임없이 들어왔습니다.

돌이켜보면, 제 아버지가 초등학교 교사였음에도 집안이 그토록 가난했다는 게 조금 놀랍기도 합니다. 그러니 어쨌든 간에 농사라면 진저리를 치는 그 심정을 이해하기는 하죠. 명색이 대학교수이자 장남인 제가 굳이 시골에 들어가서 농사를 지으며 살겠다고 하니, 아버지 입장에선 기가 차셨던 것 같습니다.

‖ 교수님께 잠재된 아버지에 대한 강력한 분노랄까, 여러 복합적인 감정들은 교수님의 많은 글에서 확인할 수 있었습니다.

뭐라고 할까, 솔직히 말씀드리면 아버지께선 평생 교직에 종사하시면서 지역의 변호사나 사장들 같은 사람들과 어울리는 걸 굉장히 자랑으로 생각하셨어요. 50평이 넘는 제법 커다란 아파트에 살고, 큰 차를 타고 다니면서 골프를 치러 다니시고 그런 걸 좋아하셨죠. 본인의 장남이 대학교 교수라는 것도 마찬가지였겠죠. 그런 걸 남한테 보이기를 좋아하시고, 그런 면에서 우리 시대의 전형적인 지배계층의 모든 취향을 가진 분이셨다고 생각됩니다. 정치적으로는 정확히 태극기 부대의 노인들과 같았고요. 그런데 정작 우리 부자 관계에서 얼마나 갈등이 심한지는 누구에게도 얘길 안 하셨겠죠.

아버지께 제발 골프 좀 그만 치시라, 웬만하면 자동차도 끌고 다니지 마시고 대중교통을 이용하시라, 제가 생전에 참 많이 잔소리를 드렸던 기억이 납니다. 뭐 골프채 하나 사다 드린 것도 아니고 왜 그렇게 잔소리를 했는지는 모르겠지

만……. (웃음)

‖ 강압적으로 자라셨던 어린 시절의 복수를 하셨던 것 아닐까요? (웃음) 어쨌든 제사 이야기든 아버지 이야기든 이런 얘기를 이렇게 솔직히 풀어내주시는 것만으로도 조금은 대단하게 느껴지기도 합니다.

저로서도 쉽지 않은 건 사실입니다. 그렇지만 자기 자식이나 자기 부모에 대해서, 즉 모든 인간관계에 대해서 일정한 거리를 두고 객관화, 상대화를 할 수 있어야 한다고 믿어요. 그렇게 자기 자신을 비판적으로 인식할 수 있어야만 사회에서 학문으로 밥 벌어 먹고사는 지식인으로 불릴 수 있다는 생각이 듭니다. 절대적인 거리 두기까진 힘들더라도, 어느 정도의 상대적인 거리 두기를 해야만 그래도 제가 한 사람의 지식인으로 살아왔다고 자부할 수 있지 않나, 뭐 그런 생각을 하고 있어요.
앞에서도 이런 이야기를 잠시 했지만, 공적인 글을 쓰든, 아니면 책 한 권을 쓰든, 자기 주변에 있는 가장 가까운 것에 대해서도 사회적인 관점을 가지고 객관화할 수 있어야 한다고 봅니다. 최소한 드라마 〈스카이캐슬〉에 나오는 과도한 교육열을 비판한다면, 나 역시 내 자식의 교육에 대해서 한 번쯤 되돌아볼 수 있어야 한다는 것이죠. 그걸 안 하면서, 자기 자식에게는 과도한 교육열을 쏟아냈으면서 사회 일반의 교육열을 비판하다니……. 그건 있을 수 없는 이야기죠. 그런데 안타깝게도 우리나라엔 너무나도 만연한 현실이기도 합니다.

서로의 다름을 인정한다는 것

‖ 자제들에게 공부 욕심을 내신 적은 없습니까?

아내에게 이 드라마 이야기를 듣고, 뒷부분부터는 아내와 함께 몇 편을 보기도 했습니다. 참 몰입이 되는 흥미진진한 각본이더군요. (웃음) 그런데 제가 어느 날엔 이걸 보고 불현듯 그런 생각이 들었어요. 나는 아이들이 클 때 공부하라고 한 적도 없고, 스트레스를 준 적도 없다, 자유교육의 이념에 맞춰 아이들을 참 자유롭게 키웠다, 저는 그렇게 생각을 해왔었거든요. 한데 이 드라마를 보면서 나는 정말 그랬나, 과연 내 기억이 맞나 하는 회의가 들었습니다.
그래서 아내의 휴대전화를 빌려 아이들에게 '혹시 너희들에게 공부로 스트레스를 줬다면 참 미안하게 생각한다.'라고 연락을 해보았어요. 그러니 아이 둘에게 답이 왔는데, 둘 다 아무 스트레스 준 적이 없으니 걱정하지 마시라, 아빠는 좋은 아빠였다고 답이 오더군요. (웃음) 저는 제가 너무나도 강압적이고 가부장적인 아버지 밑에서 자라며 반항도 많이 했으니, 무엇보다도 아이들에게 공부로 억압하진 말자고 다짐했었거든요. 어찌 됐든 학교에서 정해둔 공부를 안 하고, 성적이 좀 내려갔다고 아이들을 그렇게 주눅 들게 하는 건 정말로 이 나라에만 있는 특수한 일이 아니었던가 싶기도 합니다.

‖ 세계의 어느 나라가 예외일 수 있을까만, 특히 우리나라엔 자기 자식들을 외고나 특목고에 보내면서 입시 교육 일변의 학교 현실을 비판하는 진보좌파가 많은 측면이 있는 것 같습니다. 개인적으론 아주 고약하고 뻔뻔한 현상이라 생각합니다.

그렇지만 그 사람들은 이렇게 이야길 하겠죠. 자식들이 머리가 좋아서 간 거라고, 자기들은 자식들에게 스카이캐슬 같은 교육은 절대 시키지 않았다고 말입니다. (웃음) 어쨌든 저는 아이들에게 무슨 과외 수업을 시킨다든가 돈을 많이 쓴다든가 그런 짓은 전혀 하지 않았습니다.

제가 1989년에 하버드 로스쿨에 갔을 때 큰애가 초등학교 3학년이었고, 작은애가 초등학교 1학년이었습니다. 둘 다 하버드 부근의 초등학교에 다녔고, 그로부터 2년 뒤에 저는 영국으로 연구를 위해 건너간 뒤에 아내와 아이들은 한국으로 귀국했는데요, 그때 주위 사람들은 하나같이 아이들을 미국에 두고 가라고 권유했습니다. 그렇게 해서 소위 기러기 아빠가 많이 생겨나는 것이겠죠. 저하고 같이 하버드에 있던 교수 중 많은 이들이 자식을 미국에서 공부시키기도 했고, 사실 미국에 올 때부터 그런 목적을 갖고 온 분들도 많았어요.

‖ 교수님도 그런 욕심이 들었을 법도 한데요.

솔직히 말씀드리면, 저도 가끔 후회한 적이 있어요. 아이들이 한국에 들어와서 학교에 적응하기를 꽤 힘들어하는 게 저의 눈에도 보였으니까요. 특히 작은애가 적응에 꽤 애를 먹었는데요, 그 아이에게 “왜 담임교사가 돈을 받나”란 말을 들었을 때 가장 충격을 받았습니다. 초등학교 3학년 눈에도 그게 보였나 봐요. 우리 부부에게 “왜 선생님이 어떤 아이를 편애하는가”, “누구누구 부모는 담임교사와 친하다더라” 같은 이야기를 자주 하더라고요. 학교에서 굉장히 트러블이 많았습니다. 그럴 때마다 다른 사람이 권하듯이 아이들을 미국에 두고 왔었어야 했나, 라는 고민을 많이 했어요. 그래도 제 아이들은 한국에서 교육을 잘 마쳤지만요.

아이들에게는 공부나 뭐 어떤 의미의 스트레스도 없이 자유롭게 클 수 있도록 최소한의 보장을 해주려고 노력했습니다. 이 시대의 기성세대가 지금 자라나는 아이들에게 해줄 수 있는 것은 다른 게 아니라 그냥 어떤 스트레스도 주지 않고 그들이 자유롭게 클 수 있도록 보장해주는 것이 아닌가, 그것이야말로 우리 세대의 가장 중요한 의무가 아닌가, 이런 말을 어른들에게 꼭 드리고 싶습니다. 지금 10대와 20대들도 자기 부모나 어른들에게 그런 것을 요구할 수 있는 권리가 있다는 말도 꼭 전해주고 싶습니다.

‖ 지금 어른이 된 자제분들에게 잔소리하고 싶은 마음이 들 때는 없습니까? (웃음)

뭐 딱히 그런 마음이 들 때는 없는 것 같아요. 하지만 만약 제 자식이 골프를 치거나 큰 차를 타고 다니면, 아마 저도 자식에게 무언가 싫은 소리를 할 것 같아요. 검소하고 소박하게 살아라, 이 지구의 환경과 생명을 생각해라, 가능하면 남을 도와주고 살아라……. 제가 잘은 모르지만 두 아이는 그렇게 살고 있지 않나 싶습니다.

‖ 그런 마음이 전혀 없진 않으시군요. (웃음) 교수님의 아버님께서 교수님 생각을 바꾸지 못했듯, 그런 잔소리가 자제분들의 삶과 생각을 바꾸지는 못할 것 같은데요?

그렇죠. 바꾸지는 못하겠죠. 그래도 얘기 정도는 할 것 같습니다. (웃음)

‖ 강요가 아니라, 자연스럽게 이야기와 권유 정도는 할 수 있다는 말씀이시죠? 그런 담담한 느낌이 우리 부모 자식 관

계에 훨씬 더 깊이 배어들면 좋을 것 같기도 합니다.

그렇죠. 어쨌든 가족은 인간관계의 가장 기본적인 울타리니까요. 서로의 다름을 인정하는 기반 위에서 부모와 자식 간에 애정이 깃든 커뮤니케이션을 경험하는 일은 정말로 중요하다고 믿습니다. 부모와 자식 간에 형성되는 공감과 배려의 차원에서라면, 그리고 효라는 개념이 바로 그것을 가리키는 것이라면 그건 우리에게 여전히 아주 중요한 것이 아닐까, 그렇게 생각하고 있습니다.
그리고 그런 커뮤니케이션의 관계는 우리나라나 동양의 전유물만도 아닙니다. 서양에도 남아 있습니다. 제가 지난주에 「긴즈버그: 나는 반대한다」라는 영화를 보고 왔는데요, 나이가 90이 다 된 미국의 대법관 루스 베이더 긴즈버그가 자신의 삶을 회고하는데, 성장 과정에서 자기 엄마가 자신에게 미쳤던 영향력을 얘기하더군요. 엄마가 어릴 때부터 자신에게 당당하게 살아라, 독립적으로 살아라, 끊임없이 말씀해주셨고 그게 자신의 인생에서 아주 중요한 역할을 했다고 말입니다. 그처럼 부모가 준 삶의 교훈, 자기 부모에 대한 그런 식의 회고는 동서양을 떠나서 정말로 많을 겁니다.

‖ 그처럼 긍정적인 관계가 가능하기 위해선 역시 부모와 자식의 다름을 인정하는 게 가장 중요한 전제 조건이다. 그런 말씀이시겠죠?

그렇습니다. 제 아버지는 제가 아주 어릴 때부터 사법고시를 패스해서 판검사가 되는 삶, 그런 것을 줄곧 요구하셨어요. 저는 아이들에게 그런 걸 요구하진 않았죠. 솔직히 말하면, 저는 제 아들이 게임회사를 운영한다는 게 마음에 들진 않아요. 제가 게임을 전혀 좋아하지 않으니까요. (웃음) 왜 하필이면 게임이야? 단지 그런 말을 아이에게 하지 않는 것이지요. 제가 게임을 싫어하고 그런 놀이를 잘 이해하진 못하지만, 아들에게 게임회사를 하지 말란 말은 하지 않습니다. 그와 저는 다르니까요. 제 부모 세대는 다른데 같기를 요구했죠. 저는 다른 것을 인정하고, '노터치'할 뿐이죠. 자식의 선택에 대해선 철저하게 노터치하는 자세를 가지려고 했고요.

‖ 말씀을 듣다 보니 뭐랄까요, 건강한 개인주의자, 같은 말이 생각나는군요.

그런 개인주의자가 되기 위해선 부모와 거리를 두는 게 굉장히 중요하죠. 저한텐 정말 중요했어요. 자녀로서 계속 나이가 들어가는 부모를 보살펴야 하고 부모에 대한 배려심을 가져야 한다는 것까지 부정할 필요는 없겠지만, 거리는 둬라, 너무 가까이는 하지 말라, 늘 그렇게 이야기를 해 왔습니다.

‖ 저도 그처럼 거리를 두려고 노력하는 한 사람의 자식이지만, 부모와 자식이 평생토록 서로를 보듬고 헌신하는 서사와 스토리텔링에 계속 끌리는 것 또한 사실입니다. 이 또한 굉장히 한국적인 무의식일 수도 있겠지만…….

물론 그런 관계들도 없진 않겠습니다. 그렇지만 어떤 인간관계든 간에 독립이 가장 중요하다고 생각해요. 서로에게 의존한다거나, 그것이 어떤 일체화의 욕망으로 표출되는 건 건강하지 못하다는 거죠. 좋은 의미에서의 고독과 거리 두기가 필요하다는 이야기입니다.
제가 가끔 제자들의 주례를 설 때면, 저는 칼릴 지브란의 결혼에 관한 글을 자주 인용하곤 했어요. 같은 방향을 향해서

가되 서로 거리를 두어라, 사랑하는 만큼 독립된 삶을 살았으면 좋겠다, 이런 이야기들 말이죠. 저는 각자가 독립된 삶을 사는 것이 훨씬 더 그 사랑을 강하게 하고 진지하게 만든다고 생각하니까요.

내가 널 사랑하기 때문에 너는 내 소유물과 같다고 여기는 그런 애정의 의식 때문에 수많은 폭력이 발생하고 있는 건 아닐까 싶습니다. 에리히 프롬이 이미 강조했던 바이지만, 각자가 독립된 인격으로서 서로의 자유와 평등을 존중해주는 그런 인간적 관계, 존재적 관계로서의 사랑이 더욱 강조될 필요가 있다고 봅니다. 꼭 모든 것을 주고받을 필요도 없고, 지나치게 일체화를 강조할 필요도 없습니다.

제가 오래전 아내와 결혼할 때 그런 이야기를 했어요. 우리는 어떤 불행한 일이 생겨서 한 사람이 먼저 죽는다면, 물론 슬프고 힘들겠지만, 가능한 한 그것을 빨리 잊고 각자가 각자의 길을 가도록 하자는 이야기를 말이죠.

‖ 그런 말씀은 좀 냉정하게 느껴지기도 합니다. (웃음)

글쎄요. 그렇게 말씀하시니 화가 모딜리아니의 아내 잔느가 모딜리아니가 죽고 난 이틀 뒤에 자살했다는 이야기가 생각나네요. 저도 그런 지고지순한 사랑을 좋아하고 환상을 가졌던 시절도 있었던 것 같습니다만. (웃음) 지금은 전혀 그런 환상을 갖고 있지 않아요. 서로가 서로에게 종속되고 지배하면서, 상대방을 자기 마음대로 움직일 수 있다고 생각하는 것만큼 어리석은 일이 없는 것 같아요. 특히 애정관계에 있어선 말이죠. 그런 관계에선 상대가 내 마음대로 따라야 한다는 바람 이전에 둘의 삶과 생각은 서로 충분히 다를 수 있다는 인식이 훨씬 더 중요하다고 생각됩니다. 우리들의 삶은 사실상 얼마나 다르고 또 다양합니까. 또 그래야 마땅한 법이고요.

효孝의 현대화를 생각하다

‖ 어쨌든 부모와 자식의 강한 애착, 그로부터 파생되는 가족주의적 집단 무의식과 유교적 인본주의의 가치관은 지금도 우리 사회의 중요한 감성이 아닐까 싶습니다.

가족에 대한 자발적인 애정과 돌봄의 가치, 자발적인 효의 관계는 굉장히 중요합니다. 앞으로도 그럴 거예요. 원래 효의 기본이란 자식이 부모를 공경하고, 부모는 자식에게 본이 되는 관계 아닙니까? 맹자가 말하는 효의 관계는 교환적이고 상호적인 개념입니다. 충이란 개념도 마찬가지예요. 그런데 우리의 효는 상당히 강압적이고 일방적인 효가 되어 있습니다. 심지어는 사회제도로서 강요되고 있는 측면도 크죠. 과거의 농업사회에선 그게 가능했어요. 그땐 부모가 물려줄 수 있는 재산의 영향력이 워낙 컸기 때문이에요. 그래서 실제로 효는 교호적이었죠. 자식은 부모가 준 재산을 가질 수 있었기 때문에 효를 바쳤던 거예요.

‖ 본질적으로는 지금도 마찬가지인 측면이 있지 않을까요?

저는 그처럼 재산 관계에서 비롯된 효라는 관념이 지금은 보편적이진 않은 것 같아요. 부모와 자식 간의 관계가 독립적으로 전환되는 게 근대사회잖아요.

‖ 그래도 부모가 자식에게 남겨주는 유산은 여전히 존재하

고 있을 텐데요.

그런 측면을 완전히 무시할 순 없다 하더라도, 그 유산이 과거 농경사회처럼 절대적인 경제적 기반은 아닐 테죠. 그때는 토지 같은 물적 기반이 거의 절대적이었는데, 지금은 자식이 평생 먹고살 정도의 유산을 물려주는 경우가 아니라면 그 유산의 영향력은 아주 미약해졌다고 봐도 무방할 겁니다. 즉, 자식은 부모에 대한 효를 자발적으로 인정할 수 있는 토대가 없는 거예요. 그런데도 자식은 부모에게 무조건 순종해야 한다는 식의 전통주의적 가치관은 여전히 온존하고 있는 겁니다. 그러다 보니 자연스레 부모가 강요하는 효가 되는 것이죠.

‖ '부모의 유산'이란 측면을 어디까지 인정하든 간에, 교수님이든 저든 우리의 관념에 미치는 물질적 토대가 그만큼 중요하다는 인식을 갖고 있는 것이겠죠.

그렇습니다. 전통 농경사회에서는 그런 물질적 토대, 나아가 그 토대로부터 기인하는 사회적·정신적 토대가 부모라는 절대적 존재로부터 비롯되는 경향이 짙었을 겁니다. 부모의 경제적 여건에 의해 성장하며 그 교훈을 끊임없이 들어야 했기 때문에, 부모가 모든 걸 지배할 수 있었고 자식에게 절대자처럼 군림할 수 있었죠. 지금은 그렇지가 않지 않습니까. 그렇지 않기 때문에 효가 없어도 좋다는 의미가 아니라, 그렇지 않기 때문에 이미 효라는 것은 상대화될 수밖에 없다는 이야기입니다. 내가 너의 부모이므로 너에게 효를 요구하고, 단지 나의 부모이기 때문에 그 부모에게 효를 바쳐야 한다는 그런 관계가 될 순 없지 않겠느냐는 것입니다.

‖ 효의 상대화에서 가장 중요한 것은 무엇이라고 보십니까?

배려죠. 인간적인 배려. 아까 박 선생이 유교적인 인본주의를 말씀하셨지만, 그런 인본의 바탕에는 인간관계의 배려에 차등화를 인정하는 관점이 깃들어 있을 겁니다. 내 가족과 내 부모, 내 자식에 대한 배려는 이웃에 대한 배려보다 훨씬 더 강한 배려를 바탕으로 합니다. 왜? 내 가족이고 내 부모이니까 말이죠.

저도 그것은 인정합니다. 제가 저의 제자보다 저의 자식에게 본능적으로 갖게 되는 강한 애착을 부정할 수 없으니까요. 분명히 차이는 있습니다. 그렇지만, 그 차이 역시 한계는 있는 것입니다. 그 한계에 주목하는 것이 중요합니다. 예를 들어 유교의 오랜 논쟁거리가 하나 있지 않습니까? 부모가 도둑질이나 살인을 했을 때 자식이 부모를 고발할 수 있느냐고요. 묵자나 순자는 부모를 고발할 수 있다고 주장합니다. 공자나 맹자는 절대 아니라고 주장하고요. 우리 전통사회에서는 공자와 맹자 같은 이야기를 했죠. 지금은 그렇게 이야기하면 안 됩니다. 저는 고발해야 한다고 생각합니다.

‖ 쉽지 않은 문제인데요.

저는 할 수 있을 것 같습니다. 아까도 말씀드렸지만, 자신이 소속된 사회를 공개적으로 비판할 수 있으려면 적어도 자신의 가장 가까운 관계에 대해선 반드시 상대적인 거리를 둬야 한다고 믿으니까요. 그건 저에게도 물론 쉬운 일이 아니었어요. 제가 저의 아버지를 굉장히 박하게 묘사하고 있고, 어른이 된 이후엔 아버지와 자주 부딪치며 싸운 것도 사실이지만, 저라고 그게 자책이 되지 않았을까요?

제 부모는 말하자면 '태극기 부대'라고 할 수 있는 정치관을 갖고 계셨고, 저도 그런 부모님의 면모는 아주 멸시하고 싫어했어요. 가능한 한 그런 곳에 가지 말라고 적극적으로 설득하면서요. 그것은 제가 사회를 향해서 태극기 부대에 대해 비판했던 것과 꼭 같은 맥락입니다. 그렇지만 어느 날 밤에는 또 그렇게 버릇없이 얘기한 것에 대해 굉장히 자책감이 드는 거예요. 제 유학 시절, 아내가 제게 말해준 것이 있어요. 오밤중에 술에 취하면 제가 아버지에게 전화를 걸어서 그렇게 죄송하다고 울면서 사과를 했다는 거예요……. 또 낮이 되면 싫어하고 거리를 둘 거면서도. (웃음)

제가 가장 못마땅한 건 명색이 진보 명사이자 지식인이라고 불리면서도 자기 부모와 가족에 대해서 무턱대고 옹호하는 사람들입니다. 그러니까 내 부모나 내 형제는 어떤 식으로 행동하든 간에 그 사람 자유이고 관여할 수 없다는 태도를 보이면서도, 국가적 · 사회적으로는 내 가족 아닌 사람들의 그런 행태에 대하여 앞장서서 멸시하고 비판하는……. 그런 건 정말 용납할 수 없다고 생각되었어요.

‖ 고발이냐 아니냐, 그런 문제보다도 그처럼 자신의 주위 관계를 상대화시켜서 바라볼 필요가 있다, 그런 말씀이시겠죠?

그렇습니다. 어떤 올바름의 가치, 정의, 즉 사회적 정의가 가족 관계에 적용될 수 있느냐 아니냐의 문제라고 봐요. 우리 사회에서는 가족 관계를 대단히 신비스럽게 생각해서 객관화시키지 않는 봉건적 유산이 있는 사실이죠.

‖ 가정폭력의 문제를 거기에 대입시키니 이해가 잘 되는 것 같습니다.

그렇죠. 가정폭력도 폭력이고, 부부간의 강간도 강간입니다. 그것을 가족이란 이유로 옹호할 수는 없는 거죠. 아직도 그런 가족 내의 폭력에 대해서 옹호하는 분들이 많이 계시고, 특히 부모에게 맞는 자식, 자식에게 맞는 부모와 같은 문제들이 고발되지 않은 채 곪고 있는 측면이 참으로 크지 않습니까? 그런 현상은 적어도 현대사회에선 명백히 잘못된 거죠. 우리의 전통적인 도덕관이 시대와 환경의 변화를 외면한 채 부모 세대에서 자식 세대에게 무비판적으로 이전되고, 그것 또한 '효'라는 식으로 미화된 측면이 있다는 거예요. 심지어 폭력까지 말입니다.

능동적이고 자발적인 고독에 관하여

‖ 효라고 하는 개념을 지금보다 훨씬 더 현대화시킬 필요가 있다는 말씀으로 이해됩니다. 가족 이야기를 길게 들어보았는데요, 완전히 거리를 둘 수는 없었지만 그래도 최대한 상대적인 거리를 두려고 노력했다는 말씀을 해주셨습니다. 이제 본격적으로 교수님의 고독에 관한 이야기를 좀 들어보고 싶습니다. 앞서 말씀을 나누었던 독서 역시 저한테는 고독의 가장 중요한 실천 방식이라고 생각되거든요.

물론 요즘은 사람들과 같이 읽는 독서 모임도 유행이지만, 어쨌든 책을 읽는 그 순간만큼은 다른 사람과 나눌 수 없는 경험, 자기 혼자 어딘가로 경계를 훌쩍 넘어가는 경험에 빠져드니까요. 교수님도 지금껏 집필하셨던 많은 저술을 통해 '홀로 살아가는 삶의 가치', 고독의 가치를 강조하셨고요. 또 교수님이 평전을 쓰고 천착하셨던 많은 인물도 역시 저 혼자 살아가는 일에 몰두했다는 공통점이 있지 않나 싶습니다.

고독에 관해 제가 오랫동안 품어온 생각을 말해본다면, 우리는 고독하다는 것을 외롭다는 것과 확실히 구분할 필요가 있다고 생각합니다. 우리가 보통 사용하는 고독이라고 하는 말을 풀어봅시다. 한자로 고孤와 독獨이 합쳐진 단어죠. 이 두 개의 말을 각각 놓고 보면, '고'는 부모가 없는 것을 가리키는 '고아', 그리고 '독'은 결혼을 하지 못했거나 남편 혹은 아내가 일찍 죽은 '독신자'의 뉘앙스를 강하게 품고 있어요. 앞의 가족 이야기와 연결되는 지점이겠지만, 우리가 오랫동안 사용해왔던 고독이란 말은 그 중국적인 어원에서부터 가족 관계나 가족 구성이 완전하지 못한 상태를 가리키고 있다는 거죠. 말 그대로 아주 동양적인 개념이라고 할 수 있어요.

‖ 우리의 '고독'이란 말 자체에 어떤 동양적인 사상의 연원이 있다는 말씀이시죠? 그건 동양에 배어 있던 어떤 가족주의적인 측면이기도 할 것이고요.

중국 역시 춘추전국 시대부터 시작해서, 노자와 장자에서 확인할 수 있듯 동양에서도 고독한 존재를 적극적으로 표현해온 건 사실이에요. 그런데 동양적인 고독의 연원을 가만히 살펴보면, 노자와 장자 이후에 도연명을 거쳐 이백이나 두보 등등의 문학에 스며들어 있는 외로움과 쓸쓸함, 고적감 같은 성격이 짙어요. 그들은 끊임없이 외로워하죠. 그리고 그들의 외로움과 쓸쓸함은 대부분 벼슬을 하지 못해서 느끼는 고독감이에요. 물론 저마다의 억울한 사정은 있었을지 몰라도, 그들은 벼슬을 유지하지 못한 탓에 임으로부터, 즉 왕으로부터 떠날 수밖에 없었죠. 그래서 낙향하거나 외진 곳에 숨어 외로움을 삼킵니다. 도연명의 「귀거래사」가 대표적이죠.

가족주의적인 의미에서 가족을 잃은 슬픔, 가족과 헤어진 슬픔, 그리고 이 가족이 좀 더 확대된 게 왕과 맺었던 관계라고 할 수 있는데요. 왕으로부터 버림받은 슬픔에서 오는 고독이 있었다고 한다면, 제가 보기에 이런 고독은 아주 소극적인 고독입니다. 한 사람의 개인이 왕에게 도전하는, 체제에 도전하는 고독이라고 하는 것은 동양 사상이나 동양 문학에선 거의 찾아보기 힘든 게 사실이니까요. 이런 역사적 흐름에서 본다면, 지금 우리 사회의 '고독'이라고 하는 말도 아직까진 적극적인 의미에서의 자기 발견, 자기 추구와는 거리가 멀지 않나 싶어요. 사회적인 의미에서도 그런 능동적 고독에 대한 주목 자체가 너무도 덜 이뤄지고 있는 것 같고요.

‖ 서양은 좀 어땠을까요?

서양에서의 '고독'이라고 하는 말을 풀어본다면, 하나는 'loneliness', 또 하나는 'solitude'라고 할 수 있습니다. 둘 다 '고독'이라고 번역이 되지만, 둘의 개념은 아주 다르다고 할 수 있습니다.

영어의 loneliness라고 하는 개념은 17세기에 존 밀턴이 쓴 『실낙원』에 가장 먼저 나와요. 그때 지옥의 악마는 '인간과 굉장히 거리를 두고 떨어져 있는 존재'로 묘사됩니다. 악마는 인간과 친한 존재가 아니라, 인간과 멀리 떨어지면 떨어질수록 좋은 존재이죠. 지옥이나 악마는 그처럼 우리와 거리 개념으로 단절되어 있었습니다. 거리가 멀기 때문에 외롭고, 거리가 멀기 때문에 사악하다는 것이었죠.

그런데 이렇듯 거리가 멀었던 어떤 존재가 도시나 마을로 들어가면 그의 loneliness는 사라집니다. 누군가의 외로움은 한 사람이 공동체로 귀속되어 사람들과 거리를 좁히는 일을 통해 극복될 수 있다는 것이 초기의 서양적인 고독 개념이었어요. 즉, 서양에서 처음 등장한 '고독'은 '거리가 멀다'라는 개념을 필연적으로 수반하고 있었습니다. 이런 관점에선 혼자 있는 존재란 곧 '타인과 멀리 떨어진 존재'라는 인식이 자연스럽죠.

그런데 17세기와 18세기의 낭만주의 시대에 들어오게 되면 서구권에 solitude라는 개념이 생깁니다. 여기서 'sol'이란 접두어는 '태양'을 가리킵니다. 태양과 같은 존재, 즉 자기의 주관을 발현하고 내세우는 의미로서의 고독이 바로 이 개념이라 할 수 있습니다. 이 말을 굳이 우리말로 풀자면 '고독'이라는 번역보다는 '독존'이라는 단어가 잘 어울리겠네요. '독존'은 불교적인 용어이지요. 내가 자신을 스스로 존엄하게 생각한다는 의미에서의 고독이 바로 이런 고독입니다.

제가 좋아하는 표현인 '자발적 고독'은 여기서 등장한다고 할 수 있을 것 같습니다. 나를 존중하지 않거나, 나의 존엄을 침해하는 세계와 스스로 유리되는 일. 그것이 바로 solitude를 실천하는 일이며, 그것은 오로지 자발적일 거예요. 'loneliness'와 'solitude'의 차이는 여기서 나타납니다. 앞에서 말한 loneliness는 비자발적이고, 공간적입니다. 그것은 자신이 속한 사회, 자신이 살아가야 할 세상에서 속하지 못하고 떨어져 나온 존재를 가리키는 말이지요. solitude는 다릅니다. solitude는 이 개념을 깊이 파고든 말라르메와 니체의 작품에서 잘 표현되듯 모든 것을 불신하고 깨뜨리며 오직 자신을 신뢰하는 적극적이고 강인한 의지의 표현입니다.

‖ 그리고, 앞서 말씀해주신 동양적인 흐름과 대비되어 우리에겐 solitude적인 고독의 개념이 매우 부족하다고 생각하고 계신 것이겠지요?

제 생각은 그렇습니다. 우리가 흔히 '고독하다'라고 말할 때의 고독이란, 어떤 의미에선 아주 타율적인 색깔이 짙게 배어 있는 것 같아요. 요즘은 고독에 관한 여러 책도 나오고 그래서 예전보단 많이 나아졌다고는 해도, 아직도 '고독'이란 말에는 어떤 적극적인 선택과 결단의 느낌이 많이 부족한 것 같습니다. 즉, 앞서 이야기한 '독존적인 자아'에 대한 지향의 태도라기보단, 어떤 외부적인 타의에 의하여 소극적으로 '고독해지는', '외로워지는' 측면이 강한 게 아닌가 싶어요. 물론 적극적이든 소극적이든 다 고독의 단면이라고 할 수 있겠지만, 우리는 여러 이유에서 아직도 solitude의 의미에서의 고독에 소홀한 건 아닌가, 그런 생각을 예전부터 해왔습니다.

이런 소극성을 좀 더 벗어나면 어떨까? 저는 적극적이고 능동적인 의미에서의 고독이 우리 사회에도 훨씬 더 주목되어야 한다는 생각을 오랫동안 했었어요. 사회의 쏠림이나 대세, 흐름에서 벗어나서 자기 스스로 자신의 삶과 입장과 태도를 견지할 수 있는 자세, 이것이 제가 집중하는 '고독'의 의미입니다. 바로 그런 고독이야말로 우리 시대에 참으로 필요하다고 믿기 때문이에요.

‖ 교수님의 이런 생각은 『젊은 날의 깨달음』 같은 책에 아주 잘 드러난 것 같고, 일찍부터 그런 solitude적인 자립을 지향하신 것 같다는 생각도 듭니다. 사회와 집단의 강력한 힘에 저항하면서 스스로 고립을 추구하는 자세 말입니다.

제가 1960년대에 중·고등학교를 다녔는데요, 저의 감수성이 가장 예민했을 시기가 우리나라에 경제 발전의 구호가 가장 요란했던 근대화의 시절과 겹칩니다. 기억하건대 웅변하는 친구들이 연단에 나가선 나라 발전을 위해서 무슨 큰 일을 하는 게 마땅한 것처럼 떠들곤 했는데요, 저는 근대화다, 경제 발전이다, 이런 구호들에 대해서 어렸을 때부터 나름으로 굉장히 의문을 갖고 회의와 염증을 느꼈던 것 같습니다.

저는 평생을 혼자서 자전거를 타거나 걸어 다니고 있죠. 운전면허증도 없습니다. 아직은 날이 풀리지 않아서 웬만하면 걷는 쪽을 택하지만, 오늘은 여기 학교 도서관에 자전거를 타고 나왔습니다. 이런 생활이 그냥 가장 편한 제 삶의 스타일이고, 그런 스타일에는 제 나름의 '젊은 날의 깨달음' 같은 것이 섞여 있을지도 모르겠어요.

저는 자가용이다, 스마트폰이다, 큰 평수의 아파트다, 이런 요란스러운 우리 사회의 모습에 대해서도 오랫동안 각을 세워왔는데요, 그것을 꼭 반문명이라고 거창하게 말하고 싶진 않습니다. 그런 도구들이 필요한 사람들은 써야겠지요. 다만, 지금처럼 모든 사람이 하나같이 그런 도구들에 지나치게 얽매이는 게 과연 옳은 것인지에 관해선 조금 의문이죠.

‖ 그런 입장에서 이반 일리치의 책들도 많이 번역하시고, 지금까지도 애정을 품고 계시죠.

결국 우리가 좀 더 solitude적인 삶을 살자, 자발적으로 고독한 삶을 선택하자고 하는 개념을 주장하는 이유는, 그런 고독한 삶의 자세가 개인적인 태도만의 문제가 아니라 이념적이고 사상적인 차원에까지 포함하는 게 아닐까 싶기 때문입니다. 제가 일리치에게 배운 것도 바로 그런 것이었지요. 어떤 주류적 이념에 편승하지 않고 자기 나름의 주장과 노선을 지킨다는 것. 그게 고독을 강조하는 저의 입장과 연결되는 게 아니었을까 싶습니다.
제가 오래전 『행복은 자전거를 타고 온다』란 책을 처음 옮기고 거기에 관한 해설을 덧붙인 게 1989년인가 그렇죠. 딱 30년 전입니다. 제가 이반 일리치의 『행복은 자전거를 타고 온다』와 『병원이 병을 만든다』, 여성 노동을 다룬 『그림자 노동』 같은 책들을 본격적으로 소개했던 것이 1980년대 말부터였어요. 지금은 일리치가 워낙 많이 읽히고 유명한 학자가 되었지만, 그 시절만 해도 국내에서 널리 알려진 인물은 아니었죠. 그래서 당시엔 참 뿌듯한 마음 같은 게 있었던 것 같아요. 꼭 알려야 할 인물을 소개하는 그런 뿌듯함 말이에요.

제가 『행복은 자전거를 타고 온다』를 번역하기 전까지는 우리나라에 자전거에 관한 책이 거의 없었다는 점도 말해두고 싶습니다. 저는 어린 시절부터 자전거 타기를 굉장히 좋아했는데, 그러니까 지금까지도 계속 자전거를 타고 있겠죠? (웃음) 그때까지만 해도 자가용 문화랄까, 고속도로 건설 같은 것이 우리 사회에서 대단히 가치 있는 것으로 통용되던 시절이었어요. 자전거가 상징하고 있는 소박함, 누구든 쉽게 누릴 수 있는 사회적 공공재와 공공 자본에 관한 관심이 아주 부족했던 때였지요.

고독의 사회성과 정치성

‖ 일리치의 관점도 그렇지만, 결국 한 사람이 진정 고독한

삶을 살아가기 위해선 사회적·정치적인 측면에 주목하는 것이 중요하다, 자기 자신의 인간성을 위축시키는 거대한 이념과 문명에 관한 근본적인 반성이 필요하다는 게 교수님의 의견이지요?

맞습니다. 그리고 물론 그런 고독과 반성은 뭐 대번에 깔끔이 완성되고 그런 건 아닐 거예요. 저도 참 많이 방황하고 그랬죠. 얘길 하다 보니 아동문학가 이오덕 선생님과의 인연이 떠오르는군요. 이반 일리치의 중요한 저서 중 하나가 『탈학교 사회』 아니겠습니까? 이 책은 저의 대학 시절 즈음에 이미 번역이 되어 있었고, 젊은 시절의 저에게도 많은 영향을 미쳤습니다.
1970년대 중반 즈음이었을까요. 아이들에게 이상한 글쓰기를 가르칠 것이 아니라 아이들 생활의 진솔한 모습 그대로를 글을 쓰게 하자는 이오덕 선생의 주장이 참 좋았습니다. 그래서 제가 이오덕 선생과 같이 글쓰기 운동에 가담하게 되는 게 1970년대 말 강사 시절입니다. 선생님을 따라다니면서 선생님과 함께 운동했던 분들은 거의 다 초등학교 선생님들이셨는데요, 대학 선생으로는 충북대 철학과에서 교수를 지내고 지금은 출판사를 운영하는 윤구병 대표와 제가 같이 둘이서 이오덕 선생님을 열심히 쫓아다녔죠. 그러니까, 일리치의 관점을 저도 현실 사회에서 이오덕 선생과 함께 실천해보려 했던 것이지요. 이 글쓰기 운동에서 조금 더 확대해서 자유교육 운동, 탈학교 운동을 하려고 시도했는데, 이오덕 선생이 워낙 순수 한글 운동을 주장하는 분이셔서 저와는 맞지 않는 면이 점점 드러났어요. 제가 이오덕 선생에게 이렇게 말씀드린 적이 있어요. "선생님, 제가 쓰는 노동법 논문은 순수 한글로만 쓰기가 너무 힘이 듭니다." 그래서 그 후에 선생님의 운동과는 결별하고, 1983년에 일본으로 건너가서 2년 동안 노동법 박사 과정을 다녔죠.

‖ 1983년 9월에 가셔서 1985년 4월에 돌아오셨지요?

네. 일본에 살면서 제가 많은 변화를 겪었습니다. 그때 일본에 간 목적 중 하나가 한국에서 제대로 공부하지 못했던 마르크시즘이나 북한의 주체사상을 철저하게 공부해보겠다는 생각이었어요. 그래서 일본에서 북한 문헌이나 마르크시즘에 관한 원전들을 열심히 읽었는데, 우선 조총련 쪽의 문헌이나 북한 문헌을 직접 읽고 난 뒤에 엄청난 실망을 했어요. 또 하나, 일본의 사회주의 문헌을 읽고 식민지 시대의 일본 사회주의자들이 조선 독립이나 중국 문제 등에 있어선 일본의 우익과 똑같은 민족주의자들이었다는 발견을 했어요. 그러니까, 일본 국내에서는 우익들과 싸웠지만, 일본을 벗어나서 조선 문제를 들여다보게 되면 철두철미 일본 자국의 이익을 옹호하는 민족주의자로 변하는 일본 좌익의 모습을 발견한 겁니다. 제가 일본 오사카 시립대학에서 유학을 했는데, 거기 니시타니 사토시 교수가 일본 노동법학계에서 유일하게 사회주의자였어요. 그분 밑에서 노동법 공부를 한다고 유학을 갔는데, 나중에는 제 지도교수였던 그분과 격렬하게 논쟁했던 기억이 있습니다. 일본 사회주의 문헌을 열심히 읽어보니 당신들이 국내 차원에서는 우익과 싸우지만, 국제적인 차원으로 가게 되면 '일본주의자'가 되는 것이 아니냐, 나는 이런 사회주의를 인정할 수 없다, 이렇게 말을 했어요.

‖ 현실에 구현된 마르크스주의에 실망하시고, 그 후에 좀 더 일리치나 간디, 톨스토이와 같은 문명적이고 사상적인 측면

으로 기울어지셨던 것이군요.

맞아요. 1970년대에 저와 같이 사회주의 공부를 했던 김문수, 이영훈 같은 친구들이 있었죠. 그분들은 1980년대 초반까지 여전히 사회주의 공부를 열심히 했었는데, 저는 그전에 이미 그 전선에서 이탈했어요. 저에겐 어린 시절에 읽었던 간디와 톨스토이의 입장이 훨씬 더 자연스럽고 중요하게 다가왔고, 일리치도 그렇게 연결되었던 것 같습니다.
우리 사회는 그때나 지금이나 발전주의 사회, 발전주의에 대한 신앙이 있는 사회이죠. 좌익이든 우익이든 마찬가지예요. 기본적으로 먹고사는 문제를 해결하는 것이 중요하다는 점에서는 저도 공감합니다만, 과도한 경제 발전보단 적정하고 지속 가능한 경제 체제에 주목했던 것이고 그게 일리치의 주장과 맥락이 같았다는 얘기를 하고 싶습니다. 어쨌든, 발전에서 비켜나는 반발전/비발전을 주장하는 것은 굉장히 비주류의 길인 게 분명하니까요. 요사이에는 환경론자들과 생태주의자들도 많이 생겨나서 우리 사회에서도 이 문제에 대한 주목과 반성이 이뤄지고 있는 게 사실이지만, 여전히 그런 쪽은 소수자인 게 틀림없죠. 우리 사회의 대세는 아직까지도 경제 발전을 둘러싼 것이니까요.

‖ 그렇게 교수님 나름의 현실과 부딪침이랄까, 사회에 대한 근본적인 고민이랄까, 그런 것이 있었던 것이겠죠.

결국, 고독하다는 건 주체적으로 확보할 수 있는 개인성의 확보와 다르지 않을 거예요. 그런데 그런 개인성은 사회나 국가와 떼어놓고 생각할 수는 없지요. 혼자서 사고하고, 혼자서 행동하고, 혼자서 살아갈 수 있는 그런 힘을 갖는 게 고독입니다. 그런데 사회와 국가는 그런 개인을 가만히 내버려두지 않고, 기본적으로 흡수하고 동화하려는 경향을 띠게 마련이죠. 그래서 저는 고독을 기본적으로 저항이라고 생각해요. 저항을 위해서 고독하는 것이지, 저항의 의미 없이 그냥 고립된 삶을 산다는 것은 다소 무의미하지 않나, 그런 생각을 하고 있습니다. 지금 서점에선 '고독의 힘' 같은 책들이 인기가 있지 않나요? 고독을 어떤 사회적인 의미에서 파악한다기보단, 아주 협소한 개인주의적 차원으로 좁히는 자기계발서들 말이죠.
이런 자기계발적인 고독의 의미가 아니라, 우리 사회엔 좀 더 능동적으로 고독해질 수 있는 존재가 필요합니다. 지금까지 우리 사회를 유지해왔던 교육이나, 가족이나, 여러 사회 구성체와 구조들이 많이 바뀌어야 하고요. 자라나는 아이들에게도 고독한 것이 잘못된 것도 두려운 것도 아니고, 그 자체로 건강한 요소를 품고 있다는 걸 알려줄 필요가 있습니다. 어린 친구들도 혼자서 무언가를 할 수 있다는 것을 가르칠 수 있어야 하고요. 그래서 고독하기를 스스로 선택할 수 있고, 고독한 것을 두려워하지 않는 사람을 키워내는 교육에도 주목할 필요가 있다고 봐요.

‖ 고독한 존재가 좀 더 자연스러운 사회를 말씀하시는 것이겠죠?

그렇습니다. 무엇보다도 어릴 때부터 고독한 삶, 고독한 개인이 인간관계의 단절이라는 부정적인 이미지로만 각인되며 기피되는 건 큰 문제입니다. 아이들이 친구가 없어서 자살하지 않는 세상, 아이들이 외로움과 단절감을 느낀 채 스마트폰만을 붙잡고 있지 않은 세상, 그 스마트폰에서조차 소외되거나 왕따를 당해서 마치 패배자처럼 스스로를 취급하지 않아도 좋은 세상. 제가 우리 사회에 고독이라는 화두를 던질 때는 그런 의미의 고독을 이야기하고 싶었습니다.

그렇다면 고독이라고 할 때 무언가 감상적이고, 부정적이고, 더 나아가 병적인 것으로 해석하는 경향이 왜 생겨났을까요? 저는 이에 대해 우리 사회의 가족주의적 인간관계의 탓이 크다고 생각하는 것이고요. 앞서 말씀드렸듯 동양적인 의미에선 완전한 부모-형제-자녀의 관계에서 일그러질 때 '고독'이라고 표현했단 말이죠. 말하자면 고아가 되거나, 독신이 되거나 할 때 말입니다. 부모를 잃거나 짝을 잃는 경우 이 말을 사용해왔기 때문에, 아직도 유교적 가족주의의 영향과 잣대가 강력하게 남아 있는 한국 사회와 같은 곳에서는 고독이 부정적이고 소극적으로 개념화가 되어 있다는 거죠.

그렇지만 지금 사회는 어떤가요? 이미 가족이 해체되는 속도도 빠르고 정상적인 가족이라고 하는 게 찾아보기 힘들어질 정도입니다. 말하자면 '홀아비'나 '과부' 같은 말들은 얼마나 구시대적으로 느껴지나요. 자발적으로 독신을 선택하는 사람들은 얼마나 많나요. 박 선생이 어떨진 모르겠지만 말이에요. (웃음)

‖ 저도 물론 싱글의 삶을 살고 있습니다. 자의적인지 아닌지는 모르겠지만. (웃음) 그런 흐름에 발맞춰 요새 〈나 혼자 산다〉 같은 TV 프로그램도 정말 많은 인기를 끌고 있습니다.

그렇죠? 선택적으로 혼자 사는 사람도 많고, 경우에 따라선 홀로의 삶을 살 수밖에 없는 사람도 무척 많겠지요. 그런데 옛날에도, 심지어는 최근까지도 결혼하지 않은 사람이 있으면 집안에서 압박을 가한다든지 하는 경우가 얼마나 많습니까? 이런 게 압박이 되는 것도 참 웃긴 일 아닙니까? 한시 빨리 그런 분위기를 벗어나야죠. 홀로든 아니든 다양한 삶의 방식을 자발적으로 선택하는 일이 지금보다 훨씬 더 존중되는 분위기가 필요하다는 것입니다.

그리고 우리 사회가 관계를 중시한다고 한다고 하는데 이것도 한번 생각해볼 필요가 있어요. 여러 관계 중에서도 친구라고 하는 개념은 가족과 거의 비슷한 수준에서 찬양되고 있지 않아요? 그런데 초등학교와 중학교, 고등학교, 대학교를 거쳐서 만들어진 급우나 모임 관련 친구들은 자기가 살아온 사회 속에서 나의 주체적인 결정이 아닌 경우가 대부분입니다. 내가 주체적으로 결정하기 이전에, 어떤 객체화된 사회 단위 구조 속에서의 인간관계일 경우가 많습니다. 내가 스스로 결정할 수 없는 환경에서 만들어진 인간관계라는 것이죠.

‖ 객체화된 사회 단위 구조 속에서의 인간관계. 일리가 있네요. 좋은 지적인 것 같습니다.

중·고등학교에 다니는 어린 친구들 같은 경우, 자살을 선택하는 주된 이유 중 하나가 친구가 없다, 친구로부터 버림받았다고 하는 것 아니겠어요? 물론 사춘기 시절의 친구란 정말 중요합니다. 친구는 동년배의 공통적인 관심이나 이해관계를 함께할 수 있고, 그러면서도 그 이해관계를 벗어난 새로운 관계의 지평을 보여줄 수 있으니까 말이죠.
하지만 그런 친구라는 개념은 동시에 어떤 상상 속의 인간관계이기가 쉬워요. 이미 주어진 환경 속에서, 즉 자기가 살아온 가치관이 스며들어 있는 학교나 동네 같은 단위 사회 속에서 암묵적으로 결정된 가치관을 함께하기 때문에 친구이고, 거기서 벗어나게 되면 따돌림을 당하게 되는 현상이 나타난단 말이에요. 그런 관계의 구조에선 '우리'와 조금만 다르거나 '우리'의 심기를 거스르면 바로 투명인간처럼 만들어버리기도 쉬운 것 아니겠습니까?
친구나 조직 내의 인간관계가 중요하지 않다는 것이 아닙니다. 그런 인간관계가 우리 삶을 규정하는 여러 요인 중 하나이긴 하지만, 그것에 대한 지나친 강조가 사실은 자기만의 주체적인 가치관에 대한 고민, 새로운 삶의 양식 같은 것을 추구하는 일에 경우에 따라선 방해가 되기도 쉽다는 사실을 인식하는 것이 중요합니다.

‖ 김영하 작가가 대학 시절 많은 친구에게 지나친 신경을 쓰고, 그들과 너무 많은 시간을 보냈던 걸 후회한다는 내용의 말을 했던 게 생각나네요. 일찍부터 자신과 잘 맞는 사람만을 챙기며 자기 취향을 가다듬는 일에 에너지를 썼으면 훨씬 더 좋았겠다는 말이었죠.

저는 동창회 같은 모임에 일절 나가지 않아요. 옛 친구들과 억지로 인연을 이어가려는 생각도 없습니다. 서른 즈음까진 괴로워하면서도 나갔던 것 같아요. 순수한 의미에서 어린 시절의 친구들, 학창 시절의 추억. 이런 것만을 함께하는 그런 인간관계를 만들어보려고 노력했지만, 사실은 그게 매우 힘들다는 걸 발견했습니다. 제 나이가 올해 예순여덟 살이거든요. 딱 반절로 나눠보자면, 앞의 34년과 뒤의 34년이 인간관계에 있어선 꽤 다르지 않나 싶어요. 앞의 34년은 친지들이나 친구들과의 관계를 중시하며 어쩔 수 없이 그들과의 관계를 존중해야 한다, 참고 이해해야 한다고 생각했던 시절입니다. 뒤의 34년은 도저히 안 되겠다, 다 끊고 살겠다고 작정한 시절이 아닐까 싶어요.

‖ 이미 정해진 단위 구조 안의 인간관계에 지나치게 얽매이는 데서 한 걸음 나아가, 자신의 자아와 성격, 취향 등등에 충실한 주체적이고 개방적인 관계를 맺어나가고 그런 관계를 소중히 여겨야 한다는 말씀으로 이해됩니다.

제가 최근에 「가버나움」이라는 영화를 보았습니다. 알폰소 쿠아론 감독의 영화 「로마」도 보았고요. 작년 말에 제가 정말로 감명 깊게 본 영화는 고레에다 히로카즈의 「어느 가족」이었습니다. 이 세 영화가 공통적인 것은 혈연도, 지연도, 학연도 아닌 사람들의 새로운 관계 맺기에 관한 영화였다는 점입니다. 나와 가치관이 같거나, 나와 생각이 같아서 맺는 관계는 좋은 관계라고 할 수 있겠죠. 이 세 영화는 그런 것도 아닙니다. 혈연도 아니고, 어쩌다가 맺어지는 관계. 그런 관계를 굉장히 소중히 여기는 삶. 저는 세 영화를 보고서 이런 생각을 했어요. 세 영화 모두 자신과 전혀 관계없던 사람들의 관계 맺기에 관한 이야기인데, 참으로 중요한 메시지였다고 저는 생각해요.

우리가 정말 '고독하다'라고 하는 것, 즉 적극적인 의미에서의 고독함이란 말이죠. 혈연과 지연 등의 관습적인 관계, 즉 이미 맺어지거나 맺어지도록 운명 지어진 인간관계가 아니라, 그런 것들과 관계없이 내가 당연히 뿌리칠 수도 있고 외면할 수도 있는 관계이면서도, 내가 그 사람을 도와주어야겠다, 내가 그 사람과 같이해야겠다, 이러한 결단과 자성, 자각과 함께하는 미덕이 아닐까 싶어요. 그런 결단을 자발적으로 내릴 수 있을 때 우리는 어느 사람이 '고독을 선택했다'라고 표현할 수 있지 않을까 싶습니다.

물론, 관계는 정말 중요합니다. 혈연과 지연 같은 것도 중요합니다. 저는 제 아버지와 평생을 싸우고, 반항했어요. 형제들과도 그런 측면이 있습니다. 하지만 혈연은 혈연이고, 무시할 수는 없지요. 저는 다만 거기서 가능한 한 멀리하려는 노력을 해왔고, 지금도 하고 있습니다. 반면에 나와 혈연도 아니고, 학연도 아닌 사람들. 아무런 관계도 없는데 우리가 함께할 수 있는 동지라고 생각해서 관계를 맺었던 경우도 있었고, 나의 도덕적인 판단에 따라서 누군가와 함께하는 일을 선택하기도 했었죠. 그런 의미의 여러 새로운 관계 맺기에 대한 다양한 고민과 성찰이 계속 필요하지 않을까 싶어요. 저 세 영화에서 말해주듯 그러한 관계는 인간의 참된 가치를 우리에게 알려줄 수 있다고 생각하니까요.

스마트폰과 소셜 네트워크 시대의 '홀로 살아간다는 것'

‖ 저도 SNS를 즐겨 하는 사람으로서, 소셜 네트워크 역시 그런 자발적인 관계 맺기에 긍정적인 측면이 있다고 생각하긴 합니다. 그런데 교수님은 이 스마트폰 문화에 굉장히 부정적인 편이시란 말이죠. (웃음)

스마트폰 사회나 소셜 네트워크 문화는 물론 긍정적인 측면이 있죠. 십여 년 전 아랍의 민주화라든가, 우리의 촛불집회라든가, 민주주의의 중요한 기제로서 핸드폰의 긍정성을 저도 인정합니다. 모든 걸 부정적으로 보는 건 아니에요.

그런데 이 스마트폰과 SNS의 시대에 느껴지는 획일화와 쏠림 현상이랄까요. 어떤 집중화의 경향 같은 것도 두드러지는 것 같습니다. 우리는 뭐든 집중되는 걸 좋아하는 듯해요. 서울과 수도권 집중, 중앙정치 집중, 엘리트 집중도 그렇고요. 이 최첨단의 기술 문명도 마찬가지입니다. 모두가 이 문명에 매달려서 인터넷에 중독되고 스마트폰만 들여다보고 있잖아요.

제가 보기엔 모두가 SNS에만 집중하고, 그 세계에만 주목하고 있는 것 같아요. 정말 획일적으로 느껴지죠. 이처럼 획일적인 집중화에서 멀어진 삶이 오히려 좀 더 개성적이고 자기다울 수 있는 건 아닐까요? 저는 그런 생각을 합니다. 그런 변방의 삶, 주변의 삶이 충분히 주목받고 존중받아야 진정한 민주주의가 건강하게 유지될 수 있다고 생각해요.

‖ 페이스북 같은 거대 플랫폼에서 퇴사한 여러 임직원이 사람들에게 소셜 미디어에 중독되는 일의 위험성을 알리고 있

기도 하죠. 2011년 '카이로의 봄'이 한창이던 때 구글에서 일하며 온라인에서 시민들을 주도했던 와엘 고님이 몇 년 뒤 소셜 미디어의 폐해에 주목하면서, 우리가 다른 이들과 깊은 방식으로 소통하고 토론하는 방법을 잃어버렸다고 말했던 일도 생각납니다.

맞아요. 그처럼 인터넷과 SNS는 하나의 수단일 뿐이지 어떤 궁극적인 목적은 될 수 없을 겁니다. 변화를 촉발할 수 있는 계기는 되었지만, 변화에 지속적인 힘을 준다거나 가치를 지니고 있진 않을 거예요. 저는 패거리 문화를 끔찍하게 생각하는데, 지금 유행하는 이 기술 문명이 또 다른 패거리를 만드는 건 아닐까, 우려가 되는 지점이 있지요. 지연과 학연, 혈연이 물러간 자리에 'SNS연' 같은 것이 생겨나고 있는 건 아닐까? 그런 우려 말입니다.

‖ 조금 다른 이야기지만 저는 작고 허름한 가게나 좌판을 지키고 있는 자영업자가 스마트폰을 바라보는 일을 보면 왠지 모를 안도감이 들곤 하더라고요. 예컨대, 채소 파는 할머니나 이런 분들이 손님이 없을 때 스마트폰으로 저마다

무언가를 즐기고 있는 장면을 보면요. 요즘은 드라마 보고 싶을 땐 드라마 보고, 뉴스 볼 땐 뉴스 보고, 친구와 수다 떨고 싶을 땐 수다 떨고……. 그런 면에서 지금의 기술이 어떤 제한된 영역에 머무른 개인들에게 분명 확장된 취향, 확장된 소통의 가능하게 만들어주는 측면은 있는 것 같아요. 물론, 세상의 모든 정보에 접근 가능해진 세상이기 때문에 오히려 지식 격차가 더 커지는 면도 없지 않겠습니다만. 훈련된 사람들은 더욱 고급 정보를 즐길 수 있고, 그렇지 않은 사람들은 아주 말초적이고 자극적인 콘텐츠만을 찾아다닐 수 있는 정보의 양극화 현상 말입니다.

모든 현상이 그렇겠지만 이 문제에도 긍정적이고 부정적인 양면이 있을 거예요. 인터넷과 스마트폰 문화가 앞으로도 우리 사회를 지배할 건 분명할 테니……. 뭐랄까요. 저는 다만 공적 공간에선 핸드폰 사용을 가급적 자제할 수 있는 사회가 되길 바라고 있습니다. 공공의 공간에서는 서로의 얼굴을 바라볼 필요가 있는 거예요. 그래야지 비로소 대화가 되고 토론이 되는 게 아닐까요? 우리가 '공적'인 교류의 공간, 대화의 공간이라고 믿고 있는 곳에서마저 저마다 자기

손안의 핸드폰에 몰입하고 있다면, 우리 사회는 그야말로 얼굴 없는 사회가 되어버릴지도 몰라요. 내 앞의 타인들의 얼굴을 바라볼 줄 모르는, 또 바라보지 않는 사회로 흐를지도 모릅니다. 우리 스스로가 핸드폰을 포함해서 이런 기술 문명의 일상 민주주의, 생활 민주주의의 방식을 고민할 때가 되지 않았나, 그런 생각도 들어요.

‖ 그런 민주주의라면, 시민들의 공공적이고 자발적인 합의와 배려가 이루어진 사회라는 차원으로 봐도 좋겠죠? 누가 뭘 시켜서 억지로 하는 게 아니라, 어떤 문화적인 측면에서 함께 만들어나가는 사회적 분위기 말이죠.

네. 저같이 핸드폰으로 뭘 하지 않는 사람은, 몇 년 전부터 왠지 모르게 좀 피해 다니고 움츠러드는 그런 기분이 있습니다. 핸드폰을 들고 얘길 하면서 오는 사람, 핸드폰에 얼굴을 파묻고 있는 사람들은 항상 직진을 해요. 주변에 누가 있는지 거의 의식하지 않죠. 저 같은 사람은 학교에서 항상 그런 학생들을 피해 다니곤 했어요. 가끔씩 전화기를 귀에 대고 얘기를 하다가 저를 알아보는 학생이 있거든요. 그러면 그 친구는 전화기에 말을 하면서 동시에 제게 인사를 하는 거예요. 그런 인사는 참 받기가 싫죠. (웃음) 심지어 저보다 젊은 교수들도 그런 경우가 있습니다. 차라리 인사를 하지 말고 통화를 하고 가지, 저는 그렇게 생각하죠.

이건 제가 분명 낡은 사람인 탓이 크겠죠. 저도 그걸 잘 알고 있어요. 저는 전화를 가지고 남과 대화할 때 1분을 넘게 하지 않고, 필요한 용건만 얘기하고 빨리 끊으니까요. 그게 제 평생의 버릇이 되어 있는데, 요즘 세대의 사람들은 거의 끊이지 않고 말을 한다는 느낌을 많이 받습니다. 이건 저에게는 참 생경한 문화인 것이죠. 예를 들어 기차나 지하철을 한 시간 정도 타는 경우, 제 옆에 탄 사람이 핸드폰으로 전화 통화를 하는데 제가 탈 때부터 내릴 때까지 계속 얘기를 하는 겁니다. 이건 제 감각으로는 도저히 이해하기 힘든 문화 같습니다. (웃음)

‖ 교수님이 그런 모습을 보기 싫어하는 건, 정적과 차분함과 거리가 먼 시끌벅적한 풍경 자체가 교수님의 미의식과 거리가 멀기 때문인 것 같기도 합니다. 교수님이 구스타브 클림트에 관해 쓰신 『구스타브 클림트, 정적의 조화』란 책

을 읽으면서도 이런 생각을 했거든요. 아, 이분은 기본적으로 조용한 걸 좋아하시는 분이구나. (웃음)

듣고 보니 좀 공감되는 말씀이네요. (웃음) 그리고 그와 같은 시끄러움을 가장 잘 상징하는 공간은 지하철 아닐까요? 제가 보건대, 지하철이라고 하는 곳은 기본적으로 한국 사람들에겐 '공적 공간'이 아닌 거예요. 다들 자기의 사적 공간으로 생각하는 거죠. 제가 핸드폰 문화의 가장 큰 병폐 중 하나로 생각하는 것은 공사의 구분이 없어졌다는 것이에요. 원래부터 한국 사람들은 공사의 구분이 매우 모호했어요. 마을을 생각해보세요. 저기 멀리 가는 사람을 고함질러서 부르고 그러지 않았나요?
한국 사회가 1960~1980년대에 급격한 산업화와 민주화를 겪어왔고, 1990년대쯤에 와선 어느 정도 공적 질서라는 게 형성될 만한 가능성이 있었는데, 2000년대 핸드폰이 등장하고 보급되면서 또다시 공사가 혼동되었다고 생각해요. 그러니까, 제 관점에선 공공사회라고 하는 건 각자가 각자를 존중해주는 사회인 거예요. 각자가 각자를 존중한다는 건 각자가 각자의 공간을 인정한다는 것이고요. 그래야만 어떤 공적 공간이 가능해지는 것이죠. 핸드폰이 바로 이 공적 공간을 모호하게 만들어버린 측면이 없지 않은 건 아닐까. 저는 그런 생각을 합니다.
모든 사람이 하나의 공적 공간에서 모두가 제각기 전화 통화를 하는 사회. 하나의 공간에 모여서 서로 모르는 이야기를 각자가 줄줄 읊고 있는 사회. '프리바토피아'란 용어가 잘 묘사하고 있는 것처럼 공적 감각이 없어지고 사적 공간이 지나치게 확대된 사회. 이처럼 공적인 가치가 점점 더 몰각되고 개인의 충동에만 민감해진 사회는 점점 더 위험해질 수밖에 없죠. 저는 지금 우리 사회가 그런 측면이 강해지고 있다고 조금은 비판적으로 보고 있습니다.

‖ 우리는 앞으로도 핸드폰을 포기할 순 없겠지만, 기술 문명과 핸드폰 문화의 어떤 부정적인 측면에 훨씬 더 주목하고 주의해야 한다는 말씀에 공감이 갑니다. 일례로 최근 우리 사회를 충격에 빠트렸던 몰카 범죄 같은 것이 떠오르기도 하고요.

그런 것이 더욱더 노골적으로 상업주의와 맞물려서 사회문제가 되고 있지 않습니까? 한국 성문화의 퇴폐적인 요소들, 그리고 한국 특유의 가부장 사회가 낳은 성 은폐 풍토와 결합해서 말입니다. 한국 사회만큼 기계적인 장치에 열광하는 사회가 또 없을 거예요. 그렇지만 이런 문화에 대해서는 반드시 경각심을 가지고 좀 더 책임감 있게 물질문명을 다뤄 가야 하는 일이 필요하다고 봅니다. 맹신하지 말고, 우리 안의 부정적인 면들을 잘 살피면서요.

‖ 이수정 경기대 범죄심리학과 교수가 가능만 하다면 스마트폰에 깔린 랜덤 채팅앱 같은 걸 다 망하게 만들 법을 도입하고 싶다고 얘기했던 게 생각나네요. 10대 여자 청소년이 바로 이런 앱과 사이트를 통해서 성매매로 내몰리고 있는 명백한 환경이 있다고 비판하면서요. 어쨌든 인터넷이든 핸드폰이든 CCTV든 여러 기술에 대해 지나치게 의존적이거나 방임적인 분위기랄까, 그런 기술적 도구들에 대한 맹신이나 쏠림 역시 존재한다고 생각됩니다.

저는 인간의 자유와 자치를 다른 어떤 가치보다 중시하는 사람인데요. 사실 CCTV나 몰카 같은 것들이야말로 이런 가치에 정면으로 어긋나는 도구들입니다. 은밀하게 찍고, 은밀하게 감시하고……. 흔히 범죄 적발의 신속 정확성의 이유에서 CCTV가 예찬이 되곤 하는데, 이런 것이 우리들의 자율성이나 주체성을 얼마나 규제하고 억제하고 있는지는 충분히 논의되지 않는다는 게 참 우려됩니다. 말 그대로 조지 오웰이 『1984』에서 묘사했던 텔레스크린의 세계가 다가오고 있는 건 아닌지 걱정돼요.

이렇게 이야기하면 "너 뭐 잘못했어? 감시당하긴 뭘 감시당해? 당당하게 CCTV 밑에서 살아가면 되지 않나? 네가 양심의 가책이 있어서 감시당한다거나 규제당한다는 의식을 갖게 되는 건 아니야?"라고 반문하는 사람들이 있겠죠. 그렇지만 인간의 기본적인 자유가 보장되기 위해선 반드시 일정한 영역의 프라이버시가 보장되어야 합니다. '나의 세계'라고 하는 것 말이죠. 내가 공적인 공간에 있다고 해서 내 행동이 철두철미 감시당하며 어딘가에 기록되고 있다? 그것은 좋게 말해서 공개된 사회이지만 다른 의미에서는 감옥과도 똑같지 않나요? 그런 사회는 우리 모두를 잠재적인 범죄자로 취급하는 거대한 파놉티콘과 다를 바가 없죠.

‖ 그런 면에서 공공의 영역과 사적인 영역을 어떻게 조화시켜나갈지에 대한 지속적인 고민이 필요하지 않을까 싶습니다. 앞서 말씀해주신 생활 민주주의라는 개념이 이런 것을 가리키는 것일 테고요.

인간이 집단과 공동사회 속에 있는 일도 중요하겠지만, 그것이 지나치면 우리의 개성과 자유를 얼마나 쉽게 위험에 빠뜨릴 수 있는지도 충분히 의식해야 한다고 봅니다.

일상생활의 가치에 관하여

‖ 이제 다음 이야기로 넘어가 보면 어떨까 싶은데요. 제가 교수님의 칼럼 중에서 가장 좋아했던 게 회식 이야기와 더치페이 이야기 같은 것들이었습니다. (웃음) 저는 교수님이 그런 부분에서 참 매력적으로 느껴졌는데요, 회식이 어쩌고저쩌고, 더치페이가 어쩌고저쩌고 이런 이야기가 전부터 얼마나 많았습니까? 그런데 교수님께서는 이런저런 논란 다 필요 없고 "회식을 대체 왜 하느냐?", "자기가 먹은 건 자기가

내는 게 당연한 것 아닌가?"라고 아주 예전부터 되물었던 게 아닙니까? 제겐 아주 본질적인 부분을 딱 건드려주신 것으로 느껴졌고, 꽤 통쾌한 면이 있었던 것 같습니다. (웃음)

예. 저는 회식 정말 싫었어요. 저에게는 대부분의 회식이 무슨 건강한 토론이나 대화가 아니라 권력적인 상하 질서로 엮어진 패거리 놀이문화라고 생각됐기 때문에……. 그런 모임 자리에서라면 한 사람 한 사람이 편안하게 행복과 즐거움을 느껴야 하는데, 우리의 회식이란 술자리에서 모두가 같은 기분을 내야 하고, 같은 노래를 불러야 하고, 다 같이 하나의 분위기를 맞춰야 하는 자리잖아요. 못 먹는 술도 마셔라, 못 먹는 음식도 먹어라, 제대로 음미할 수도 없는 대화에, 시간 낭비에, 눈치와 체면치레에, 그걸 대단한 공동체 문화라면서 포장하고……. 교수들이 대체로 대학의 공금을 이용해서 그런 흥청망청한 자리를 즐기는 것도 개운하지 않았고요. 간혹 돈 낼 때가 되면 뭐 서로가 이상하게 체면치레를 하고, 이상한 헛소리를 갖다 붙이면서 말입니다. 이런 거 저는 딱 질색이었습니다. 그래서 그런 자리를 아주 최선을 다해 피했죠.

저는 회식이라고 하는 것을 거부했던 이유가 대단한, 뭐 거창한 이유가 있는 게 아니에요. 그냥 편하게 좀 살자, 각자 자기 마음대로 마음 편하게 지내자, 이런 생각이었어요. 회식을 불편하게 생각하는 사람이 있다면 안 가게 해야 하는 것 아닙니까? 그게 맞는 것 아닐까요?

‖ 더치페이도 같은 맥락이겠죠. 그런 면에서 교수님이 네덜란드 책에서 쓰신 네덜란드 역사가 요한 호이징가의 말이 기억이 납니다. "네덜란드 사람들은 언제나 일상생활을 매우 소중하게 생각했고, 일상생활의 가치를 이해해왔다." 이 나라에는 아주 작고 사소한 일상의 구체성에 주목했던 전통이 있다는 말씀이었을 텐데요.

물론 네덜란드의 어두운 점, 그 나라만의 문제가 없는 것은 아닙니다. 그렇지만 우리가 배울 만한 나라인 건 틀림없는 것 같아요. 저는 이 나라가 평범한 사람들의 주체적이고 자기다운 삶, 한 사람 한 사람의 평범한 일상을 존중하는 미덕을 가장 뚜렷하게 구현한 사회가 아닐까 싶었어요. 책에도 길게 적었지만, 그런 평범한 개인을 존중하는 사회가 한

순간에 만들어진 건 아니에요. 우리가 보통 르네상스라고 하면 이탈리아의 르네상스를 이야기하잖아요. 그런데 사실 네덜란드도 그런 르네상스의 전통에 적극적으로 기여했습니다. 르네상스 당시에는 네덜란드가 플랑드르 지방으로 불렸지만, 그 시절에 사람들의 일상생활을 그렸던 화가들, 즉 삶의 일상적 아름다움을 그림으로 처음 그린 사람들이 네덜란드 사람들입니다.

‖ 이를테면 요하네스 베르메르와 같은 화가들 말이죠?

그렇지요. 어떤 의미에선 이탈리아 르네상스의 예술보다 개인의 자화상과 초상화, 정물화 같은 것들을 그렸던 네덜란드 화가들이 개인의 발견이랄까, 자기주장이라고 할까요. 그런 면에서 훨씬 더 앞선 사람들이라고 봐야 할 거예요. 16~17세기의 네덜란드 역시 제국주의 역사에 한 발을 걸치고 있긴 했지만, 그 어느 나라보다도 개인의 자유를 중시하며 국가주의적인 인간관, 전통적·인습적인 가치관을 극복했던 국가였습니다. 스피노자와 존 로크, 데카르트 같은 선진 지식인들의 망명처이기도 했고요. 그때부터 발전해왔던 자유로운 성문화, 자전거 문명 등 제가 좋아하는 요소요소가 네덜란드에 집약적으로 남아 있어요.

‖ 교수님은 네덜란드란 알레고리를 통해서 역시 남의 시선과 평가에 얽매이지 않는 일의 중요함 같은 걸 전달하고 싶으셨던 것 같습니다. 왜냐면 우리 사회가 지극히 타인지향적인 공간이기 때문이고, 교수님 표현대로라면 솔리튜드적인 고독이 자리 잡지 못한 사회이기 때문이겠죠. 그런 한국인의 집단 무의식은 교수님이 젊으셨던 시절이나 지금이나 크게 달라지지 않은 것 같기도 합니다.

맞아요. 그런 체면 문화는 한국인이라면 다 알고 있는 것 아닙니까? 그리고 그 체면 차림에서 과시욕이 생겨난다고 봐요. 제가 보기엔 우리나라 사람들은 다들 자기가 시시하지 않다고 생각하는 것 같아요. 지나친 자기 존대랄까요. 자기 스스로 자기를 높이고 내세우는 그런 문화가 있는 것 같습니다.

물론 그건 우리가 너무 업신여김을 당하고 자기 존재의 가치를 무시당하는 사회에 살았기 때문인지도 몰라요. 그래서 내가 나를 안 높이면 안 된다는 의식이 있는지도 모르지만. 그냥 내가 아주 성실하고 진지하게 할 수 있는 일을 하고, 내 나름으로 생각도 하고 표현도 하면서 나다운 삶을 살아가는 게 가장 멋진 삶이라는 평범한 인생관, 평범한 가치관이 너무나 부족한 것 같아요. 우리는 보통 그렇죠. 어떻게든 출세를 하겠다, 윗사람이 되겠다, 남을 딛고 일어서겠다……. 학교에서부터 사회조직에 이르기까지 그런 식의 폐쇄적인 경쟁 체제가 존재하지 않습니까?

저도 10대 시절 소위 일류 중·고등학교에서 아주 괴롭게 느껴보았지만, 그런 경쟁에서 '승리자'가 되지 못하면 굉장히 멸시당하는 분위기가 있거든요. 이런 체제 속에서는 서로가 서로에게 멸시당하지 않기 위해 애를 쓰고, 기회만 나면 자신의 권력이나 지위를 아주 꼴사나울 정도로 과시하게 되는 거예요. "나는 평범하지 않다", "나는 특별하고 보통 사람과는 다르다" 같은 과잉된 자기애가 넘치게 되고요.

‖ 김찬호 선생의 명저 『모멸감』이 생각나는군요. 일상의 여유로움과 소중함이 박탈되고 모멸이 일상화된 사회, 들여다보면 우열과 승패의 강박감이 지극히 심한 권력지향적인

사회라는 책의 문제의식이 교수님과도 공통된 것 같습니다.

정말 그렇습니다. 자기가 마음대로 할 수 있다고 생각하면 너무 마음대로 하는 경향이 있는 것 같아요. 제가 시골에 10여 년간 살면서 책도 쓰고 농사도 지으며 그렇게 살다 보니까 방송국 사람들이 저를 만나겠다고 그간 많이 다녀가기도 했거든요. 그런데 뭐 그럴듯하게 어떤 프로그램을 기획했다면서 취재를 하고 인터뷰를 하고, 그러고 다녀가선 연락 한 통 없는 경우가 부지기수였습니다. 방송국 취재 협조가 쉬운 일이 아니잖아요. 그런데 저는 하루 이틀 꼬박 제 일정을 비우고 그 사람들에게 맞춰주고 나선 뭐 아무런 기별도 받지 못하는 거예요. 그러다 연락이 오는 경우엔 PD 본인이 제게 상황을 설명하는 일도 없습니다. 까마득하게 어린 친구가 전화해서 그때 그 일정이 취소되었다고 말하곤 전화를 딱 끊는 거예요.
자기들이 서울 공중파 방송국의 PD이고 시시한 사람이 아니므로, 시시한 지방대 교수와의 약속은 어겨도 괜찮다, 뭐 한번 방송에 내주려고 했는데 못 내게 되었어, 당신 이야기가 우리 방송엔 별로 중요하지 않으니 그것으로 끝이고 당신 같은 사람에게 연락할 것도 없어, 뭐 이런 식의 태도로 느껴질 수밖에 없었죠. 저로서는 그 외에는 도저히 생각할 수 없는 태도였습니다. 지금 생각해보면, 내가 찍어주는데 네가 고마워해야지, 이런 심리가 없잖아 있는 것 같아요. 아니, 누가 방송에 내보내달라고 했던 것도 아닌데……. (웃음) 마치 선심을 쓰듯이 말이죠.

물론 그들도 그들 나름의 사정은 있었겠지만, 그래도 '저렇게 함부로 할 수가 있나'라는 생각을 많이 했어요. 생각해보면 참 대단한 횡포죠. 제가 지금 방송국 얘기를 주로 했지만, 출판사 관계자들과도 이런 케이스는 많았습니다. 저는 어떤 일이든, 아무리 사소한 일이든 간에 약속을 안 지키는 것이 정말로 싫었습니다. 우리 사회엔 그런 것이 너무도 일반화되어 있다고 생각했고요.

‖ 그래서 네덜란드를 이야기하실 때 그 나라 사람들이 약속에 관해서 그렇게 철저하다고 강조하셨던 것이군요. (웃음) 하루하루의 일상 속에서 약속을 잘 지키지 않는다는 것은 '나는 약속을 지키지 않아도 괜찮은 사람'이라는 인식을 전제로 하고, 그 전제는 결국 '나는 평범하지 않은 사람, 남보

다 더 특별한 사람'이라는 심리구조와 연결되어 있다는 생각도 듭니다.

그런 심리에서 타인에게 함부로 막 대하는 행태들이 나온다고 봅니다. 제가 30년 넘게 상대했던 대학의 교수들도 보면, 참으로 무책임하고 함부로 타인을 대하는 경우가 많았습니다. 몇 년 전의 일화가 생각나네요. 제 제자 한 사람이 학교에서 시간강사를 하고 있었는데, 별안간 아무 절차도 거치지 않고 강의가 중단된 거예요. 그래서 알아보니 제가 소속해 있던 기초교육대학 학장이 잘랐다고 해요. 그래서 제가 전화를 했습니다. 아니, 아무리 시간강사라고 하더라도 어떻게 그런 방식으로 사람을 자를 수 있느냐, 연유나 좀 들어보자, 이렇게 말했죠. 그랬더니만 저에게 막 고함을 질러대는 거예요. 네가 뭔데 어쩌고저쩌고, 정치적으로 뭐 어쩌고저쩌고……. 당장 저한테 욕을 할 기세로 화를 내던데 제가 거기서 좀 충격을 받았습니다. 사람들이 참 함부로들 사는구나……. 대학이란 곳도 이런데 하물며 대학 밖의 사회에선 사람들이 얼마나 고된 생활을 하고 있을지 정말 안타까운 마음이 되기도 했죠.

'아는 사람 있습니까' 문화를 비판하다

‖ 그런 측면에서 한국의 독특한 연고주의랄까요, 고독한 삶을 가로막는 분위기가 등장하는 것 같기도 합니다. 연줄을 중시하며 내 편 네 편을 철저하게 가르고, 내 사람을 가족처럼 챙기되 내 사람이 아닌 사람들은 적으로 인식하면서 힘으로 짓밟으려고 하는 그런 집단주의적 분위기 말입니다.

이 이야기를 하지 않을 수 없을 것 같은데, 제가 2003년에 KBS PD에게 명예훼손으로 고발당한 사건이 있었어요. 당시에 이 PD가 제가 썼던 『베토벤 평전』이란 책의 다큐멘터리를 찍겠다고 유럽 촬영을 권유해서 동의했는데, 막상 유럽에선 촬영이 제대로 이뤄지지 못했습니다. 저에게는 악몽과도 같은 일주일이었습니다. 혈세를 낭비하는 일에 동참한다는 죄책감을 떨칠 수가 없었어요. 돌아온 후 KBS 측에 이 PD와는 도저히 일할 수 없다고 얘길 했는데, 방송국 측에선 제 말은 전혀 들어주질 않더군요. 그래서 제가 연재하던 신문에 〈부끄러운 고백〉이란 칼럼을 썼고, 그 PD는 해고되었습니다.

제 칼럼으로 알려진 이 사건은 그야말로 한 달 동안 인터넷 검색 1위를 했었고, 좌·우파 신문을 막론하고 보도하면서 사설을 썼을 정도로 워낙 국민적인 파급이 있었어요. 그래서 저는 고소를 당해서 검찰에 불려갔을 때 아무런 두려움도 없었습니다. 결과적으로는 당연히 검찰에서 무혐의 처분을 받았고요.

그때 저를 담당했던 검사 직책이 대구지검의 무슨 부부장이었던 걸로 기억합니다. 그 검사와의 문답이 오고 가던 와중에, 갑자기 그가 저에게 삿대질하면서 "똑바로 앉아!"라고 고함을 치는 게 아니겠습니까? 뭐 굳이 나이를 따지자는 건 아니지만, 나이가 마흔도 안 되어 보이는 새파랗게 젊은 사람이 말이죠. 나중에 들어보니, 이 사람은 대구에서 무슨 고등학교를 나온 명문대 출신의 검사라고 합디다. 그리고 저를 고소한 KBS PD가 대구지검장을 한 달 전에 그만둔 사람을 자기 변호사로 썼다고 하더라고요. 참으로 기가 차더군요. 그야말로 전관예우, 관존민비의 전형을 본 거죠. 대학의 학장이 아니라 총장을 지냈던 사람이라도 윽박질러서 자신의 권위를 세우고, 자기가 목표로 하는 유죄판결을 내려서 집어넣으려고 하는…….

저는 아주 오래전부터 사법개혁을 주장했던 사람이고, 우리나라 검사들의 권력지향적인 정서, 말 그대로 '권력과 권세를 위해 미쳐 날뛰는' 습속을 모르는 것은 아니었습니다. 그런데 검사라고 하는 작자가 그렇게까지 무식하고 황당한 태도를 보일 줄은 몰랐습니다. 제가 20년 동안 가르쳤던 학생이 대구지검을 포함해 전국에 검사로 얼마나 많이 있었겠습니까. 거기다 저는 1999년부터 2000년까지 학교의 법대 학장을 지내기도 하지 않았습니까. 이 사건이 2003년이었잖아요. 명색이 법대 학장을 지낸 교수를 이렇게 취급하는데, 아무것도 모르는 절도범이 붙잡혀 왔으면 이 검사나 그 아래 사람들이 어떻게 취급할 것인지가 상상이 가더라고요. 검사가 그렇게까지 시민을 함부로 대하는 걸 보고 충격을 받았습니다.

그렇게 저에게 소리를 버럭 지르고 나선 검사는 저 멀찍이 앉아 있고, 계장이란 사람이 와서 저를 심문하더군요. 그러곤 저에게 "고소인 측에서 한 달 전에 검사장을 그만둔 사람을 변호사로 썼습니다. 교수님, 이게 서로 이야기를 해서 될 말이 아니고, 제발 사람을 좀 알아보십시오. 교수님 제자들도 있을 거고 선후배들도 있을 것 아닙니까."라고 말하더군요.

‖ 누구를 알아보라는 말이었습니까?

뭐 검사장 출신보다 더 높은 사람을 좀 알아보라는 말 아니었겠습니까? (웃음) 안타까운 사실은 여기서 그치지 않아요. 그 심문 이후에 제가 민변(민주사회를위한변호사모임) 쪽 변호사를 구했는데요, 이 민변에서 온 변호사도 가장 먼저 저한테 이 한마디를 하더군요. "교수님, 아는 사람 없습니까?"

그때 제가 참 뼈저리게 느꼈습니다. 대한민국은 여전히 '아는 사람 없습니까?'라는 말이 지배하고 있구나……. 우리나라에선 법리고 뭐고 그보다 더 중요한 건 '아는 사람 없습니까?'였던 거예요. 말하자면 당시 제 동기나 선배 중에서 대구지검에 압력을 넣을 수 있는 '높은 사람을 인맥으로 가진다는 것' 말이죠. 우리의 사법 현실이 그렇다는 것을 저도 책이 아니라 현장에서 직접 목격했던 것입니다. 그래서 그때는 사회에 대한 절망이랄까, 그런 것을 참 깊숙하게 느꼈습니다. 그리고 저는 2003년이든 2019년이든 그런 분위기는 크게 달라지지 않았다고 느끼고 있기도 하고요.

‖ 이후에 〈교수신문〉에 쓰셨던 칼럼을 보면 교수님이 당시 느낀 절망감이 잘 드러나죠. 물론 교수님의 문제 제기에 공감한 사람들이 훨씬 많았지만, 여기저기서 비난도 많이 받으시고 자살까지 생각하셨었다고요.

정말로 다 때려치우고 싶었죠. 아내에게 "교수직을 그만두고 싶다"고 매일 얘기했습니다. 모두 다 관두고 파리에서 그림 공부를 시작해볼까, 어린 시절에 이루지 못한 화가의 꿈을 이루어볼까, 그렇게 아내와 의논하고 같이 프랑스에 답사도 다녀온 적이 있어요. 물론 아내는 "당신은 천생 선생이나 해야 할 팔자"라고 얘기하긴 했지만요. (웃음)

‖ 그래도 같이 가주셨다는 게 어딘가요. (웃음) 어쨌든 가족주의부터 시작된 이야기가 '아는 사람 없습니까?' 문화까지 이어졌는데…… 이런 사회에서 과연 솔리튜드적인 고독을 추구한다는 게 현실적으로 가능할까 하는 의문이 드는 것도 어쩔 수 없습니다.

이런 말이 원론적으로 들릴지도 모르겠지만, 결국 우리가 서로 얼마나 다른 사람인지를 더욱더 철저하게 인식하는 일이 중요하다고 생각돼요. 사람은 백이면 백, 성격이 다르고 느낌이 다르니까요. 또 지성도 다르고 감성도 다르니까요. 그게 중요하죠. 그게 없으면 내가 존재할 가치가 없는 거라고 봐요. 우린 다 무리와 집단 속과 구별되는 자신만의 느낌과 감성을 가지고 있는 사람 아닌가요? 왜 그 사실을 그토록 경시하는지, 남들과 똑같아지려고 애를 쓰는지 이해할 수 없습니다.

‖ 2002년 월드컵 때 교수님이 '붉은 악마'의 거리응원을 싫어하셨던 건 유명하죠. (웃음)

그렇습니다. 2002년 월드컵 때 '붉은 악마' 이런 것이 전국민적인 열광 분위기가 딱 질색이었죠. (웃음) 스포츠를 보고 그렇게 열광하는 일도 가능하겠다 싶긴 합니다. 그렇지만 저에겐 거대한 태극기, 쩌렁쩌렁한 애국가. 수십만 명의 똑같은 율동 등이 마치 매스게임 비슷하게 느껴진 거죠. 집단주의의 표상처럼 보였던 것이고. 그래서 당시 토론회 같은 것에 나가서 제 상대편 패널들과 막 싸우고 그랬던 기억도 납니다. 자꾸 뭐 이런저런 이론을 들이대면서 그런 문화가 옳다는 식으로 얘기하던데, 내가 싫다는데 어쩔 거야? 이러고요. (웃음)
물론 축구 같은 스포츠에서 어떤 사회주의적인 측면을 발견하는 지식인도 많고, 권투나 레슬링 등의 종목에서 스포츠와 인간의 야만성을 연결해 생각하는 학자들도 많죠. 특히 남미나 유럽의 진보적인 지식인 중에서 축구와 같은 스포츠를 매우 긍정적으로 보는 사람들이 많은 것도 알고 있습니다. 그렇게 볼 수 있겠구나 싶지만, 저 자신은 스포츠를 즐길 생각을 해본 적은 없습니다. 전 태어나서 지금껏 아무런 스포츠를 즐겨본 적이 없어요. 걷는 것과 자전거 타는 것은 정말 좋아하지만요.

‖ 결론적으로 교수님께는 스스로 선택하고, 자기를 홀로 세우는 일이 삶의 굉장히 중요한 덕목인 것 같습니다.

네. 스스로 선택했을 때 그것이 집단을 이룰 수 있겠지만, 집단을 이루는 것 그 자체가 제겐 그다지 중요한 건 아니라고 생각해요. 저도 1969년 고등학교 3학년 때 삼선개헌 반대 데모에 참여해서 한 일주일인가 정학을 당하기도 하고, 대학생 때는 반유신 시위에 나가서 자주 경찰서에 끌려가 폭행도 당하고 그랬어요. 또 1990년대 초반에는 민주주의 법학연구회 회장을 지내며 이런저런 집단행동도 주도했었는데요, 돌이켜보면 그런 데서 실존적인 의미랄까, 즐거움이랄까, 그런 것을 깊숙하게 받진 못했던 것 같습니다. 앞에서도 이야기했듯 이런저런 저 나름의 인생 경로를 거친 후 시골에 들어와서 비로소 저에게 가장 잘 맞는 생활을 찾을 수 있던 것이었죠.

자기 앞의 거울을 깨뜨린다는 것

‖ 누구에게든 그런 실존적 즐거움을 찾는 일이 중요하다는 것이겠죠. 우린 언제나 세상과 타인의 시선을 의식하면서 살아갈 수밖에 없겠지만, 그래도 거기서부터 자유로워지고 자신에게 충실한 삶을 살려는 노력이 필요하다는 말씀으로 이해해도 되겠습니까?

그렇습니다. 그런데 과연 그렇게 바뀔지 좀 우려스럽긴 해요. 이 에피소드가 생각나네요. 제가 얼마 전 영화관에 갔는데, 그날 영화를 세 편 연속으로 봐서 영화 사이사이에 나오는 광고를 다 봐야 했어요. 그 광고 시간에 어린아이의 키를 잘 자라게 하기 위한 안마의자 선전이 계속 나오는 거예요. 저는 노인들이나 일반 성인들을 위한 안마의자라는 것은 알고 있었어요. 그런데 아이들을 위한 안마의자라는 것까지 생겼더라고요. 키를 키워준다는 목적에서 말이죠. 그걸 보면서 '아니, 저렇게까지 아이들의 키를 키우려는 목적이 과연 뭘까?'라는 의문이 들지 않을 수 없었죠. 보시다시피 제 키도 보통 이하잖아요. 그런데 제가 지금껏 살아오는데 아무런 지장이 없었거든요.

외모 이야기를 좀 더 해도 되겠죠? 저는 우리나라 사람들이 화장을 너무 많이 한다고 생각해요. 제가 화장을 하거나 외모에 신경을 쓰는 그 자체를 비판하는 건 아닙니다. 우리 사회에 만연한 외모전체주의와 외모획일주의를 안타깝게 생각하는 것이에요. 나의 생김과 나의 말, 나의 생각……. 그게 가장 개성이 있고 가치가 있는 건데 우린 그걸 억지로 집단의 틀에 맞춰버리려고 한단 말이에요. 그게 참 안타깝죠. 예컨대 제가 정말로 좋아하는 배우 중 한 사람이 유해진이거든요. 개성 있고, 연기도 기가 막히잖아요. 그리고 그 개성이야말로 가장 아름답고 대체불가능한 것 아니겠습니까?

저는 학생들에게 항상 "너희들 그 자체로 제일 아름답다"라고 말해주곤 했어요. 우리 각자의 얼굴이 다르다는 것이 가장 아름다운 것이라고요. 달라서 아름다운 것이라고. 그것을 꼭 느껴주었으면 좋겠다고 말이죠. 그러니까 언제나 "내 얼굴이 최고다"라고 생각했으면 좋겠다고. 어떤 미남미녀의 얼굴도 최고가 아니라고. 기성의 아름다움, 남이 가진 아름다움을 내 걸로 만들 필요가 없다고 생각했으면 좋겠다고요. 그리고, 제발 성형 좀 하지 말라고 부탁했고요. (웃음)

‖ 안마의자 광고는 저도 좀 충격이군요. 저도 알게 모르게 외모에 퍽 신경을 쓰는 사람으로서 교수님 말씀이 와닿기는 합니다. 솔직히 말씀드리면 조금은 비현실적으로 느껴지기도 하지만요. (웃음)

제가 30~40년간 학생들을 주로 상대하지 않았습니까? 학생들의 화장실 풍경 이야기를 좀 하고 싶은데요. 저는 여학생들의 화장실을 들어가 본 적이 없으니 남학생들의 화장실에 한정된 것이겠지만, 요즘 남학생들이 화장실에서 계속 얼굴과 머리를 다듬고 하는 모습들이 최근 몇 년 사이에 두드러지는 거예요. 불과 10여 년 전만 해도 이런 현상이 없었습니다. 제가 볼일을 보기 전에도 자기 머리를 만지던 학생이 제가 볼일을 보고 나온 후에도, 그러니까 10분이 넘게 그 자리에서 계속 자기 머리를 만지고 있는 거예요. 저로서는 도저히 이해할 수 없는 일이었습니다. (웃음)

‖ 그 학생에게 무슨 말을 해주고 싶으셨습니까?

음……. 무슨 말을 한다기보단, 그 거울을 깨버리고 싶은 마음은 들었던 것 같습니다. (웃음)

‖ 거울을 깬다. 의미가 있는 말씀인 것 같습니다. 결국, 자기의 현재 모습에 도취해 있고, 자기 세계에 너무 한정된 젊은 학생의 자기애를 좀 깨고 싶다는 의미로 이해됩니다.

네. 젊은이들에게 제가 항상 하고 싶던 이야기는 이것이었습니다. 세계를 좀 더 폭넓게 파악하고 언제나 지적인 호기심을 가져주면 좋겠다는 것이요. 모든 젊은이가 그런 건 아니겠지만, 제가 만났던 꽤 많은 학생이 보통 생각하는 범위가 너무도 좁은 것 같다는 아쉬움, 또 이 세상을 별로 알고 싶어 하지 않는 것 같다는 답답함이 있었거든요. 무언가 새로운 것에 대해서, 세계에 존재하는 인간적인 모든 사건에 대해서 항상 관심을 가지고 이 세상에서 벌어지는 모든 일은 나의 일이라고 생각할 수 있는 그런 열린 시야랄까요. 그런 게 참 중요하지 않나, 이런 이야기를 드리고 싶어요.

‖ 그렇게 자기 자신의 무언가를 찾아주었으면 좋겠다는 바람이시죠? 교수님에겐 그중 가장 중요한 방식이 독서가 아니었나 싶고요.

네. 독서든 어떤 방식으로든 자신의 실존을 가장 잘 건드려줄 수 있는 것을 찾고, 그것을 자기 것으로 만들 수 있어야겠죠. 어쨌든 나만의 것이 중요하다고 봐요. 저는 제 과거를 조금이라도 이상화할 생각은 없지만, 요즘 젊은이들이 시행착오를 지나치게 두려워한다거나 지적 모험이나 감성적인 모험 같은 것과 거리가 먼 삶을 살아가는 현상을 조금 안타깝게 생각합니다. 어떤 차원에서든 모험과 방황이 주는 힘을 믿고 그저 좀 더 대담하고 담담하게 자기 삶을 살아내면 어떨까, 그런 얘기를 늘 하고 싶었습니다. 어른들은 그런 시행착오를 응원하고 격려해줄 수 있는 사회와 분위기를 만들려고 노력해야 할 것이고요. 삶에서 겪는 시행착오란 물론 깊은 실망과 절망 같은 걸 동반하기 마련이지만 거기서만 빚어낼 수 있는 자기만의 어떤 것이 있기 마련이니까요.

‖ 제가 『아이돌을 인문하다』에서 이야기하고 싶었던 것도 바로 이런 지점이었는데요. 아이돌이라고 하면 대단히 상업적으로 여겨지는 경향도 크지만, 요즘 젊은이들은 어느 아이돌의 팬이 된 후에 나름으로 굉장한 에너지와 열정을 다해서 자기 감성을 쏟는 측면이 있거든요. 그런 경험은 누구에게든 굉장히 소중한 것으로 생각됩니다.

같은 이야기이죠. 같은 겁니다. 제가 아이돌 문화를 잘 알진 못하지만, 저는 그런 의미에서 마니아들을 참 좋아해요. 대상이 뭐가 됐든 어떤 분야의 마니아는 스스로 선택하고 결정해서 자기가 좋아하는 걸 즐기는 사람이라고 생각하니까요. 마니아는 단순한 중독자와 다릅니다. 무언가에 중독되는 게 소극적이고 타율적인 일이라면, 마니아는 굉장히 적극적이고 주체적인 결단을 내린 사람들이라고 봐요.

한 대상이나 분야의 마니아로서 자기 결단으로 어떤 대상에 대한 집중과 몰입을 선택하고 판단하는 일이 가능할 때, 그런 것이 기본적으로 자신의 주체성에 의해서 선택되고 시행착오를 거듭하고 변화되고 하는 가운데 끝까지 자기 것으로 남을 수 있으면 참 다행이라고 생각합니다. 그게 아니라 무언가에 중독되고, 대세와 유행의 힘에 따라서 획일화되고 매몰되어 버리면 그때는 문제라고 생각하는 것이죠.

‖ 약간 아이러니라고 한다면, 교수님이 그간 대중의 소비주의를 많이 비판하셨는데요, 앞에서 기술 문명에 지나치게 경도된 분위기에 대해서 비판적으로 짚어주시기도 했고……. 그런데 사실 저를 포함한 요즘 젊은 세대는 자신이 좋아하는 분야에 돈을 활발하게 쓰고, 인터넷과 소셜 네트워크를 적극적으로 활용하면서 자신의 마니아적인 영역을 구축하고 있단 말이죠. 이런 점에 대해서는 어떻게 생각하

십니까?

물론 제가 과도한 소비나 물질주의를 싫어하긴 하지만, 저보다 훨씬 젊은 세대들이 추구하는 삶의 즐거움을 제 기준에서 판단할 수는 없을 것 같아요. 그분들이 그런 방식 속에서 무언가를 찾아낸다든가, 자기 나름의 기준이나 모럴을 찾아낼 수 있다면 충분하다고 봐요. 그게 스마트폰이든 뭐든 어떤 걸 통해서든 말이죠. 아, 저는 이 스마트폰에 큰 불만은 없습니다. 저는 핸드폰을 많이 쓰는 분들이 그거 하나만 지켰으면 좋겠어요. 지하철 같은 공공장소에서는 묵음을 해달라, 전화를 받을 때는 밖에 나가서 받아달라, 공공장소에서는 공공의 조용함을 지켜달라, 공공사회에선 공공사회의 예절과 미덕을 제발 지켜나가자. 이런 것이요. (웃음) 어쨌든 박 선생 말대로 무언가에 집중하고 거기서 자기 자신을 발견하는 일은 굉장히 소중하다고 할 수 있을 거예요. 그런데 말을 조금 보태자면, 저는 사실 그런 집중에서 좀 더 나아가야 한다고 생각해요. 저 같은 경우 제가 좋아했던 대상을 향한 집중과 몰입이란 무조건 그것에 대해서 감정적으로 빠져든다, 이런 의미는 아니었던 것 같아요. 어떤 대상에 탐닉하는 일만으로 그것에 대한 깊은 차원의 집중이 이뤄지는 건 아닐지도 모릅니다. 거기서 무언가 자신만의 감성을 찾아낼 수 있고, 자기만의 안목으로 새로운 것을 끄집어낸다고 하는 단계까지 나아가야 할 수 있지 않을까, 그런 점을 강조하고 싶습니다.

즉, 어떤 것에 관한 마니아이면서도 동시에 그것을 통해 내가 얻을 수 있는 나만의 발견과 느낌에 좀 더 주목해야 하지 않나, 이런 말씀을 드리는 것이죠. 결국은 내가 집중하는 대상과 나의 대등한 대화가 가능한 것이 중요하다고 한다면, 저는 오히려 자기가 좋아하는 대상을 더욱 철저하게 상대화하고 객관화할 수 있어야 한다고 봅니다. 그래야 그 대상을 통해서 더욱더 나 자신을 잘 발견할 수 있기 때문이죠.

저도 이 세상과 인간을 우리보다도 충실하게 고민하면서 살아갔던 앞선 사람들의 마니아라고 할 수 있었겠죠. 그들에 관해서 정말이지 오랜 시간에 걸쳐 조사하고 그런 결과물들을 책으로 펴내서 더 많은 이들에게 소개하는 게 저로서는 매우 가치 있는 일이었는데요, 그들의 약점과 한계에 주목했던 것 또한 이런 맥락에서였어요. 제가 그들을 헐뜯고자 해서 그런 이야기를 상세히 풀어냈던 게 아닙니다. 오히려 그들도 나처럼 얼마나 부족함이 많은 인간이었는지를 철저하게 알 때 비로소 그들이 얼마나 치열하게 살았고, 더 좋은 사람이 되기 위해 얼마나 애를 썼는지가 잘 드러나기 때문이에요.

자기 자신에 충실한 삶에 관하여

‖ 결국, 자신이 좋아하는 무언가에 천착하는 일의 가치를 말씀해주고 계신 것으로 받아들여집니다. 그런 에너지가 한 사람을 얼마나 성장하게 할 수 있는지, 그리고 세상에 쉽사리 휩쓸리지 않는 자기 자신을 발견해나가는 데 얼마나 많은 도움을 줄 수 있는지에 관해서 말이죠.

제가 저보다 뒤에 따라오는 세대들에게 하고 싶은 말은 한 가지밖에 없습니다. 좋아하는 것을 해라. 당신이 하고 싶은 것을 해라, 바로 이 말입니다. 주위 사람들에 휩쓸려서 무작정 시험 준비에 뛰어들지는 말아달라, 라고요. 무언가를 '죽지 못해 하는 것처럼은 하지 말라'라고요. 인생은 그렇게 길지 않다고요. 저 또한 제가 좋아하는 것, 제가 간절하게 하고 싶은 것을 했는데 이 정도로는 밥을 먹고 살았고, 책도 좀 썼다, 이런 말씀을 드리고 싶습니다.

결국, 당신이 제일 하고픈 일을 하라고 말해주고 싶어요. 그러면 당신은 40년 뒤에 나보다는 나을 것이라고요. 제가 대학 3학년인가 4학년 때 노동법을 전공하겠다고 결단하고, 노동운동판에 뛰어다니고, 교수 자리를 전혀 기대할 수 없었음에도 노동법을 공부하러 대학원에 진학했는데, 다들 사람들이 저보고 그랬습니다. "너 도대체 아무런 희망도 없는 것을 왜 하냐?"라고 말이죠. 교수가 될 희망도 없고, 그걸 해서 좋은 자리에 취직할 희망도 없는 학문을 말이죠. 저는 그냥 좋아서 했어요. 정말 그랬습니다.

저는 저에게 의미가 있고 즐거운 일들을 찾아서 그걸 열심히 했을 뿐이에요. 때때로 방황도 하고 힘든 적도 많았지만, 젊은 시절에 그처럼 자기 자신에 충실하고자 하는 노력은 더없이 소중하다고 생각을 합니다. 누구에게든 그럴 거예요.

‖ 이 말씀에 대한 반론 격의 의견입니다만, 아마 많은 사람이 그런 고독하고 강인한 삶의 가치를 모르지는 않을 거예요.

다만 자기 주위 사람, 특히 자신의 부모를 실망하게 하고 싶지 않은 마음, 그들에게 적극적으로 거역하지 못하고 그럭저럭 순응하게 되는 삶의 타성 같은 게 존재하는 것 같습니다. 그래서 기계적으로 어떤 사회적인 흐름에 맞춘 삶을 살게 되는 건 아닐까, 저는 그런 생각을 많이 했는데요, 그런 작고 일상적인 지점들이 제일 무서운 것 같기도 하고요.

거기에 대해선 신경 쓰지 마라, 의식하지 마라, 저로선 그런 말씀을 드릴 수밖에 없습니다. 저는 지금 자신의 부모를 의식하고 있는 사람들이나, 아니면 자식을 향해 특정한 삶을 요구하고 있는 부모들에게 이렇게 말하고 싶습니다. 결국, 자식의 삶이 부모의 희망대로 이뤄지든 아니든 간에 서로 마음의 짐이 될 수밖에 없다고요. 부모의 바람에 맞춰 평생을 살아간다는 것은 십중팔구 실패하게 되어 있어요. 부모의 말에 순응하더라도 부모가 원하는 것을 이룰 수 있는 사람은 극히 예외에 불과합니다. 현실적으로 그렇지 않나요? 특히 부모의 바람에 맞춘 채 언제나 안정적이고 부침 없는 삶을 살아가는 일은 지금 우리 사회 구조상 굉장히 드물 수밖에 없고요. 앞으로는 점점 더 드물어질 수밖에 없습니다.

더욱이 이건 한 가정의 부모 자식 관계에만 국한되는 이야기도 아닙니다. 우리 사회 전체의 가치관과도 직결되는 문제예요. 우리 사회가 요구하는 출세주의, 상위 몇 퍼센트에 들어가야만 인간적으로 살 수 있다고 하는 저 폐쇄적인 엘리트주의를 계속 우리가 용인하게 된다면, 우리 자식 대부분은 구조적으로 실패할 수밖에 없는 환경에서 패배자의 삶을 살아갈 수밖에 없어요. 저는 그런 사회 현실을 비판하는 데 평생을 보낸 사람이에요. 저 자신도 평생을 부모의 굴레 속에서 살아왔고, 그것이 얼마나 괴로운 일인지를 잘 알고 있죠. 그래서 저는 제 자식에게는 그렇게 하려고 하지 않았어요. 우리 부모들도 더는 그렇게 올가미를 덮어씌워서는 안 된다고 생각을 합니다. (웃음)

‖ 과거야 워낙 먹고살기 힘들어서 그랬다 치지만, 사실 이렇게 빠르게 변해가는 세상과 현실 속에서 부모 세대가 미래가 어찌 바뀌어 갈지를 그렇게 잘 안다고 자식들에게 이래라저래라 욕심을 부리는지 저로서는 이해가 안 될 때가 많습니다. (웃음) 어쨌든 교수님께 자발적 고독에 관한 여러 말씀을 들어보았는데, 마지막으로 좀 여쭈어보고 싶은 게

있습니다. 그간 스마트폰 문화에 대한 비판을 많이 하시긴 했어도 아까 소셜 네트워크의 순기능을 인정하기도 했으니, 교수님의 삶을 보여주는 브이로그(V-LOG) 같은 것을 찍어보시면 어떨까요?

교수님의 이런저런 생활들, 그러니까 책을 읽는 일, 농사짓는 일, 매일 걸어 다니는 시골길 같은 것을 젊은 사람들에게 소개하는 영상 말이죠. 저 자극적인 채널들이 가득한 세상에서 분명 의미가 있고, 또 인기도 있을 거라고 생각되는데요. 마치 간디가 자신이 물레를 돌리는 모습을 세상에 자연스레 전파했던 것처럼……. 교수님도 그런 매체와 기술을 계속 홍선대원군처럼 거부하실 것만이 아니라 좀 더 적극적으로 이용해보시면 어떨까 하는 거죠. (웃음)

괜찮은 아이디어라고 생각하지만, 쉽사리 하지는 못할 것 같습니다. 제가 그런 기기 같은 것들에 친숙하지가 않고 그런 쪽으로는 전혀 해보지를 않아서요. 일단 좀 어색합니다. (웃음) 언젠간 해볼 수도 있겠다는 생각, 가능하겠다는 생각은 들지만…….

‖ 스마트폰만 있으면 편하게 찍을 수 있습니다. (웃음)

글쎄요. 쉬울 것 같진 않지만, 뭐 당장은 아니더라도 언젠간 정말 그런 걸 찍을지도 모르겠습니다. 아무튼, 세상은 앞으로 더 많이 변해가겠죠. 그걸 발전이라고 할 수도 있을 거예요. 저도 죽을 때까지 새로운 일에 도전하고 배우는 삶을 멈추려고 하진 않지만……. 아마도 박 선생이 제 나이쯤 되었을 때 제가 박 선생 세대에 대하여 느끼는 거리감을 박 선생도 느끼지 않겠습니까? (웃음) 박 선생이 60대 중반이 넘었을 때 그때 10대와 20대가 가지고 있는 어떤 문화에 대해서 저보다 훨씬 더 거리감을 느낄지도 모르겠어요. 앞으로 그 변화의 강도는 더 세질 수밖에 없으니까요.
그리고 제가 이야기했던 고독을 실천하기 위해선 사람들이 스마트폰을 잘 쓰는 것도 중요하지만 일단 스마트폰을 좀 더 자주 끄는 태도가 필요할지도 모릅니다. 아직은 이 대담을 책으로 읽을 독자들에게 스마트폰을 끄십시오, 이렇게 이야기하고 싶은 마음이 더 큽니다. 저도 당장은 스마트폰을 마련할 생각이 없기도 하고요. (웃음)

4

사회에 관하여:

우리 모두의, 수정처럼 맑은 정신

‖ 요즘 들어 정규직과 비정규직, 소위 '울타리 안'에 사는 사람들과 '울타리 바깥'에 사는 사람들의 대립이 점점 더 심해지고 있는 듯싶습니다. 안정적인 정규직을 가진 사람들은 비정규직의 절박한 삶을 이해하지 못하고, 그 반대도 마찬가지입니다. 이미 울타리 바깥쪽으로 몰린 사람들은 상대적으로 안온해 보이는 이들의 고통과 스트레스를 이해할 수 없겠죠. 그럴 만한 삶의 여유가 없으니까요.

그래서, 제가 보기엔 "너희는 우리의 삶을 모르지 않느냐"는 사회 전반의 의식적·무의식적 외침이 곳곳에서 느껴지고 있습니다. 표면적으로는 공공 영역에서의 정규직 노동자와 정규직화를 주장하는 비정규직 노동자의 갈등도 첨예하게 격화되고 있고요. 어찌 됐든 교수님도 우리 사회에선 가장 안정적인 직업군이라 할 수 있는 정규직 대학교수로 평생을 사셨던 것인데요, 이 부분에 대해서 어떻게 생각하십니까?

이 문제에 관해선 제가 젊은 분들에게 무슨 말씀을 드릴 수 있을지 잘 모르겠습니다. 누릴 걸 충분히 누리고 살아온 기성세대로서 죄스러움을 느낄 수밖에 없는 지점입니다. 부정할 수가 없죠. 사회는 점점 더 가파르게 계급화가 진행되고 있고, 이런 현상은 지금보다 분명 더 심해질 것 같습니다.

‖ 솔직히 말씀드리면, 이 대담을 기획한 입장에서 이런 이야기를 나누는 게 가장 우려스러운 것이 사실이었습니다. 예컨대 저도 주 6일을 파트타임 육체노동자로 일하고 있거든요. 그러면서 글을 쓰고 강의도 하고 허덕허덕 1인 출판사를 운영하고 있는데, 교수님은 이런 삶을 체험해보신 적이 없으실 거란 말이죠. (웃음)

맞습니다. 그래서 박 선생이 대단하게 생각되기도 하고요. 사석에선 여러 번 말씀드렸지만 정말로 존경스러운 지점이 있습니다. 그리고 자기 자리에서 열심히 살아가는 청년들 모두에게 참 안타까운 심정이 되고 미안한 마음도 들죠.

‖ 일전에 저도 교수님을 찾아온 심리학과 대학원 졸업생 두

명과 함께 넷이서 점심 자리도 했었잖아요. 두 학생이 사회인이 되어서도 교수님과 계속 인연을 맺어가고, 교수님께 이런저런 조언을 듣는 것이 인상적이었습니다. 어쨌든 교수님이 학생들을 대하는 모습을 보고선 또 어떤 진정성이 느껴졌던 것 같아요. 과거에 처지가 어려운 학생들에게 여러 차례 자비로 도움을 주셨다는 것도 알고 있고요.

그런 것이야 뭐 너무 약소한 것이었지요……. 말씀하신 두 학생은 제가 퇴임하기 직전에 맡았던 교양 강의에서 저를 도와주었던 조교 대학원생들이었는데요. 잊지 않고 이 늙은이를 찾아주어서 저로선 참 고마울 따름입니다.
제가 주로 인연을 맺어온 건 법학과나 인문, 예술 계열의 졸업생들이라고 할 수 있겠죠. 그런데 얼마 전 뉴스를 보니까 '문과충'이라는 말이 나오더라고요. 이 말이 요새 좀 널리 쓰이나 보지요? 그런 말을 듣고 있기가 무척 괴로웠습니다. 이 대학의 문과대학 학생들에게도 괜찮은 직장을 잡는데 큰 어려움이 있다는 걸 저도 잘 아니까요. 그중에서도 심리학과는 조금이나마 취업이 활성화되어 있어서 다행입니다……. 인문사회 분야를 전공한 후 취업이 힘든 건 저도 학생들과 부대끼면서 참 많이 느꼈던 안타까운 현상입니다.

대학교 강사 문제와 세대 담론에 관하여

‖ 그런 맥락에서 대학교의 강사 문제를 좀 이야기해보면 어떨까 싶습니다. 제가 인상 깊게 읽은 교수님의 글 중 하나는 2007년 한 잡지사에 기고하셨던 〈나의 초라한 보수주의〉라는 칼럼이었습니다. 대학교수들의 월급을 절반으로 깎아서 강사들의 처우를 개선해야 한다는 파격적인 주장이었지요.

그랬지요. 그 글을 썼던 걸 저도 기억합니다. 잘 읽어주셨다니 고맙지만, 저 역시 그런 글을 쓰고서도 제 월급의 반을 깎진 못했습니다. 저의 한계가 있었던 것이지요. 그 한계를 박 선생도 잘 알고 있으리라 생각합니다.

‖ 그런 면에서 교수님의 흥미로운 정체성이 있는 것 같습니다. 누군가는 자기 직업군의 월급을 깎자고 말로만 주장하는 게 무슨 의미가 있겠느냐고 비판하겠지만, 사실 공적인

말과 글로라도 이런 과감한 주장을 했던 대학의 전임교수를 저는 한 번도 보지 못했거든요.

강사들이 겪는 열악함, 처우 문제라는 게 참 힘겹고 심각하다는 것을 제가 잘 알고 있습니다. 우리나라에 비정규직 문제가 일반적인 노동 분야에서 확대되기 훨씬 전부터 대학 강사의 문제가 제기되었던 게 사실이니까요. 그리고 이런 강사들의 문제는, 현재 노동 현실에서의 비정규직 문제보다 더욱더 심각하고 어려운 측면이 있습니다. 지금 비정규직은 물론 신분도 불안정하고 또 임금을 비롯한 여러 처우의 측면에서 정규직의 반에도 미치지 못한다는 문제가 있지만, 강사들 경우엔 대학에서 정규 교수와 비교하면 반이 아니라 반의반, 심지어는 반의반의 반도 되지 않는 수준이기 때문에 문제가 되는 게 사실이지 않습니까?
대학에선 한 30년 전부터 강사노조가 만들어져 강사들의 저항이 있었고, 저도 열심히 그들과 함께하려고 노력했죠. 저는 부족하나마 이 노동조합의 설립에 혁혁한 공을 세웠다고 자부하는 사람이에요. 그렇지만 대학이 명명백백하게 돈을 착취한다든가 불법을 자행하는 차원을 제외하고는,

강사 문제의 근본적인 해결을 위해선 대학 당국이나 정부를 비판하는 것만으로는 한계가 있다고 오랫동안 생각해왔어요. 이 문제를 해결하려면 정규직 교수들 또한 분명히 희생을 감수해야 한다는 게 평소 생각이었습니다.

‖ 조금이라도 더 가진 사람들의 양보가 중요하다.

그렇습니다. 모든 걸 제도와 법, 정치가 해결할 수는 없는 노릇이라고 봐요. 그리고 이런 첨예한 사안에서 무조건 국가나 기업, 혹은 대학만을 비판하는 방식도 문제가 있다고 생각합니다. 물론 제도적·법적 보완과 지속적인 문제 제기도 중요할 것이고, 이를 위해 어렵고 열악한 상황에 계신 분들이 스스로 자기 권리를 주장하고 찾아 나가는 일도 중요하겠지만, 그런 분들을 위하여 상대적으로 더 많은 자원을 가진 사람들이 자기 것을 양보하는 분위기도 중요하다고 생각해요.

‖ 공감이 많이 되는 말씀입니다. 우리 사회엔 그처럼 자신의 것을 나눈다는 연대의식이 너무도 부족한 것 같아요. 그런

작은 연대의 마음이 근본적으로 문제를 해결해나가는 단초가 될 수 있을 것 같은데도요.

그런 면에선 결국 이해 당사자들 모두가 자율적인 결단을 해나갈 수 있는 분위기가 중요한 것 같습니다. 문제를 사회나 정치에 떠넘기지 않고, 그것이 자기 자신의 결단으로부터 바뀔 수 있으리라는 인식 말입니다.

‖ 개개인의 결단이 중요하단 말씀이겠죠. 한 사회의 쟁점은 누구도 외면할 수 없는 자기 자신의 문제다.

그렇습니다. 자신의 것을 먼저 포기할 수 있어야죠.

‖ 그렇지만 그 말씀을 듣는 강사분들 입장에서는 매우 추상적이고 비현실적인 이야기로 들릴 수도 있다고 생각됩니다. 실제로 교수님 또한 자신의 임금을 양보하지 못하셨고요.

그렇겠지요. 저의 한계를 인정합니다. 비판받을 지점이 있다는 것도 알고 있고요. 저는 그런 식의 마음가짐을 언제나 잊지 않고, 제가 할 수 있는 한 개별적인 도움을 드리려고 노력했을 뿐이죠. 그래도 제 진심을 이해해주는 분들이 있어서 그 후배들과는 계속 친하게 지내고 있습니다. 법학과 분들은 물론이고 심리학과든 국문학과든 교육학과든……. 지금도 강사분들을 제가 사는 집에도 자주 초대하고, 그분들과 이런저런 이야기를 나누면서 최대한 제가 드릴 수 있는 방식의 개별적인 도움을 드리기 위해 노력하고 있습니다.
어쨌든 제가 아끼는 후배들을 보면 정말 마음이 안 좋죠. 2019년으로 넘어오는 추운 겨울에 학교 본부 앞에 텐트를 치고 강사분들이 집회를 진행했던 것도 잘 알고 있습니다. 제가 거기에 직접적인 도움을 드리지는 못했지만, 저와 오랫동안 교류해왔던 후배들과 시민교육 프로그램을 만들어 보자, 책을 쓰거나 텍스트를 번역해 보자, 이런 이야기들을 함께 나누고 있고요. 나름으로 계속 그분들과 함께할 수 있는 장을 만들려 애를 쓰고 있습니다.

‖ 정치적 투쟁도 중요하지만 그런 식의 개별적인 접근도 필요하다는 말씀일 텐데요. 그렇지만, 각각의 불안정한 처지와 신분 속에선 무언가를 새로이 해나가기엔 너무 힘이 든

것도 사실입니다.

공감합니다. 그렇지만, 특히 인문사회 분야에선 앞으로도 전임 교수직 자리가 점점 더 줄어들 수밖에 없다는 엄연한 현실이 있습니다. 아마 많은 강사가 과거에 제가 누렸던 안정적인 임금과 일자리를 누리기는 힘들 거예요. 거기에 대한 제 개인의 죄책감 혹은 부채감은 제외하고라도, 저는 이 상황에서 그분들이 조금 더 유연하게 대학 현실에 적응하고, 대중들과 호흡할 수 있기를 바라는 것입니다.
젊은 강사 중에는 저보다 훨씬 훌륭한 능력을 갖춘 분들이 많아요. 정말로 그렇습니다. 저는 그분들에게 늘 이런 말씀을 드리곤 합니다. 나같이 부족한 사람도 이렇게 여러 책을 쓰지 않았나. 자신이 파고드는 분야에 관한 대중적 교양서를 쓰는 일은 꼭 필요하다. 예컨대 당신들이 쓴 박사 학위 논문을 좀 더 알기 쉽고 친절하게 쓴다면 그런 책을 읽고자 하는 사람들이 분명히 있을 것이다. 그런 원고를 써라. 아무도 읽지 않는 논문을 쓰려고 하지 말고, 좀 더 일반적이고 대중적인 책을 써보자. 그리고 아직 번역되지 않은 수많은 고전 저술들이 있지 않느냐. 이를 함께 번역해보자. 그것은 당신 자신에게도 중요한 이야기일 게 분명하다. 이런 식의 말씀을 드리죠.

‖ 아슬아슬한 말씀이지만, 공감되는 지점은 있습니다. 저도 지금 제가 살아가고 있는 이런 불안정한 삶은 질색이지만, 이런 삶에서만 탄생할 수 있는 어떤 개성이랄까요, 개별적이고 단독자적인 미덕이 있다고 생각하거든요.

얼마 전에 그분들과 술을 마시면서 한나 아렌트 이야기를 했습니다. 저는 한나 아렌트를 정말로 존경하는데요, 아렌트는 평생을 강사로 지낸 사람이에요. 이유는 딱 하나입니다. 구속당하기 싫어서였습니다. 아렌트가 전임교수가 될 자격이 없었다든가, 실력이 없어서 평생을 강사로 지낸 것이 아닙니다. 그녀는 평생을 대학에서 어떤 보직도 맡기 싫고, 학생들에게 어떤 요구도 듣기 싫다는 태도를 피력했죠. 자신은 딱 강의만 하겠다고 선언했고, 나머지 시간은 자기 집필에 몰두하고자 했죠. 그래서 그 숱한 교수직 요청을 물리치고 강사로 살았거든요. 그래서 퍽 가난하기도 했죠.

‖ 이런 맥락에서 세대 담론도 연결될 수 있을 것 같네요. 어쨌든 교수님을 포함한 기성세대는 분명 지금보다 훨씬 더 안정적인 일자리에, 계층적인 상승과 축적의 희망이 있는 사회적 분위기 속에서 살았던 것은 사실이니까요. 그런 점에서 교수님 또한 청년 세대에 대한 부채감도 가지고 계실 테고요.

제 관점에선, 젊은 사람들이 기성세대를 '꼰대'라고 질려 하는 것에는 정당한 근거가 있습니다. 과거 발전의 시기에 이미 누릴 만큼 누리고 살아온 사람들, 젊은이들보다 훨씬 탄탄한 물적 토대를 가진 사람들이 무슨 조언까지 하겠다고 나서나, 라는 식의 짜증이 있단 말이죠. (웃음)

그렇습니다. 청년들의 문제가 참 심각한 것도 사실이지요……. 저도 오래전부터 안타까움을 느끼곤 했었어요. 말씀을 듣고 보니 그 기억이 납니다. 제가 사는 경산의 시골집에는 방학이면 학생들이 참 많이 놀러왔어요. 딸이 오래전 한국예술종합학교를 다녔었고, 지금은 사위가 된 딸의 남자친구가 대학의 밴드 활동을 해서 방학 시즌이면 한예종 학생들과 밴드 친구들이 참 많이 놀러와 며칠씩 자고 가고 그랬어요. 그중에는 장기하 씨처럼 이젠 굉장히 성공한 뮤지션도 있던 반면에, 한예종의 최고은 씨처럼 너무나도 힘들었던 학생도 있었죠. 가끔 생각나서 저를 우울하게 만드는 기억입니다.

‖ 아, 한예종에 다니며 빈곤한 삶을 살다가 작고한 영화과의 최고은 씨 말씀이시군요. 언론에 정말 많이 보도되었죠.

네. 최고은 학생이 방학 때 졸업 영화를 우리 집에서 찍고 그랬어요. 다 같이 모여서 그 영화를 보기도 했던 일이 생생한데……. 이런 일을 생각하면 마음이 너무 아프죠.

‖ 앞서 말씀해주신 고독의 가치관도 이러한 사회적인 측면과 떼려야 뗄 수 없다고 생각됩니다. 사회적·물적 토대를 외면한 채 무작정 고독을 예찬할 수는 없는 노릇이겠지요.

물론이지요. 한 사람이 고독하게 살기 위해선, 적어도 그의 최소한의 생존을 가능케 해주는 어떤 사회적·제도적 인프라 같은 것이 담보되어야 합니다. 그래야 누군가의 자발적인 고독의 결단이 가능한 것이죠. 당장 내 생존이 담보되지 못하는데, 내가 어떻게 나만의 길을 걸어갈 수 있겠습니까? 적어도 우리 사회의 건강한 청춘들이 자신의 주장을 하고 자기 나름의 삶을 살기 위해선, 즉 긍정적인 의미에서의 '고독하기'를 할 수 있으려면, 그들을 지지해줄 수 있는 제도화된 인프라가 훨씬 더 탄탄하게 갖춰져야 한다는 이야기를 하고 싶습니다. 그처럼 기본적인 사회구조가 갖추어진다는 것을 전제로 해서, 젊은 분들이 더 적극적으로 '고독하기'를 선택할 수 있도록 사회의 여러 분위기 또한 바뀌어야 할 테고요.

‖ 교수님은 기본소득제에 대해서도 일찍부터 논의해오신 것으로 압니다. 바로 이와 같은 문제의식의 연장선에 있는 작업이었을 것 같은데요, 2008년에 「기본소득 연구」라는 논문을 쓰시기도 했지요.

그렇습니다. 기본소득제와 관련해서 점점 더 많은 사람이 관심을 가지고 이 제도의 도입을 주장하는 걸 보면 저도 힘이 납니다. 같은 맥락에서, 저로서는 우리나라 최저임금 수준이 계속 인상되고 있는 것도 아주 고무적입니다. 최저임금과 관련해선 그 인상과 함께 세심하게 살펴야 할 정치적 쟁점과 정책적 논의의 문제들이 없는 건 아니겠지만, 우리처럼 가파른 격차의 사회 현실에서 최저임금 수준을 적극적으로 올려야 한다는 당위성은 부정할 수 없다고 생각해요.

비정규직 과잉 사회의 깊은 그늘

‖ 교수님은 어쨌든 1980년대 후반의 노동자 대투쟁과 민주노총의 결성 등 노조의 초창기부터 줄곧 함께해오셨던 분이잖아요. 그렇지만 노조의 조직률이 여전히 10퍼센트에 미치지 못하는 안타까운 상황에 있습니다. 왜 그런 걸까요?

여러 요인이 있겠죠. 거슬러 올라가면 일제 식민지 시대부터 기업별 노조가 강제되어 산별 노조가 형성되어 있지 않은 구조가 있었고, 점점 더 심화되는 하청 노동구조, 그리고 영세 중소기업이 압도적인 산업 환경 등등의 경우엔 노동자 조직이 대단히 힘들 수밖에 없으니까요. 또 시민들의 노동조합에 대한 여러 부정적 인식도 무시할 수 없죠. 우리도 1987년 이전엔 노동조합 가입률이 10퍼센트도 안 되었다가, 민주화 열기와 노동자 대투쟁 등에 힘입어 1987년 이후 30퍼센트까지 올라간 적이 있어요. 그런데 그로부터 몇 년 되지 않아서 다시 10퍼센트대로 내려앉았죠.

그런데 이것은 꼭 한국만의 현상은 아닙니다. 1980년대 후반부터 범세계적으로 노조 조직률이 낮아지고 있습니다. 60~70퍼센트까지 올라갔던 유럽의 일부 국가들도 마찬가지고요. 물론 미국이나 일본, 유럽 등의 경우 지금도 우리보단 높습니다. 대략 20~30퍼센트를 오르내리는데, 전체적으로 보면 노동조합 조직률이 꽤 낮아지고 있는 건 사실이에요. 노동조합의 전통적인 역할에 대해서 노동자들이 불신하고 꺼리는 경향도 마찬가지고요. 그건 역시 신자유주의와 같은 세계적인 경제 흐름과 연결되어 있을 거예요.

‖ 4차 산업혁명이 운위되는 현실에서, 노동자라는 말이 점점 사라지고, 생산직 현장직 노동이 점점 더 사회적으로 덜 주목받는달까요. 어떤 사회문화적 음지로 내려가는 것 같은 두려움도 있습니다. 구의역에서 스크린도어를 수리하다

열아홉의 나이에 목숨을 잃은 하청 노동자나, 태안화력발전소에서 컨베이어 벨트에 끼어 숨진 김용균 씨 등의 사례는 이처럼 우리가 외면하고 있던 '현장의 비극'을 생생히 드러내지 않았습니까?

참으로 안타까운 사건들이었지요. 결국, 이런 비극을 되풀이하지 않고 지금과 같은 사회적 분위기를 바꿔내기 위해선 이 사회의 대다수를 차지하는 노동자들이 연대하는 수밖에 없을 거라고 봐요. 근본적으로는 노동자 자신이 스스로 노동자라고 하는 의식을 하고 있지 않다는 게 가장 큰 문제입니다. 스스로 노동자라고 이야기하지 않고, 노동자라고 하는 것을 여전히 자랑스럽게 생각하지 않는 사람들이 많다는 것이죠. 우리 사회가 어떤 경우엔 대단히 집단주의를 보입니다만, 노동의 존엄, 노동과 생존권, 혹은 노동자들의 조직적 연대와 같은 문제에 있어선 명확하게 각개전투식의 의식이 있기 때문에 안타깝죠.

‖ 보수 언론에서 주로 사용하지만, 분명 우리나라의 많은 사람이 동의하고 있는 '귀족 노조' 딱지에 대해선 어떻게 생

각하십니까?

씁쓸하죠. 특히 대기업이나 공기업의 정규직 노조를 보게 되면 서글프죠. 그쪽 분들을 요새는 만날 일이 전혀 없습니다만, 글쎄요. 귀족 노조라는 말은 지나친 표현일지도 모르지만, 적어도 우리의 노동구조 속에서 노동자들이 상당히 계급화되어 있는 것은 분명한 사실입니다. 특히 거대 노동조합을 이끄는 세력이 중소기업 노조 발전에 이바지한다거나, 비정규직 노조와의 연대를 적극적으로 한다거나 하는 점에서 부족한 점이 있는 것도 사실이고요. 노동조합의 주류가 자기들의 이익만을 추구하기만 하는 것처럼 보이는 것도 사실입니다.

그런데 제가 그런 분들을 비난할 입장은 못 되는 것 같습니다. 어쨌거나 전반적으로 노동조합 운동은 계속 육성되고 발전되어야 할 텐데, 지금 상황에선 대기업 노조가 그런 노동조합 운동의 전체적인 발전을 인도할 수 있는 거의 유일한 주축이니까요. 힘없는 하부 노조, 중소 노조를 이끌어가는 역할을 그들에게 기대할 수밖에 없다는 현실이 있습니다. 자칫 노동조합이라는 것 자체가 궤멸할 수도 있다는 위기감이 있는 것도 사실일 거예요.

‖ 어찌 됐든 노동시장의 유연화가 점점 더 확대되는 전 세계적 산업구조 재편, 장기적 추세 같은 것도 부정할 수 없겠지만, 한편으로는 "비정규직은 살인이다", "해고는 살인이다" 같은 절박한 구호들도 이어지고 있습니다.

우리 사회에 비정규직이 너무나 많은 건 엄연한 사실입니다. 한 사회의 정규직과 비정규직의 비율이라는 게 있습니다. 보통 그 비율은 3분의 2가 정규직, 3분의 1이 비정규직이라고 할 수 있는데요, 우리는 반반이죠. 다른 나라에 비해서 비정규직이 차지하는 비율이 너무 높습니다. 그러니까, 비정규직이 자발적 비정규직의 자기 직업을 누릴 수 있도록 인프라가 구축되고, 사회보장제도가 지금보다 훨씬 더 강고하게 갖춰져야 한다는 것은 우리 대화의 무조건적인 전제가 되어야 할 것 같아요.

‖ 이를 위한 사회·정치적인 운동도 필요할 것이고요.

물론이지요. 비정규직 문제를 과감하고 시급하게 해결하려는 우리 공동체의 의지가 필요합니다. 특히 비정규직과 정규직의 노동이 거의 차이가 없는 경우에도 비정규직 신분으로 노동자를 불안정하게 만들면서 임금 차별을 한다는 것은 명백히 부당한 일입니다. 정규직과 다를 바 없는 비정규직들은 가능한 한 빨리, 완전하게 정규직으로 전환시키려는 노력이 필요합니다.

그런데 비정규직 문제의 해결을 위한 노력은 노력대로 계속하되, 그 또한 한계가 있고 완전한 건 아닐 겁니다. 지금 자동화의 추세나, 업무의 컴퓨터 응용 능력의 확대라든가, 이런 흐름을 보다 보면 사회 곳곳의 비정규직 일자리는 꾸준히 늘어날 수밖에 없는 측면이 있습니다. 전망이 그렇게 되고 있어요. 이건 비정규직을 무조건 정당화하고 합리화하자는 주장이 아닙니다. 비정규직의 직업으로서의 가치를 인정하고, 비정규직의 장점을 살리고, 비정규직의 문제를 극복할 수 있는 여러 법적 보완 장치들을 정부와 국회 차원에서 논의할 필요가 있다는 것이죠.

앞으로 우리가 비정규직을 아무리 정규직화하려 해도 어느 정도의 비정규직은 남을 겁니다. 그 비정규직 중엔 안정적인 수입이 보장되는 프리랜서도 있겠지만, 그중 상당수는 여전히 적정 수입이 보장되지 않는 임시직과 계약직, 혹은 아르바이트일 것이겠죠. 그렇다면 바로 그 노동 직군에 속하는 이들도 나름으로 튼튼한 조직이 되어야 하고, 또 그와 같은 직업적인 특성에 대한 긍정적인 인식이 필요하지 않나, 이런 생각도 듭니다. 비정규적인 일을 한다는 걸 무조건 부정적으로 본다거나 그 직업군을 비하하며 편견을 갖는 것보다는 말이죠. 그런 직업이 계속 존재할 수밖에 없다면 말입니다.

‖ 말씀을 듣다 보니 『이것은 왜 직업이 아니란 말인가』 같은 책을 흥미롭게 읽었던 게 생각나네요. 맥도널드의 배달 노동자로 일하던 저자가 '알바노동자'의 이야기를 풀어냈는데, 아르바이트를 하는 이가 직접 자기 목소리를 내는 사례가 워낙 희귀했던지라 화제가 많이 된 바 있죠.

저는 얼마 전에 『편의점 인간』이란 일본 소설을 읽었어요. 나온 지는 꽤 된 책으로 아는데, 저는 이 소설을 읽으면서 프리랜서적인 인간이 아주 긍정적으로 느껴진다는 느낌을 받았습니다. 우리 사회의 양극화된 노동구조를 철저하게 비판해나가되, 동시에 '비정규적 노동의 즐거움'이라는 점에 대한 어떤 사회적 주목이랄까요, '비정규적인 삶의 긍정성'이랄까요. 이런 것에 대한 우리들의 적극적인 인식도 필요한 것 같습니다.

더불어 비정규직도 비정규직이지만, 자발적 비정규직이 거의 없다는 게 우리 사회의 가장 큰 문제라는 것 아닙니까? 우리 사회는 앞으로 비자발적 비정규직을 최소화하는 동시에 자발적 비정규직을 늘리는 방안을 심각하게 고민해야 할 것 같아요. 지금은 비정규직 노동자 자신의 희망에 의해 비정규직이 되는 게 아니라 사회적으로 거의 강요되다시피 하고 있으니까요.

본래 비정규직의 출발이나 취지라는 것은, 물론 다 그런 건 아니겠습니다만, '개인의 선택'이 강력하게 권장되었던 측면이 있습니다. 특히 워크 셰어링work sharing이나 여성 노동 같은 경우에는 그런 측면이 긍정적으로 발휘된 사례이기도 하죠. 가령 네덜란드나 벨기에, 덴마크 등 중·북부 유럽에선 여성 노동의 경우 대부분 비정규직에 속합니다. 아이를 직접 키우는 주부의 삶을 살면서도 노동에 참여하고 싶은 사람의 경우, 하루에 3~4시간 정도 되는 '파트타임 잡'을 적극적으로 선택하고 있죠. 고학력의 기혼 여성이 아이를 보면서 창조적인 일을 하는 케이스가 참 많아요. 그렇게 주부 노동이 활성화되어서 사회 전반의 노동시장 참여율이 80퍼센트 이상까지 올라갔던 사례도 있습니다. 노사의 협의와 정부의 감독하에 기업에서도 그런 탄력적인 파트타임 노동을 충분히 활용하고 있고요.
우리는 그렇지 못합니다. 기혼 여성의 경우 재택근무와 프리랜서 등등의 일자리가 마치 열등한 노동처럼 인식되는 경우가 많아요. 그런 직업보단 전업주부가 더 가치 있는 것처럼 선호되는 분위기도 존재하는 게 사실이고요. 주부 노동의 경우에도 아이를 돌보며 창조적이고 유연한 역할을 할 수 있다는 노동의 긍정적 의미가 일반화되어 있지 않죠.

‖ 네덜란드에선 그런 파트타임과 재택근무가 아주 성공적으로 정착되어 있다는 기사를 읽은 적이 있습니다. 정규직에 준하는 시간당 임금을 보장받으니, 집에서 아주 탄력적으로 일해도 풀타임 못지않은 숙련도와 생산성이 나왔다는 대목이 인상적이었는데요.

그렇습니다. 한국의 여성이 대학을 졸업하는 비율은 유럽이나 일본보다 훨씬 높아요. 그런데 우리나라의 젊은 주부가 대학이나 대학원을 졸업한 후 자기 나름의 창조성을 발휘할 수 있는 안정적이고 다양한 고용 방식이 아직 많이 계발되어 있지 못하죠. 그건 어떤 노동 수준의 측면에서 말할 수 있을 거예요. 네덜란드를 비롯한 서구의 많은 국가에선 여성이나 주부가 집에서 그런 노동을 할 수 있는 구조, 홈워킹의 구조가 마련되어 있다고 할 수 있을 텐데요. 겉으로 봐선 비정규적인 노동의 패턴이지만, 여러 이해 당사자의 합의를 통해 정규직과 같은 수준의 노동 환경을 누리고 임금을 받을 수 있는 구조가 말이죠. 이처럼 우리도 자발적으로 노동의 방식을 선택할 수 있고, 비정규 노동의 장점이 발휘될 수 있는 환경이 조성되면 좋을 것 같습니다.

'정상적인 삶'에 대한 의문과 성찰

‖ 어쨌든 제도적으로는 탄탄한 인프라를 갖추면서도, 동시에 삶의 즐거움 같은 것에 대한 사회적인 주목이 필요하다

는 맥락인 것 같아요. 전업과 파트타임, 정규직과 비정규직이 좀 더 어우러진 사회라고 할까요.

그렇습니다. 노동의 차원에서 이야기하고 있지만, 결국 우리 사회가 추구해야 하는 건 돈보다도 즐거움이 아닐까 싶습니다. 삶의 질이랄까요. 우리도 이젠 좀 더 여유롭고 충만하게 살아갈 수 있는 일상을 추구할 때가 됐고, 또 그렇게 되어나갈 수밖에 없는 측면이 있다는 거예요. 제 생각은 이렇습니다. 더 이상은 로또식의 입신, 출세 같은 건 끝난 시대라고 봐야 하지 않을까요? 이 불황과 취업난이 젊은 세대에겐 정말 괴로운 일일 게 분명하고, 늙은 사람으로서 책임을 느끼는 불행한 일인 건 틀림없습니다. 하지만 이런 추세가 장기적으로 변함이 없을 거라는 건 분명해 보이기도 해요. 급격한 경제적 발전이든, 어떤 '장밋빛 희망'이든, 앞으로 그런 건 없을 겁니다. 우리가 양적으로 발전할 수 있는 시대는 끝났다는 겁니다.

어쨌거나 국민 소득이 3만 불에 가까워졌다고 하지 않습니까? 우리도 일정한 경제적 수준에 이른 건 사실이고, 우리를 추격하는 나라들이 더 많아질 것이고요. 중·장기적인 관점에서 보면 필연적으로 맞이할 수밖에 없는 경제 발전의 정체 현상이라고 할 수 있을 텐데요, 서양의 경우에는 이런 단계가 훨씬 더 빨리 찾아왔고, 일본의 경우에도 꽤 오래전에 이런 정체 현상이 이미 찾아왔지요. 우리도 지금과 같은 정체기를 더 잘 맞이하고, 여기서 평범한 다수가 행복을 누리며 삶의 의미를 찾을 수 있는 사회 분위기를 고민해봐야 한다는 말입니다.

그런데도 여전히 대기업이나 공무원 같은 '좁고 안정적인 문'이 젊은이들의 유일한 희망처럼 되어 있는 것은 안타까운 일이 아닐 수 없습니다. 저는 젊은이들이 자기 직무와 선호에 잘 맞는 중소기업에 많이 가길 바라는데, 그러려면 역시 중소기업들도 참 많이 바뀌어야 할 테고요. 앞서 얘기한 긍정적인 의미의 프리랜서와 자발적 비정규직도 늘어나야 한다고 생각합니다. 그런 삶이 앞으로 더 배려받기 위해선 역시 무엇보다도 비정규직의 조직화가 중요하다고 보고요.

이처럼 비정규직이 많은 사회에서 지금처럼 비정규직 사람들이 거의 단결되지 않고, 목소리도 내지 못하고, 집단화되지 못하고 있다는 건 참으로 큰 문제입니다. 앞으로는 비정규직 노동조합 같은 움직임이 굉장히 중요할 것이라고 생각해요.

‖ 그리고 그런 사회와 노동구조의 변화는 이른바 '삶의 정상성'에 대해서도 근본적인 질문을 던지지 않을 수 없다고 생각됩니다.

좋은 지적입니다. 저는 지금 비혼이라고 하는 삶의 양식도 굉장히 바람직하다고 생각해요. 우리가 사회적으로 매우 급격하게 이혼이다, 비혼이다, 이런 말들이 늘어나서 다소 놀랍게 느껴질 수는 있지만, 이미 그것은 우리보다 더 빨리 경제적인 성장을 했던 나라들에서 이미 다 경험했던 사회 현상입니다. 1989년에 제가 하버드에 갔을 때는, 그때 제가 묵었던 아파트에 이른바 '정상적인' 가족이란 거의 없었어요.
우리도 가부장적인 의미에서의 정상 가족이란 환상을 버릴 때가 됐습니다. 더는 그런 가족이 보편적으로 구축될 수 없는 상황이기 때문이에요. 우리 사회가 무슨 그런 평생직장, 가장 한 사람이 가족을 먹여 살린다는 식의 안정적인 고소득 정규직만이 가득한 사회가 될 수도 없고, 또 그런 사회가 바람직하지도 않다는 인식이 필요합니다.

‖ 프리랜서적인 삶의 긍정성이나 장점이 없는 건 아니겠지만 그래도 교수님을 찾아오는 졸업생들, 아까 그 심리학과 대학원생들처럼 말이죠. 이들처럼 정규직 직장을 꿈꾸며 고군분투하는 교수님의 제자들을 보면 걱정이 되는 건 사실일 것 같은데요.

사실 프리랜서적 지식인이라는 게 수익이 어느 정도 보장되는 선에서 프리랜서에 대한 찬양이 나올 수 있는 것 아니겠습니까? 우리나라의 경우엔 프리랜서라고 그러면 살기가 아주 척박하고 그런 걸 알기에 좀 머뭇거려지는 지점이 있죠. 말하자면 텔레비전에 나오는 연예인 정도는 되어야 프리랜서로 좀 여유 있게 살 수 있는 것 아닐까요? 그 정도의 위치가 아니면 어떤 최소한의 보장도 제대로 되지 않는 것 같습니다. 이건 참 문제죠. 그래서 다들 정규직의 삶 같은 걸 손에 쥐려고 하고……. 그 분투는 충분히 이해되는 면이 있고, 앞으로 계약직과 프리랜서의 적절한 수입 보장과 삶의 질을 높이기 위해 우리 사회가 더 많이 애를 써야 할 거예요. 한나 아렌트도 마찬가지였죠. 아렌트라고 물질적인 가난이 힘들지 않았을 리 없잖아요? 그런데 아렌트 전기를 보면, 그녀도 삶이 풍족하진 않았지만 독신의 삶을 그럭저럭 여유 있게 즐길 수 있었고, 자신의 프리랜서적인 삶을 전혀 빈곤으로 느끼진 않았다고 얘기되고 있으니까요.

‖ 방금 말씀처럼, 막상 20대와 30대의 막바지에 신분 · 계층 상승의 사다리를 올라타려 노력하는 현상을 무턱대고 비난할 수만도 없습니다. 교수님도 자주 씁쓸함을 내비치셨듯 대학생들이 도서관의 장서를 빌려볼 수 있는 종합자료실이 아니라 자기 공부를 할 수 있는 지하의 열람실을 찾고 있단 말이죠. 그래서 자칫 대학생들은 앞의 말씀을 공허하다고 느낄 수 있는 것도 사실입니다. 비유컨대, 공사나 공무원 시험을 준비해서 몇백 대 1을 뚫고 들어갈 것이냐, 자유롭게 살면서 3차 하청업체에 들어가거나 편의점 아르바이트를 선택할 것이냐, 이렇게 되는 것이잖아요. 과연 누가 후자를 쉽게 선택할 수 있을까요?

출세를 위해서 치열하게 노력하는 사람들에게 제가 '그건 잘못된 삶의 방식이야'라고 말할 순 없겠지요. 그럴 생각도 전혀 없습니다. 저는 다만 그것이 네가 정말로 원하는, 그런 대기업과 공무원의 삶의 방식이 정말 너에게 잘 맞는 삶의 방식인지 묻고 싶을 뿐입니다. 저는 젊은이들이 그저 자기가 어떤 삶을 살 때 가장 행복한지에 대해서 좀 더 회의해보고, 이 사회와 자기 자신을 폭넓고 깊은 시야로 차분하게 관조해나갈 수 있기를 바랄 뿐입니다. 그리고 그런 회의의 과정이 우리 사회의 근본적인 구조와 분위기를 바꾸어나갈 수 있기를 바라는 것이지요. 지금 열람실에서 공부하는 학생들의 선택을 탓하려는 게 아니라, 저 치열한 경쟁 사회에서 이겨야만 한다고 믿고, 이겨야만 어떤 '안정적인 삶'이 가능하다고 믿고, 그렇게 자신을 압박하는 삶만이 인간적인 가치가 있다고 생각하는 그런 사회적 신념이 잘못된 것 아닐까, 저는 그렇게 생각해요. 잘못된 것이 있다면, 역시 바꾸어나가는 게 맞겠죠.

‖ 저도 한때는 뛰어난 재능의 엘리트들을 부러워하고 그런 적이 있었어요. 시험에서 척척 좋은 성적을 받고, 남부러운 학교와 직장 타이틀을 갖고……. 그렇지만 그들의 공부 재능은 그것대로 인정하되, 그들에게 자신이 거쳐 온 성장 과정의 경쟁적인 습관과 협소한 엘리트 의식이 깊이 배어 있

다는 걸 이젠 꽤 차분하게 바라볼 수 있게 된 것 같아요. 그건 그들에게도 파괴적인 것이 분명했으니까요.

맞아요. 저도 마찬가지였습니다. 저는 그냥 평범한 재능에 99퍼센트라고 생각하니 마음이 좀 편해지는 게 있죠. 제 아버지는 저에게 그런 엘리트의 삶을 엄청나게 요구하셨지만, 저 같은 경우엔 어릴 때부터 1퍼센트에 들어가기 위해서 죽어라 하며 노력해야 한다고 생각하지 않았어요. 아니, 그럴 만한 위인이 못 된다는 것도 잘 알고 있었고요.

‖ 그렇지만 우리 다음 세대 청년들에게 요구되는 어떤 상승에의 욕망 같은 것이 쉽사리 누그러질 것 같진 않습니다. 최근 입시 교육에 대한 저 뜨거운 관심도 그렇고 말입니다.

보통 사람으로 평범하게 사는 것이 제일 옳고 또 좋은 일이라고 저는 생각해요. 보통 시민으로 말이죠. 물론 뛰어난 사람도 있겠죠. 그런데 많은 사람이 뛰어날 수는 없는 노릇이란 말이에요. 그건 개인의 판단일 거예요. 내가 굉장히 뛰어나서 무조건 어느 시험에 합격해야만 하거나 어느 직장에 들어가야 한다, 남들보다 더 윤택하게 살고 많은 권력을 쥐어야 한다, 이렇게 생각하는 사람은 어쩔 수 없는 노릇일 거고요. 저는 그런 편에 속하지도 못했고, 그러한 삶이 아무런 가치가 없다고 생각했던 사람이니까요. 그저 평범하게 보통 사람으로, 자기 삶을 성실하고 진실하게 살겠다고 마음먹는 사람이 많으면 많을수록 건강한 사회 아닐까 하는 생각을 했을 뿐이죠. 우리 사회는 그야말로 헛된 꿈과 헛된 욕망을 자극하는 계기들이 너무나도 많고요.

결국, 그런 욕망을 좇는 것 자체를 비판할 수는 없겠지만, 저는 다음 세대의 청년들에게 네가 재밌고 너의 마음이 끌리는 것을 하라, 그게 더 너의 삶을 더 너답게, 인생을 더 인간답게 살 수 있는 길이다, 그 정도의 이야기를 할 수 있을 것 같습니다.

지방의 공동화 문제에 관하여

‖ 지방 이야기도 좀 나눠보고 싶습니다. 저도 수도권인 파주출판도시에 사는 사람인데, 지방의 공동화 문제는 저도

많은 관심을 두고 있는 키워드입니다. 저희 부모님은 각각 경상도와 전라도 출신인 분들인데요. 가끔 그곳 지방을 찾을 때마다 전반적으로 활기를 잃어가는 모습이 너무 안타까웠던 점이 있습니다.

우리나라의 지방이 점점 더 주변화되고 낙후되고 있다는 사회문제가 있죠. 지방의 산업이 공동화되는 현실도 있고, 지방에 있던 대기업들도 오히려 다시 수도권으로 올라가는 추세라 하니까요. 우리나라가 서울 중심으로 발전해왔던 점에 대해선 저도 매우 분노를 느끼고 저항하려 했습니다만, 사실 제가 여기에 대해선 전혀 힘을 쓸 수 없었다는 무력감 같은 것이 있었습니다.
각 지방에는 그곳의 지방색을 품은 사람이 살고 있고, 그래서 그곳만의 고유한 느낌이 흘러나와야 할 텐데 작금의 현실에선 그런 게 과연 남아 있는지나 모르겠습니다. 지방이 정치, 경제, 사회, 문화 등 모든 측면에서 아주 피폐화되어 있잖아요. 사람도 그렇고 지역도 그렇고, 개별적인 개성과 다양성이라는 게 있어야지 그것들이 모여서 어떤 전체적인 조화라는 것을 가능하게 만들 텐데요. 지금 지방은 개성이나 다양성과는 전연 거리가 먼 피폐함과 무력감 같은 것으로만 묘사되는 현실이기 때문에 참 괴롭죠.

‖ 좀 실례되는 말씀일지도 모르겠지만, 교수님의 활동 이력이나 그간 지방 문제에 관해서 써오셨던 칼럼들의 가파른 어조, 분노의 감정 같은 데서 어떤 콤플렉스 같은 것이 느껴졌던 건 사실입니다.

음……. 잘 봐주신 것 같아요. 제가 지방대학을 나와서, 지방에서 살고 있다는 것 때문에 생긴 여러 가지 콤플렉스 같은 것이 없지 않았겠죠. 여전히 제가 그런 것을 다 극복했다고 말씀드리기는 힘들지도 모르겠어요. 앞서 오리엔탈리즘 번역을 이야기하며 하버드에서 제가 겪었던 일화들을 상기했었는데, 그럴 때마다 제 입이 거칠어지는 걸 스스로 느끼고 있습니다. (웃음) 그렇지만 이런 생각이 들 때도 있어요. 아, 내가 지방대학을 다녔고, 지방대학의 교수가 된 게 내 삶에 참 여러 가지로 고민을 만들어주었구나. 그러니까 저도 지방대학을 나와서 지방에서 사는 사람들, 꼭 지방에서 안 살더라도 지방대학을 나온 사람들, 그런 분들과 같은 입장에서 무언가 지방 문제를 고민해보게 된 지점이 있습니다.

‖ 아무래도 우리나라의 민주주의랄까, 큼직한 정치적 변화가 서울 중심으로 벌어진 것도 사실이고, 또 서울대학교 출신의 민주인사들, 명망가들을 통해서 이뤄진 것도 사실이니까요.

적어도 제가 30대와 40대였던 시절, 우리나라의 정치 활동과 학술 활동이 서울을 중심으로 이루어졌기 때문에 그런 활동에 있어선 저도 서울대를 비롯한 명문대 출신과 많이 연결되어있었던 게 사실이에요. 그것이 좋든 싫든, SKY 대학 출신들, 우리나라의 주류 계층을 의식하면서 지냈던 것도 사실이고요. 그 속에서 저 자신 책을 낸다든가, 언론 · 사회활동 등등을 해나가면서 SKY 출신이 아니라는 이유로, 물론 그것 때문만은 아니겠지만, 그런 것으로 인해서 어떤 장애나 한계를 느꼈던 게 사실이에요. 그 모든 것이 저에게는 하나의 콤플렉스였다는 것은 인정해야 할 것 같습니다. 제가 최근까지 시골 생활 20년을 했는데, 이 20년 동안은 가능한 한 책을 읽고 책을 쓰면서 서울 중심의 사회적인 활동에서도 스스로가 거리를 두는 측면이 있었죠. 그렇지만 저 나름의 적극적인 차원의 고독한 삶을 주장한 세월은 그리 길지는 않아요. 지금 와서 지금과 가까운 마음과 생활 형태로 갖추고 살아왔던 건 아마 6~7년 남짓 되었던 것 같아요. 그전엔 박 선생이 본 것처럼 콤플렉스와 방황의 느낌이 좀 더 강했던 것 같기도 해요. 물론 지금도 여전히 그렇지만요. 어쨌든 그런 세월의 결이 좀 더 제게 많은 영향을 미쳤던 게 사실이죠. 그래서 제가 예전에 쓴 글을 보면, 거기서 표출했던 어떤 분노가 조금은 자기과시일 수도 있었겠단 생각이 들어요.

‖ 어찌 보면, 교수님의 삶도 회귀하는 지점이 있는 것이군요.

그렇겠죠. 제가 이야기하는 자발적 고독이라고 하는 것을 스스로에게 더욱 뚜렷하고 분명하게 구현시키고자 한다면 단순히 제가 살고 있는 주변 차원의 문제만이 아니라, 나라 전체와 세계 전체의 주류, 중심에 대한 거부, 중심으로부터의 진지한 주변화 같은 게 필요할 텐데요. 스스로를 주변화한다는 노력이 완벽하게 된다는 건 역시 쉽지 않은 것 같아요. 그래서 아직도 저에게서 그런 콤플렉스가 느껴지는 것인지도 모르겠어요.

그래도 제가 본격적으로 책을 쓰는 작업이 1985년 정도부터 시작해서 벌써 한 30년이 되었는데, 그 30년 동안에 그렇듯 책을 열심히 쓸 수 있던 것은 오로지 제가 지방에 살았기 때문일 거예요. 제가 서울에서 대학을 나와 거기서 주로 활동했더라면 지금처럼 책을 읽고 책을 쓰는 작업을 하진 못했겠죠. 저는 그렇게 생각합니다. 그게 어떻게 평가되든 간에, 제가 평생을 이곳에 있었기 때문에 제 삶이 그런대로 저에게 보람 있게 구현되었던 게 아닌가, 라고요. 그런 의미에선 제가 여기서 살아온 것에 굉장히 고맙게 생각하게 되는 것도 사실이죠.

‖ 지방 문제가 공론의 장에 나오면 항상 어둡고 부정적인 언급 일변도로 흐르는 것도 조금은 아쉽게 느껴집니다. 지방에 사는 이들이 먼저 자기 주위의 아름다움을 발견하고, 그 긍정성을 전파하는 분위기가 좀 더 자리 잡았으면 좋겠다는 생각도 들어요.

저도 오늘 아침 7시 반부터 8시 반까지 한 시간 정도 걸어서 학교에 왔습니다만, 제가 한 시간 동안 걷는 이 길 말이죠. 저는 가끔 이 길에 대해서 이런 생각을 해봅니다. 독일의 하이델베르크에 가면 칸트나 쇼펜하우어, 셸링 같은 철학자들이 걸었던 '철학자의 길'이라는 게 있잖아요. 일본 교토에 가도 마찬가지로 미키 기요시란 철학자가 걸었던 철학자의 길이 있습니다. 제가 이들과 같은 영광이나 명예를 가질 입장은 아니지만, 제가 한 20년 동안 걸었던 이 길도 무언가 그런 식으로 이름 붙여질 수 있지 않을까, 그런 생각을 했어요. 사실 그 길들에도 역사적인 의미가 부여되었지만, 막상 걸어보면 그냥 특별할 게 없는 단출한 길이거든요. 냇가가 하나 흐르는 정도밖에 차이가 없어요. (웃음)

우리가 보통 시골길 같은 경우에 제주도의 올레길이니 지리산 둘레길이니 하는 얘기를 하잖아요. 또는 '슬로시티'라고 해서 담양 같은 도시를 지정해 그런 도시들을 어떤 생태적인 도시로 전환한다든가 하는 노력도 있습니다. 이런 것들이 지금 지방을 개발하고 발전시키는 방법으로 계속 이야기가 나오는데, 사실은 우리 지방 사람들이 각자 살아가는 바로 그 이름 없는 길과 지역들이 그 자체로 올레길이나 아름다운 길이 될 수 있는 건 아닐까요? 그렇다면 어떤 특정화된 곳이 아니라 모든 지역 도시가 그런 생태적인 이상향으로 만들어질 가능성이 있는 건 아닐까요? 오늘 아침에 그 길을 걸어오면서도 그런 생각을 했어요.

그런데 안타까운 것은, 이 길이 적어도 아침저녁 제가 걷는 동안엔 길가에 보이는 사람이 저밖에 없어요. 아무도 이 길을 더 걷지 않는 거예요. 제 마을도 요새 멋진 전원주택도 많이 지어지고 있는데, 대부분 그런 집들에는 차를 두세 대씩 가진 가구들이 들어오는 것 같더라고요. 그런 걸 보면서 과연 지방과 지역의 삶이 무엇일까, 그런 걸 생각하지 않을 수 없는 건 사실이죠. 우리 집도 차가 아예 없는 건 아니에요. 7년 전쯤 제 아버지가 돌아가시면서 유산으로 남긴 차가 한 대 있는데, 제 아내가 무릎관절이 너무 안 좋아져서 아내는 그걸로 집에서 학교까지 왔다 갔다 하고 있어요. 저는 거의 타지 않는 차이지만요. 그러니까 아버지가 돌아가시기 전까지만 하더라도 저희는 평생 차 없이 걷거나 자전거만 타고 다니긴 했죠.

‖ 지방 사람들이 좀 더 자연스럽고 활기차게 자신들의 공간

을 채워가면 좋겠지만, 그것이 쉽지 않다는 말씀이시겠죠?

제가 30년 이상 지방대학들에 몸담지 않았습니까? 그런 면에서 독일을 생각하지 않을 수 없는데요, 독일 대학은 대부분 지방 도시에 있고, 하이델베르크도 인구가 5만밖에 안 되는데 거기 사는 인구는 대부분 대학에 관련된 사람들이죠. 그런 대학 도시가 독일에 많거든요. 박 선생도 아시는지 모르겠지만 여기 영남대가 있는 경북 경산이 대학 도시입니다. 다 합치면 대학이 열 몇 개가 있어요. 한 군 단위의 동네치고는 우리나라에 대학이 이렇게 많은 곳이 없습니다.

그래서 옛날에는 이 지역의 대학교수들을 중심으로 해서 무언가 문예지나 종합 사상지 같은 것을 창간해볼 수 있지 않을까, 라는 꿈을 꾸기도 했습니다. 무언가 '영남학파' 같은 것을 구상해보기도 했어요. 이 지역에서 하나의 학파적인 공통성을 갖는 사람들이 함께 저술 총서나 학술 총서, 번역 총서 같은 것을 만들어보면 어떨까. 경산에선 대구대학과 영남대학, 대구카톨릭대학이 가장 규모 있는 대학들인데, 1980년대나 1990년대까진 이 대학들에서 각 학문 분야의 진보적인 입장의 사람들을 전임교수만 하더라도 20~30

명은 충분히 모을 수 있었어요. 각 지역의 대학 민주화 운동과 교수노동조합 차원에서 그런 모임을 주선하고 몇 차례 만남도 가지면서 지방의 학술 운동을 이끌어보려고 노력하기도 했습니다.

그렇지만 결국 별 성과를 내지도 못하고 해산되었죠. 아마도 저의 무능함 탓이 가장 클 거예요. 이 지역인으로서 명실공히 자부심을 품고, 적어도 제가 관여하고 있는 학문 영역에선 무언가 새로운 분위기를 창조해보고 싶었지만……. 1980년대 초반에는 이쪽 대구라고 하는 지역을 중심으로 해서 물레출판사라고 하는 출판사도 같이 만들어서 책도 내고 그랬죠. 제가 『저주받으리라 법률가여』라는 책을 낸 곳도 그 출판사였어요. 지금은 또 많이 고사되었지만, 그런 출판 운동과 문화 운동 같은 것이 1990년대까지는 이곳 경북에도 있었던 게 사실이거든요. 어쨌든 저 자신이 그런 조직화나 운동화에 별 능력이 없다 보니 혼자 고립되었고 제가 꿈꾸던 지역 운동을 제대로 실천하지 못했던 측면이 크죠.

‖ 학문의 영역이든 어느 영역이든 각 지방의 고유한 색과 느낌이 사라졌다는 건 굉장히 안타까운 일인 것 같습니다. 특

히 정치의 차원에선 중앙정치와 명망가 위주의 시스템이랄까, 인맥 사회의 뿌리 깊음이 교수님보다 한참 뒷세대인 저로서도 깊이 느끼는 바여서 안타깝습니다.

돌아보면 서글프고 괴로운 일이 참 많습니다. 저도 학생 시절엔 데모에 열심히 나가고 정보부나 경찰서에 불려가서 이래저래 문초를 겪었던 건 사실이지만, 제가 대학에 다닐 때이 대구 경북 지역에서 학생운동을 하거나 노동운동을 하고 희생된 사람은 대부분 폐인 비슷하게 변했습니다.
제 주위에도 이런 동기나 선후배들이 많이 있어요. 서울에서 그나마 이름 있는 대학에서 학생회장 정도라도 해야 교도소에 다녀오면 국회의원이 될 수 있잖아요. 지역의 대학에선 학생회 활동에 아무리 힘을 쏟았더라도, 교도소에 다녀온 후에 그런 '감투'를 쓰는 게 쉽지 않은 게 사실입니다. 국회의원은커녕 시의원도 되기 힘든 현실이랄까, 그런 게 있습니다. 그런 동기들이나 후배들을 보면서 참 안타까웠어요. 지금까지도 정신병원에 있는 친구도 있고요.
마치 이런 것과 비슷하지 않을까요. 일제강점기에 우리나라에도 수많은 독립운동가가 있었지요. 그중엔 독립운동을 했던 덕에 정계에서 빛을 본 사람들도 있었습니다. 그렇지만 이들의 의로운 행위는 대부분은 소수의 희생으로 끝이 나버렸고, 그 후손들이 감내해야 했던 비참한 삶이란 잘 알려지지 않았습니까? 이곳 대구 경북 지역에서도 암울했던 시기의 크고 작은 여러 사건이 있었습니다. 그리고 이 사건에 깊이 뛰어들었던 운동가들의 자제들은 독립운동가의 후손들처럼 대학도 제대로 다니지 못하면서 희생되는 경우가 많이 있었던 겁니다.

서울에서도 노동운동과 사회운동의 경험을 살려서 정계에 진출하는 극소수의 경우가 있었지만, 사회적인 명망의 차원에선 실패했던 사람들이 많아요. 그리고 지방으로 내려오면, 그런 실패의 비율이 서울보다 압도적으로 높다는 것이죠. 저야 감옥살이까진 하지 않았고 그래서 교수 자리를 유지할 수 있었겠지만……. 저 역시 1970년대 이후 대학에서 자리를 잡고 학생운동과 노동운동, 사회운동 등의 영역에 나름으로 참여하고 연대하려곤 했지만, 저보다 더 좋은 세상을 위해 힘썼던 사람 중에서 직업을 갖고, 월급을 받고 사는 사람은 극히 적었어요. 대부분 그런 일을 하다가 장사를 해서 실패를 한다든가, 어쨌든 사회인으로서의 자기 역할을 하지 못했던 사람들이 대부분이라는 거죠.

‖ 극소수가 정치인이 되는 것보다는, 어떤 '저변'에 주목을 해야 한다는 것이지요?

맞아요. 그 친구들이 다들 나름으로 20대 젊은 시절에 독서나 체험을 통해서, 사회 현실과 격렬히 부딪침으로써 운동에 뛰어들고 진지하게 고민했던 사람들이잖아요. 사회적 모순 속에서 자기 나름의 삶의 길을 바르게 가려고 노력했던 사람들이에요. 끊임없이 책을 읽고, 토론하고, 저마다의 예술적인 감성으로 창작 활동을 하기도 하고요. 제가 기억하는 젊은 그들의 지성과 감성은 세상에서 아무런 빛을 보진 못했는데, 사회 현실에 전혀 무감각하게 고시 공부만 오랫동안 한 사람들이 판검사가 된 후 정계에 떠돌고 있는 정치인들을 보면 분노가 치밀어오르는 게 사실이기도 합니다. 지방 곳곳에서 더 나은 세상을 위해 힘썼던 사람들의 열정이 제대로 반영되고, 그들도 기본적으로 어떤 소시민으로서의 자기 생존을 더 따뜻하게 보장받을 수 있었으면 참 좋았을 텐데……. 그런 사람들에게 이 사회가 참 냉정했다는 사실은 분명한 것 같습니다.

지방의 가족주의, 진보 지식인의 패거리주의를 비판하다

‖ 교수님이 말씀하시는 지방의 소외와 척박한 현실이 지금은 좀 더 구조적으로 굳어지고 있다는 생각도 듭니다. 제가 최근에 계명대 최종렬 교수가 쓴 『복학왕의 사회학』이란 책을 정말 인상 깊게 읽었는데요, 서울의 지식인이나 언론들이 오래전부터 수도권 중심주의나 지방 공동화 현상을 이론적이고 객관적인 시각에서 우려하고 있지만, 이런 서울과 수도권의 사람들이 내놓는 분석 자체의 서울 중심적인 측면과 그들이 놓치고 있는 지방의 코드가 있다는 것이었죠. 그 코드를 외면한 채 지방 문제가 심각하다고 외치는 일만큼 공허한 일은 없을 텐데, 이분이 아주 많은 학생들과 인터뷰한 후 결론을 내린 지방 청년들의 심리적 특질 중 핵심이 바로 가족주의입니다.

앞서 가족에 대해서 교수님과도 여러 말씀을 나누었지만, 지방 청년들의 삶에 가장 중요한 가치가 바로 자신의 가족이라는 거예요. 무언가 더 확장적인 자세로 사회를 향해 나아가려는 게 아니라, 자신의 가족 구성원을 아끼고 또 자기의 새 가족을 꾸리고자 하는, 소박하다면 소박하고 답답하다면 답답한 그런 욕망이 있다는 것이죠. 그리고 교수님이 말씀해주신 과거 지방의 젊은 운동가들의 좌절 같은 걸 들으니, 왠지 이 책의 논지가 더 뚜렷하게 와닿는 것 같습니다. 그때나 지금이나 온 국가의 관심과 자원이 중앙으로 쏠려 있는 사회에서, 오로지 크고 격렬한 사회적·정치적 변화만을 중시하는 사회에서 왜 지방 청년들이 그토록 회의적이고 가족 중심적으로 변했는지 이해되는 지점도 있고요.

제가 아직 최종렬 교수의 그 책을 읽지는 못했지만, 저 역시 그 시각에 100퍼센트 동의합니다. 제가 자주 그런 얘기를 하곤 했는데, 최근 10~20년 사이에 학생들이 자기 가족 얘기를 참 많이 합니다. "우리 부모님이요" 또는 "우리 아버지가요" 이런 식으로 자기 말을 시작하는 경우가 정말 많아졌어요. 예컨대, 몇 년 전에 어떤 학생이 대학원에서 노동법을 공부하고 싶다고 해서 제게 온 적이 있어요. 학생에게 어떻게 노동법을 전공하게 됐느냐고 물으니 "우리 부모님이 하라고 해서요" 이렇게 대답하는 게 아니겠어요? 굉장히 황당했죠. 이런 케이스는 과거 1990년대까진 아주 드물디드물었거든요.

저는 지방 사람들의 가족주의를 대단히 안타깝게 생각하고, 일종의 지방주의라고 부를 수도 있는 그런 가족 중심주의를 과거 조선 후기에 우리가 국제적으로 황당한 지경에 몰렸을 때 내세웠던 소중화주의랄까요, 그런 패배주의적인 정신승리법과도 같다고 생각해요. '내가 지금 열악한 지방에 살고 있지만, 어찌 됐든 내 지역이 세상의 중심이다', '내 가족이 여러 가지로 문제가 있지만 결국은 내 가족이 중심이다', 이런 폐쇄적인 감수성이 여기에도 분명히 존재하거든요. IMF 이후에 2000년대 들어와서는 한국 사회가 전반적으로 가족주의가 지배한 측면이 있고, 각각의 가정이 경제적으로 여러 문제가 생기니 가족이라는 게 굉장히 중요한 울타리이자 보호막이 된 거죠. 서울의 젊은이들은 그걸 더 옅게 느낄지도 모르지만 지방은 그런 관념이 훨씬 더 강해요.

‖ 그런 전통적인 관념에 더해서 서로 경제적으로 독립하지 못하는 어떤 현실도 그런 가족주의를 더 강화하는 요인이

되고 있지 않을까요? 에리히 프롬도 그런 얘기를 했죠. 모든 독립적인 자아의 출발은 경제적 독립에서 시작된다고요.

맞습니다. 이런 가족주의가 결국은 경제적으로 서로 완전히 독립되지 않으니 강화되는 문제일 수도 있겠다 싶습니다. 우리 사회 청년층의 경우 자신의 부모와 경제적·주거적으로 독립되어 있는 경우도 극히 드무니까요. 아직 괜찮은 직장이나 안정된 자리를 제대로 잡지 못한 20~30대들을 비롯해서, 우리 사회의 50~60퍼센트 정도를 차지하는 이른바 서민층 사회에서 가족이 중심이 될 수밖에 없는 경제적 매커니즘 때문에 여전히 가족주의가 온존하고 있는 측면이 있을 거예요.

더욱이 이쪽 경상북도 지방은 전통적인 가부장주의가 여전히 굳건해서, 남자들이 어떻게든 자식을 낳아야 하는 사고방식이 존재하고 있죠. 지금 사는 시골과 제 이웃 동네들만 하더라도 마찬가지입니다. 거기선 제가 꽤 젊은 축에 속하는데, 가끔 저보다 젊은 40대 농촌 총각들이 동남아의 어린 여성과 결혼하는 사례들을 보게 됩니다. 여전히 철저하게 남성 중심적인 대한민국 사회와 문화 속에서 여성들은 점점 더 결혼을 안 하려고 하는 것도 사실이니까요. 크게 봐선 남성도 다르지 않겠지만, 남성과 비교하면 여성들이 결혼을 안 하려고 하는 경향이 훨씬 높은 게 분명하거든요. 그래서 시간이 더 지나면 이런 미스매치가 지방의 농촌만이 아니라 모든 지방으로 퍼질지 모르겠단 걱정도 돼요. 그런 면에서 가족과 결혼을 둘러싼 사회 전반의 갈등이 점점 더 심각해질 수 있겠다는 우려도 들고 있습니다.

‖ 제가 강원도의 한 고등학교에 강의하러 간 적이 있는데, 학교에서 외부 강의를 담당하던 선생님이 참 좋은 분이셨거든요. 같이 식사하면서 이런저런 말씀을 나눌 수 있었는데, 전교조 활동도 열심이시고 아주 진보적인 교육관을 가진 분이었습니다. 그런데 자기 아이가 마침 고3인데 생물학을 전공하고 싶어 한다고 하더라고요. 그 선생님이 제게 이렇게 말해주었어요. 지방대 생물학과를 졸업하면 나중에 취업하기가 너무 힘들다는 걸 자기가 너무 잘 알고 있어서, 아이에게 사범대나 행정학 쪽을 전공하라고 하는 중이라고, 그렇게 아이를 설득 중이라고 하더군요. 이 말씀이 제겐 좀 서늘한 충격으로 다가왔습니다.

뭐랄까요. 1960년대에 교수님이 홀로 대구 시내를 배회할 때, 그때는 거리에 헌책방들이 무척 많았다고 말씀해주셨죠. 그 헌책방에서 교수님처럼 홀로 배회하는 학생도 있었고, 조금 이상적으로 묘사해본다면 무언가 벤야민적인 의미에서의 도시의 깊이와 신비로움이 있었다고 한다면, 지금은 굉장히 평평해지고 밋밋해졌다고 해야 할까요. 낭만이 사라졌다고 해야 할까요. 이 포스트한 시대에 아이들의 미래, 특히 지방 아이들과 청년들의 미래가 훨씬 획일적으로 바뀌어가고 있는 건 아닌지 걱정이 될 때가 있어요. 이것은 가족주의의 문제이기도 하겠지만, 우리 사회 전반의 폭넓은 지평과 상상력이 사라진 것과 연결되는 게 아닐까 싶기도 합니다.

그래도 서울이든 지방이든, 특히 요즘 많은 주목을 받는 게임이나 K-POP과 같은 영역에서 자기만의 세계를 구축해가는 젊은이들이 있지 않을까요? 그럴 수 있기를 바랍니다. 제가 자랄 때는 아예 존재하지도 않거나, 아주 경시되던 그런 영역들에 에너지를 쏟으면서 고군분투하는 젊은이들이 있을 테니까요. 부모들이 자기 아이들의 미래가 너무 걱정되어 참지 못하겠다 뭐 이런 심정이 드는 걸 텐데, 저로서는 아이들을 일찍부터 한 사람의 독립된 인격으로 키워야 한다는 말을 반복할 수밖에 없습니다. 세상이 험하다는 핑계로 언제까지 아이의 뒷바라지를 해주려는 건가요? 20대까지? 30대까지? 아니면 자식이 더 늙어서까지?

그리고 저는 이 지방 문제에 대해서도 소위 엘리트 지식인들 이야기를 하지 않을 수가 없습니다. 그중에서도 진보적이고 좌파적이라고 불리던 지식인들에 대해서요. 제가 이 영남대학교에 1971년도에 들어왔는데, 1970년대 초부터 해서 영남대학교 문과대학에는 1970년대와 1980년대 우리나라 진보 진영의 중요한 인물들이 대거 기용되었어요. 이 자리에서 일일이 실명을 거론하진 않겠습니다만, 당시에 글로만 먹고살았던 사람들이 다 교수 자리를 얻어서 여기에 진을 쳤죠.

그런데 제가 1973년 즈음 학교 신문사에 유신헌법 반대 글 같은 것을 기고하기도 하고, 그런 글 때문에 학교 신문이 정간되고 뭐 그런 몇 가지의 사건이 있었단 말이에요? 당시에 그 교수들 눈에는 제가 뭘 좀 아는 체하고 책도 좀 읽고 그렇게 보였겠죠. 그래서 제가 학부생임에도 불구하고 그런 술자리나 등산, 여행 같은 데에 거의 빠짐없이 참석하게 됐어요. 1973년 후반부터는 이분들이 가시는 모든 모임에 저를 끼워주는 거예요. 저보다 나이들이 10년이나 20년씩 많은 교수들이었는데 저도 그 무리에 휩쓸려 다닌 거죠. 물론 저는 구석에서 이야기를 들으며, 심부름이나 하는 정도였지만요.

처음에는 아마 기분도 좋고 그랬겠죠. 그런데 지금 생각하면 이분들의 민족주의도 민족주의지만, 이분들은 기본적으로 엘리트주의자였어요. 제가 그때 어린 마음에도 그런 걸 느꼈는데, 예를 들어 술자리에서 제가 구석에 있는데도 영남대학 학생들 욕을 막 하는 거예요. 학생들이 뭘 제대로 알지도 못하고 말귀도 잘 못 알아듣는다, 이런 식으로 말이에요. 제가 옆에서 고갤 푹 숙이고 듣고 있는데 말입니다. 그런 말을 들으면 당연히 기분이 안 좋죠. 그렇게 한참이나 학교와 학생들을 비난하다 저보고는 웃으면서 이러는 거예요. "맞지? 친구들 다 그런 거 맞지? 너는 다르지?" 저는 그 앞에선 싱긋 웃는 일밖엔 할 수 없었지만, 사실 굉장히 모멸스러운 기억이었죠. 그리고 계속 그런 일이 반복되니까 언젠가부터 '아니, 당신들이 월급 받아먹는 게 영남대학인데?' 이런 식의 화도 치밀어오르기도 했었죠.

‖ 여기서도 우리 근현대사에 존재했던 어떤 서울-지방 간의 오리엔탈리즘적인 갈등이 느껴지네요. 중앙의 엘리트들이 지방을 멸시하는 그 끈끈한 기억 같은 것 말이죠……. 청년 박홍규의 고뇌가 그때 이미 시작된 게 아닐까 싶기도 하고요. (웃음)

교수들은 무엇보다도 자기 대학의 학생들을 잘 가르쳐야 합니다. 학생들이 재능이 떨어지면 훨씬 더 열심히 가르쳐야 하고요. 전 그렇게 생각해요. 교수가 학생들한테 돈을 받아먹으면서, 자기는 무슨 대단한 잡지에 대단한 글만 쓰면 장땡인가? 더욱이 교수들은 자신이 소속된 학교에서 석사도 키워야 하고, 박사도 키워야 하잖아요. 장기적인 관점에서 대학이 학문적으로 발전하려면 이 대학 학생 중에서도 학자들도 많이 나오고 해야 하는데, 교수는 그런 예비 학자들을 키우고 훈련을 시켜야 하지 않겠습니까?
실제로 이분들이 이 대학에 기여했던 바는 거의 없어요. 영남대학에서 학자를 키운 적도 없고요. 그 진보 지식인 중에서 이 대학 학생들에게 석·박사 학위를 주었다거나, 학술 논문을 제대로 썼다거나, 학부생들에게 교수로서 제대로 된 강의를 했다고 느껴진 사람은 거의 한 사람도 없습니다. 여기선 홍청망청 술만 먹고, 어떻게 본다면 전부 낭인에 가까운 사람들이었죠. 물론 그때는 그때 나름으로 낭만적인 분위기가 있었었고, 제가 그 분위기에 영향을 받은 것도 부정할 수 없습니다. 하지만 그들은 그렇게 게으르고 홍청망청한 대학 생활을 한 후 정교수가 되어 서울의 대학들로 떠나버리고, 그 뒤로 영남대학은 대단히 황폐하게 되어버린 것도 엄연한 사실이에요.

저는 영남대학의 교수면 영남대학 학생들을 잘 키워야 한다고 생각을 합니다. 저는 이 대학 출신이어서 더 그랬겠습니다만, 법학과는 물론이고 학과를 가리지 않고 아이들에게 무언가를 가르칠 수 있으면 가르치고, 논문 지도도 하고 그랬던 자부심이 있어요. 미대 학생들이 석사 학위 논문 같은 것을 들고 오면 제가 거의 모든 페이지마다 새카맣게 수정해야 할 사항을 메모해주고 그랬습니다.

‖ 미대생들은 어떤 쪽으로 도움을 주셨다는 말인가요?

1980년대와 1990년대에 우리나라의 예술학과에선 일종의 민중주의적인 바람이 불었잖아요. 학생들 사이에선 그런 쪽으로 학생운동 했던 친구도 많았고, 그런 방면으로 석사 학위 논문도 쓰고 싶은데 정작 학과에서는 그런 얘기를 들려줄 사람이 없는 거예요. 그러니 학생들이 저한테 많이 왔죠. 그때 제가 미술과 음악에 대한 글도 많이 쓰고 그랬으니까요. 솔직히 얘기하면, 제가 거의 이들의 석사 학위를 지도했다시피 했어요. 밥도 사고 술도 사고 하면서요. 이야기하다 보니 제 자랑같이 들릴 수도 있겠는데, 이건 제 자랑을 하려는 게 아닙니다. 오해하시지 말길 바랍니다. (웃음)

어쨌든 아마 그런 분노가 계속 억눌려 있었을 거예요. 결국, 훗날에 한 번 터졌죠. 1997년도에 제가 「말」이란 잡지에 〈박정희 되살리는 먹물패거리들〉이라는 글도 썼어요. 제가 당시 이 잡지에 매달 한 번씩 칼럼을 썼는데, 그때 잡지 편집장이 이 글은 굉장히 말썽이 될 수 있으니 제 이름을 익명으로 내자고 제의해서 익명으로 내보냈습니다. 굉장히 긴 글이었죠. 익명으로 썼지만, 물론 제가 쓴 걸 다들 아는 분위기였고요. 저를 찾아와선 버럭버럭 화를 내던 분도 있었습니다. 그때 공격을 당한 측에서 「말」지와 저에게 전국 언론에 공개사과를 하라는 둥 언론중재위원회에 저를 명예훼손으로 걸겠다는 둥 아주 뒤집어졌는데, 결국 「말」지는 한겨레의 1면에 사과문을 썼던 걸로 기억해요.

‖ 교수님도 사과문을 쓰셨습니까?

저는 결국 안 썼죠. (웃음) 아무튼 그 뒤에 우리 진보 진영과 문단 권력의 패권주의 같은 게 지적이 되고 했는데, 저는 바로 이런 패거리주의와 폐쇄적인 엘리트주의를 가장 먼저 지적했다고 생각하는 사람입니다.

조지 오웰과 류짜이푸와 루쉰을 읽다

‖ 저는 이 대담을 준비하면서 그 글을 읽어보았는데, 역시 교수님이 대단하시다고 생각되었습니다. 왜냐면 그런 비판이 있고 나서 10여 년 후에 정말로 그 진보 지식인들의 패권주의가 본격적으로 수면 위에 오르게 된 것이 사실이니까요.
그런 면에선 평생을 집단주의와 패거리 문화를 혐오한 채 단독자로 살았던 조지 오웰이 떠오르기도 합니다. 교수님도 오웰에 대해선 무한한 애정을 품고 계시지 않습니까?

아, 마침 제가 최근에 읽고 있는 책이 『버마에서의 조지 오웰』이란 책이에요. 이 책이 얼마나 재밌던지요. 시간 가는지 모르고 읽고 있습니다. 책의 저자가 무슨 말을 하냐면, 조지 오웰은 곧 버마라는 거예요. 지금은 미얀마라고 부르는 버마 말이죠. 이 책에 따르면, 조지 오웰은 평생 버마를 생각했다고 해요. 그리고 『동물농장』이나 『1984』도 역시 버마를 이야기한 것이라는 게 책의 논지입니다. 제법 새로운 이야기이죠.

오웰은 청년 시절 경찰이 되어서 영국의 버마 식민지로 파견을 갔는데, 마치 일제강점기 시절 일본인이 우리나라 총독부로 오는 것과도 같았겠죠. 그때 그가 버마에서 처음 쓴 작품이 『버마에서의 나날』입니다. 오웰은 이튼이라고 하는 영국의 명문 고등학교를 졸업했는데요, 그는 그 학교 분위기에 잘 적응하지도 못하고, 공부도 처졌습니다, 집안도 그리 유복한 편이 아니었고요. 마침 그의 아버지는 경찰이었는데, 그는 아버지처럼 경찰이 되어 버마로 가는 거예요. 그런데 그는 경찰이 되고 난 뒤에도 버마에서 계속 번뇌합니다. 결국 식민지에 제대로 자리 잡지도 못하고, 거기에 대한 양심의 가책을 느끼기도 해서 파리와 런던의 빈민가에서 홈리스 생활을 스스로 선택하는 거죠.
뭐 작가가 되기 위해 홈리스 경험을 한 것도 아니고요. 자기가 직접 사회의 제일 최하층으로 떨어져서 그 삶을 살아갔던 건데요. 저는 그런 모습의 결단이 참 존경스러워요. 조지 오웰의 일생을 보면 그는 그 뒤에도 위건 부두에서 살기도 하고, 작가로서 그래도 좀 괜찮은 돈벌이가 되었어도 시골에서 닭 키우며 살기도 하고, 평생을 스스로 가난을 선택해 살아가는 그런 놀라운 결단들이 있습니다. 그러곤 폐병이 들어서 병원에서는 절대로 글을 쓰면 안 된다고 했는데도 담배를 계속 피우면서 글을 쓰다가 죽음을 맞이하죠. 또 스페인 전쟁에 직접 뛰어가서 『카탈루니아 찬가』 같은 걸작을 남기기도 했잖아요? 버지니아 울프도, 헨리 밀러도 죽고 싶어 환장했느냐고 말리지만 그는 전장에 목숨 걸고 뛰어들었던 거죠.

‖ 앞서 길게 들었던 고독의 키워드와 통하는 맥락이겠지만, 결국 교수님은 떼를 지어 몰려다니는 패거리가 아니라 단독

자적인 개인의 힘에 천착하셨던 것이겠죠. 물론 그랬기 때문에 아까 말씀하셨던 것처럼 현실에서 모임을 주도한다거나 주위 사람들을 두루 챙기며 학파를 형성한다거나 하는 측면은 조금 부족하셨을 수도 있지만……. 그래도 그런 이단자적인 삶의 자세는 적어도 제겐 너무도 소중하게 느껴집니다. 좌우를 막론하고 그만큼 한국 사회엔 패거리 문화가 깊이 스며들어 있던 측면이 있었으니까요.

말씀을 듣다 보니, 『쌍전』이란 책이 생각나는군요. 얼마 전에 류짜이푸가 쓴 『쌍전』이라는 책이 나왔잖아요. 동양의 위대한 고전이라고 하는 삼국지와 수호지, 이 두 작품을 쌍전이라고 일컫는데요. 삼국지는 말하자면 민족주의적 국가 건설에 있어서 가장 지표가 되는 교과서적인 책이라고 할 수 있고, 수호지는 그야말로 민중 혁명과 농민 혁명의 영웅들 이야기이죠. 아시다시피 우리나라에선 우파를 대표하는 이문열도 삼국지를 편역했고, 좌파를 대표하는 황석영도 마찬가지였어요. 좌우의 사랑을 받은 작품이고. 어떻게 보면 제가 접했던 진보적인 지식인들이 묘하게 이 두 작품을 이야기하는 것을 참 많이 들었어요. 특히 황석영 선생이 장

길산을 쓸 때 기본적인 모델이 수호지이기도 했지요. 그런데 저는 예전부터 이 두 작품에 빠져들지 못하고 회의를 했어요. 삼국지와 수호지는 어릴 때부터 제 친구들도 많이 읽었고, 저희가 중·고등학교 시절에 고우영이라는 만화가가 두 작품을 신문에 연재만화로 그리기도 했습니다. 이 작품들은 시대 분위기와 어울려서 거의 뭐 국가적으로 읽히기도 했었는데, 저는 그런 독서가 잘 이해되지 않더라고요. 수호지 주인공들의 잔인한 살육전, 또 삼국지 주인공들의 패거리 문화와 집단주의, 영웅주의, 지략으로 포장되는 음모, 이런 게 과연 순수한 의미에서 읽힐 수 있느냐는 의문이 있었어요. 그래서 저는 어릴 때 거기에 대해서 좀 소외감을 느꼈어요. 남학생들의 유비, 관우, 장비 세 의형제에 대한 동경이랄까, 그런 분위기와도 잘 맞질 않았던 것 같고요. 그런데 그 쌍전, 수호지와 삼국지를 제일 먼저 비판한 사람이 바로 루쉰입니다. 루쉰이 중국인들이 가진 집단주의와 음모주의의 전형으로서 수호지와 삼국지의 악영향에 대해서 비판했어요. 그런데 루쉰의 비판은 아주 엄밀하지는 않았습니다. 그는 이 두 고전이 중국인들의 기질 형성에 대단히 부정적인 영향을 끼쳤다는 정도로 말하고 넘어갔는데요,

류짜이푸가 이 책 『쌍전』에서 제가 두 작품에 대해 가졌던 거리감과 불쾌함을 너무도 훌륭하게 분석해두어서 제가 참 행복하게 책을 읽었습니다. 제가 어렴풋하게 생각했던 것을 대단히 깊이 파헤친 것을 보게 되어 어떤 존경심마저 들게 되더군요.

류짜이푸는 중국의 노학자로 지금도 살아 계시죠. 우리나라에 이분의 책이 제일 먼저 소개된 게 아마 『루쉰과 공자』라는 책이었을 거예요. 아마 지금으로부터 20년 남짓 전에 번역이 되었을 텐데요. 이 책은 루쉰과 공자를 아주 적대적인 관계에 두고, 공자를 비판한 책이라고 볼 수 있습니다. 류짜이푸는 평소에도 삼국지나 수호지에 대해서 비판적이고, 홍루몽과 서유기에 대해서는 대단히 호의적인 태도를 보였어요. 중국인의 심성의 선한 측면을 잘 보여주는 게 홍루몽과 서유기이고, 반면에 악한 측면을 잘 보여주는 게 삼국지와 수호지라고 말하고 있습니다. 이분은 홍루몽 연구자예요. 홍루몽을 대단히 높이 평가하면서 그에 대한 반대 명제로 삼국지와 수호지를 비판했는데, 본격적으로 그 두 작품을 비판한 책이 『쌍전』입니다.

이분은 지금도 미국에 사는데, 천안문 사태 때 일종의 민주주의적 개혁파로 찍혀서 중국에서도 그다지 환영받지 못했습니다. 일종의 반체제인사라고 할 수 있고, 지금 현 공산당 체제와는 거리를 두고 있는 입장입니다. 말 그대로 글과 삶이 일치했던 지식인의 초상이라고도 볼 수 있습니다.

‖ 류짜이푸와 루쉰의 말씀도 결국 좌우를 넘나들며 패거리를 비판하는 고독한 개인의 맥락이라고 할 수 있겠군요. 교수님은 『자유인 루쉰』을 쓰셨고, 루쉰에 대해서도 굉장한 애정을 가지고 계시는데요, 이 책은 오래전 저도 참 잘 읽었습니다.

사실 중국이든 한국이든 루쉰을 민족주의자나 마르크주의자로 해석하는 경향이 짙었지만, 저는 그게 전혀 아니라고 생각했어요. 그런 생각을 그 책에서 나름으로 상세히 풀어보았는데요, 저로선 루쉰만큼 중국 전통에 대해서 비판적이었던 사람은 없었다고 보고 있고, 그 어떤 전통의 굴레에서도 자유로운 사상을 추구했던 이를 루쉰이라고 봤기 때문에 커다란 애정을 갖고 그 책을 썼지요.

‖ 중국의 공산당이 루쉰을 대대적인 선전 수단으로 활용했던 '루쉰 신화' 같은 게 있죠. 그런 게 아니라 루쉰을 류짜이푸처럼 모든 이념과 국가권력, 체제로부터 자유로운 지성으로 소개하고 싶으셨던 것으로 이해됩니다.

그렇지만 이렇게 개인의 자유와 결단을 강조하는 교수님의 관점은 다소 추상적이고 현실도피적인 측면이 있는 게 아닐까요? 사회와 정치의 문제를 개인의 윤리적인 차원으로 치환시킨다는 점에 있어서 다소 보수주의적인 접근 방식일 수도 있고요. 앞서 말씀을 들어보았던 비정규직 문제든, 강사 문제든, 지방 문제든 교수님은 개개인의 자유롭고 책임감 있는 선택을 강조하신다는 인상을 받았는데요, 모든 사안을 중앙정치의 탓으로 떠민다거나, 집단화·정치화하려는 지나친 정치 일극주의의 사회에서 그런 시각이 매우 소중하단 생각을 하면서도, 교수님의 근본주의적 관점은 다소 무력하고 공허하다는 비판도 나올 법합니다.

글쎄요. 물론 세상에 정치적이지 않은 일이 어디 있겠어요. 어떤 의미에선 박 선생 말씀처럼 제가 나이가 들면서 무조건적이고 무비판적인 진보주의와 집단주의를 조금 더 경계하게 되었는지도 모릅니다. 하지만 진정 좋은 정치는 결국 자신의 문제를 자기 입장에서 판단할 수 있고 스스로 책임질 수 있는 그런 개인들이 만들어갈 수 있을 거란 생각을 해요. 즉, 모든 문제를 자기 문제로 여겨 자기 문제화가 될 수 있어야지 그것이 더욱 근본적인 정치 문제가 될 수 있을 겁니다. 자기 문제가 아니라 무조건 권력과 정치 문제로만 바라보기 때문에 우리가 그것을 자성의 계기와 자기의 문제로 소화하지 못하는 지점도 매우 많다고 생각합니다.

세계적으로 도널드 트럼프를 비롯한 카리스마적 지도자가 매우 유행하고 있잖아요. 우리도 군인 출신 대통령들과 CEO 출신 대통령이 나왔고, 그 군인 중 한 사람의 자식까지 대통령을 지내다가 결국 탄핵당하지 않았습니까. 또 어떤 의미에선 김대중이나 노무현 같은 민주 투사도 한 사람의 카리스마적 리더였다고 할 수 있겠는데요, 저는 이처럼 카리스마적 리더가 곧잘 요구되는 대한민국의 정치 풍토 자체에 대해서 문제의식을 느끼고 있고, 그런 식으로 끊임없이 변화를 요구하는 사람들이 의존하는 카리스마성에 대해서 비판적으로 생각하고 있어요. 제가 보기에, 그건 그만큼 자율적인 시민의식이 지배적이지 않다는 걸 의미하는 것이기 때문이죠. 저도 지난 탄핵 국면에서 촛불을 들긴 했었지만, 정치 지도자에 대한 지나친 관심과 비판이랄까, 카리스마 있는 지도자가 우리 사회를 더 정의롭고 인간적으로 바꿔줄 거라는 기대랄까, 그런 풍토는 조금씩 극복해나가야 한다고 생각하고 있습니다.

생태적인 삶을 실천하는 일에 관하여

‖ 환경 문제가 생각나는군요. 교수님도 굉장히 일찍부터 생태와 환경 이슈에 관심을 기울여오셨지만, 최근에 와서야 비로소 시민들이 본격적으로 위기감을 느끼며 이 문제를 자기 문제로 인식하고 자발적으로 행동에 나서는 것 같습니다. 저를 포함해서요.

그렇겠지요? 예를 들어 우리의 이산화탄소 배출량과 플라스틱 배출량은 거의 세계 톱 수준이거든요. 특히 이산화탄소 배출량 증가율이나 온실가스 배출량이 세계에서 둘째가면 서러울 만큼 높은 것을 외면해선 안 됩니다. 이런 걸 정부 탓으로 돌린다는 것은 저에게는 그다지 와닿지 않습니다. 우리가 적폐, 적폐 하는데, 우리의 생활상의 적폐가 어쩌면 더 심대할 수가 있다는 것을 인식할 필요가 있다고 봅니다. 예를 들어 저는 미세먼지 같은 경우에도 시민 각자의 문제일 수가 있다고 봐요. 물론 어느 정도 중국을 포함한 외부적인 영향은 있겠죠. 하지만 저는 그보다 더 중요한 건 국내적 요인이라고 생각해요. 자동차와 디젤차, 또 우리나라 곳곳에 온존하는 석탄화력발전이나 노후화된 산업시설에도 시민들이 자발적인 관심을 기울여야 합니다. 자기 삶을 조금 조금씩 바꿔가려는 노력 없이 외부 탓, 정치 탓만 해서는 안 된다는 얘기죠.

‖ 원자력 발전, 그리고 세계적인 탈원전 추세에 대해서도 같은 시각을 가지고 계시리라 봅니다.

지금 소위 민주정권, 문재인 정권에서도 원자력에 대한 모호한 입장을 취하는 것은 제가 보기엔 비판의 여지가 많죠. 그런데 꼭 이번 정권이 아니더라도 어떤 정권에서도 그런 태도를 보일 수밖에 없는 구조가 있다는 것에 주목할 수밖에 없습니다. 우리 사회에는 여전히 엄청난 경제발전주의가 있고, 원자력 발전에 대한 긍정적이거나 미온적인 태도는 그런 경제발전주의의 하나의 상징일 뿐일 겁니다. 이러한 사회 전반의 구조에 집중하면서 시민들이 자기 생활양식 하나하나를 점검하지 않는다면, 우리는 본질적으로, 또 장기적으로 생태와 환경이라는 키워드에 주목하고 변화를 이끌어낼 수 없다는 것이 제 생각입니다.

‖ 교수님도 어쨌든 그런 문제의식을 품고 대학과 가까운 시골에서 20여 년간 농사를 지으며 살고 계신 것 아니겠습니까? 계기가 있으셨습니까?

저는 젊은 시절부터 정말 시골에 살고 싶었죠. 그런데 제가 대학에서 자리를 잡은 후 대구에서 여러 가지 사회활동을 했었는데, 그중 하나가 한살림 운동이었어요. 대구에서 한살림 운동이 시작될 때 논밭을 사는 돈을 내기도 하고, 초창기 창립 멤버였어요. 아내와 둘이 같이 참 열심히 활동했죠. 한살림에서 이제 그 유기농 경작물들을 집에 배달을 받잖아요. 그런데 지금도 크게 다르진 않겠지만, 그 당시만 하더라도 유기농 생산품이 굉장히 비쌌어요. 그걸 배달을 받아서 먹는데, 저는 그게 왠지 먹기가 싫고 무언가 이게 '고급 취미'라는 생각을 버릴 수 없더라고요. 저는 1970년대와 1980년대에 노동법을 공부하고, 노동자들의 권리를 이야기하고, 노동자들과 함께하는 활동을 해왔던 사람으로서, 왠지 그런 비싼 유기농 제품을 먹는 게 사치스러운 것으로 느껴지더군요. 그런데도 농업에 대한 개선이 필요하다는 생각은 버릴 수 없었죠. 그렇다면 내가 시골에 가서 스스로 농사를 짓고 그걸 먹는 건 괜찮지 않겠느냐, 라는 생각으로 시골에 가고 싶다는 생각을 줄곧 해왔죠.

‖ 그러셨군요. 하지만 모든 사람이 교수님처럼 직접 시골에 들어가는 삶을 살 순 없을 것 같긴 합니다. (웃음)

물론이죠. 도시 분들이 다 저처럼 시골에 들어와서 사는 것도 이상한 사회일 겁니다. (웃음) 어쨌든 그런 측면에선 저의 아내 이야기를 하지 않을 수가 없는데요. 어찌 보면 좀 자랑같이 느껴질 수도 있겠지만요.

저와 제 아내가 시골에 들어오기 전, 1970년대와 1980년대 이후 민주화 운동과 참교육 운동 때문에 만난 동료 교수들과는 한살림 같은 생태 운동에 대해서도 함께 많은 고민을 했습니다. 그분들과 만나면 언젠가 시골에 들어가서 같이 살자, 공동체 마을을 함께 만들면서 자급자족하는 생태적 삶을 고민해보자, 이렇게 이야기하면서 같이 땅도 보러 많이 다녔어요.

그랬는데 결국 시골에 들어가서 농사를 짓고 시골 생활을 시작한 것은 저희 부부밖에 없습니다. 다른 분들은 아무도 못 들어갔어요. 그 이유는 그 교수들의 아내분들이 시골에 들어가지 않는다는 의사를 밝혔기 때문이었어요. 그게 결정적인 이유였지요. 특히 여성의 입장에선 시골에 가면 많은 것을 포기해야 하고 불편한 게 이만저만이 아니지 않습니까? 그러니 그런 반대도 충분히 이해가 되죠. 그런데 제 아내는 도시 생활의 편리함을 다 포기하고 불편한 걸 감수했죠.

그리고 저보다도 훨씬 더 훌륭하게 이곳 생활에 적응했어요. 제 아내는 농사를 지은 적이 한 번도 없었던 사람인데……. 그렇게 농사짓는 일과 시골 생활을 체득할 수 있었던 건 아내가 어릴 때부터 동양적 지혜나 동양적 감각에 대해서 훈련된 무언가가 있어서 가능한 게 아니었을까, 그런 생각을 해요. 제 아내는 시골과 전원생활에 이미 정신적으로 익숙해져 있었던 사람이었던 거죠. 저와 제 아내는 지금까지도 전혀 문제가 없습니다. 지금도 도시 생활, 아파트 생활을 전혀 생각하지 않고 있으니까요.

‖ 민주화 운동 시절의 친구들처럼 만약에 사모님이 싫어했으면 교수님의 지금과 같은 라이프스타일이 유지되지 않았을 수도 있다는 말씀이시죠?

그 점은 참 고맙게 생각하고 무척 다행스러운 일이라고 봐요. 제 아내는 저뿐만 아니라 타인에 대한 배려심이 깊고, 참 관대하고 관용적인 사람이에요. 그렇지만 뭐 그런 분들은 많지 않겠습니까? 제 아내도 저와 마찬가지로 대단히 평범하고 소박한 사람이라고 생각합니다. 잘난 체하고 이런 거는 전혀 없고, 지금 제가 이렇게 말하고 있는 것도 자기를 너무 미화했다고 화를 낼 게 분명합니다. 저보다도 훨씬 더 겸손한 사람이거든요. (웃음)

‖ 저도 교수님의 사모님이신 서현숙 선생님을 몇 번 뵙고 말

씀을 나눈 적이 있지 않습니까? 이렇게 말씀드리면 조금 우습겠지만, 교수님보다 훨씬 성숙한 사람이라는 느낌도 들었습니다. (웃음)

잘 보셨습니다. 훨씬 성숙합니다. (웃음) 타인에 대한 배려와 겸손함이 몸속 깊이 밴 사람이지요. 제 주위 사람들이 저에게 다 "아내 덕을 참 많이 보는 사람"이라고 말하기도 한답니다. 가령 저는 부모와 형제, 친구와 동료와 친척들과의 인간관계에서의 부족함 같은 게 참 많은 사람인데, 이런 것을 제 아내는 정말 따뜻하고 적극적으로 메워주고 지지해주었어요. 자신이 감당해야 할 일이 아니었음에도 말이죠. 지금 젊은 여성분들이 이런 얘기를 들으면 고개를 절레절레 저을 것 같지만……. (웃음)

‖ 역설적이지만, 교수님이 이렇게 고독한 삶을 살 수 있었던 건 자신과 닮은 사람이 곁에 있고, 그 곁에서 교수님을 오랫동안 지지해주셔서 가능했던 지점이 있는 것 같아요. 어떤 고독의 역설이랄까, 그런 것을 생각하게 됩니다.

그렇습니다. 서로 많이 다르지만, 기본적인 삶의 방식에 있어서 동의하는 사람이라고 할 수 있겠네요. 제 아내는 취향이나 이런 건 저와는 아주 다릅니다. 아내는 대단히 동양적이에요. 저는 무척 서양적이라고 할 수 있고요. 아내는 중학생 시절부터 서예를 한 사람이고, 저는 어릴 때부터 서양 회화를 즐겨 그렸던 사람입니다. 아내는 지금까지도 사서삼경을 비롯해 동양 고전을 읽고, 매일 아침이면 불경을 필사하는 사람이고요. 저는 사서삼경 같은 건 딱 질색인 사람입니다. (웃음) 아내는 참 부드러운 사람이고, 저는 아주 급한 사람입니다. 또 아내는 예의와 도덕, 집안사람과 이웃 사람에 대한 친절과 관련해선 도가 튼 사람이에요. 그렇지만 우리가 공통적인 것도 있죠. 시골의 삶에 대한 애정, 자급자족하며 소박하게 사는 것, 미술관에서 그림을 보고 영화관에서 영화를 보는 것 등등에 대해선 같은 취향과 취미를 가지고 있습니다.

한 사람의 개인이 언제나 가장 중요하다는 믿음

‖ 사람이 자기 주위 사람 따라가는 경우가 참 많잖아요. 처음에는 굉장히 독립적이고 진보적이고 그렇더라도, 오랜 시간을 함께하는 내 가족이나 반려자의 반대나 실망 등등 때문에 그러한 삶이 천천히 마모되고 풍화되어버리는 일도 드문 것이 아닌데, 그런 면에서 교수님 부부는 굉장히 복된 것처럼 느껴지기도 합니다.

어쨌든 이번 장에서는 이런저런 사회 현안에 관한 이야기를 들어보았는데요, 교수님은 과거 우리 사회의 대표적인 진보 지식인 중 한 사람이라고 할 수 있는데, 자기 자신의 한계랄까, 자신이 바꾸지 못했던 지점에 대해서 허심탄회하게 인정하시는 부분이 저에겐 무척 인상적으로 느껴졌습니다. 이 대담뿐만이 아니라 예전부터 여러 글을 통해 그런 자기 성찰의 태도를 줄곧 보여주셨죠.

네. 그렇지만 그건 제가 뭐 대단한 사람이어서 그런 건 전혀 아닙니다. 지방 문제든 비정규직 문제든 또는 제가 속했던 대학 문제든, 제가 바꿀 수도 없고, 또 제게 바꿀 힘도 없고……. 그래서 비참했던 부분이 있어요. 그걸 자학이라고 표현하는 게 맞을지 모릅니다.

글쎄요, 제가 생각했던 것처럼 현실이 따라주지 않기 때문에 저로서는 힘이 들고 외로울 때가 많이 있었던 것 같습니다. 이런 현실 속에서 나 혼자 자기답게 산다는 게 과연 어떤 의미를 지니는지 자문해보고 자책해보고 그랬던 시간이 많이 있었어요. 제가 이 대담을 시작할 때 박 선생에게 저를 조금도 이상화하지 말라고 말하지 않았습니까? 그건 실제로 제가 너무도 부족함이 많은 사람이고, 한계가 많은 사람이기 때문입니다. 저는 저 자신이 굉장히 무능하다는 것을 잘 알고 있고 그런 걸 숨길 생각이 전혀 없어요.

제가 저의 과거를 후회하고 그런 건 아니지만, 그동안 제가 세상과 그렇게 행복한 관계를 맺지 못했던 건 사실이에요. 원하던 만큼 세상을 변화시키지도 못했고요. 어떤 면에서는 타인과 세상과 불화하고, 뿌리치고, 마치 혼자서 잘난 체하는 것처럼 살아온 것도 사실입니다. 저는 그러한 삶에서 행복을 찾기도 했지만, 저를 둘러싼 세상이나 인연들과의 관계가 여의치 못하다는 것에 대해서 가질 수밖에 없는 여러 가지 고민 같은 건 분명히 적지 않았습니다. 그리고 제가 이처럼 단독자 비슷한 삶을 살 수 있었던 건 저의 혼자 힘만이 아니라 제 아내와 같은 사람의 힘이 커다란 뒷받침이 된 것도 부정할 수 없죠.

‖ 교수님이 쓴 『나의 헨리 데이비드 소로』에는 다음과 같은 소로의 말이 인용되어 있죠. "아아, 슬프다. 개인이 더 우위에 있다는 믿음이 부족한 것, 이것이야말로 이 시대의 개탄할 만한 죄악이다. 개인이 아니고서는 어떤 변화도 이루어질 수 없다." 저도 읽으면서 고개를 끄덕였던 문장이고, 교수님은 적어도 이런 측면에서는 자기 나름의 개인적 노력을 훌륭하게 보여주신 게 아닐까 싶습니다. 교수님께선 모든 사람이 자기 두 발로 서는 개인이 되기를 바라고, 그런 힘이 가장 근본적인 정치 구조의 변화를 낳을 수 있다고 믿으시는 거니까요.

교수님의 이런 시각에 관해선 '정치와 권력의 차원에서 풀어야 할 사회문제를 개인의 윤리로 환원시키다니, 그런 보수적인 관점은 옳지 않다.'라고 반박할 사람들도 많겠지만, 저로서는 '언제나 출발은 개인이어야 한다, 자기 자신이어야 한다, 그리고 자신을 둘러싼 아주 구체적인 관계여야 한다.'라는 교수님의 시각에 매우 공감되는 바가 있습니다. 자기 자신의 위치나 권력을 철저하게 인식 또는 인정하고, 바로 그 삶에서 출발하는 작은 실천, 나눔과 연대의 에너지가 모일 때에만 우리 사회의 진정 커다란 정치적 변화를 이뤄낼 수 있지 않을까, 그런 생각이 듭니다.

소로의 그 말은 저도 참 좋아하는 말이에요. 저는 소로처럼 생활이나 사고에 매이지 않고 자유분방하게 살아가는 일까진 실천하지 못했지만, 소로를 읽고 배운 그대로, 한 사람의 개인으로서 제가 처한 상황에서 최대한 제 목소리를 내고, 제가 할 수 있는 싸움을 항상 하려고 했어요. 제가 할 수 있는 말과 글을 통해서 세상에 발언했고, 학생들에 대한 교육에 힘썼습니다. 물론 그 이상 어떤 행동파적인 혁명가의 삶을 선택했다거나, 저 자신의 기득권을 더 적극적으로 희생하고 포기하지 못했던 건 사실이지만요.
그간 이런저런 경로로 많은 분이 저에게 정치를 권하기도 했는데요, 저는 그런 건 단호하게 거절했어요. 해서 안 되는 것이라고 생각했고요. 그렇지만 글을 쓰고 말을 하는 건 한 사람의 지식인으로서, 명색이 학자이자 교수로서 반드시 해야 하는 일이라고 생각했던 것 같습니다. 세상에 내가 이런 생각을 한다는 것을 밝혀두고 싶고, 이런 생각도 해볼 수 있지 않겠느냐는 것을 보여주고 싶고, 이런 식으로 다양하게 생각하는 것을 보여줄 수 있는 사회가 중요하다는 걸 스스로 증명하고 싶었습니다. 무슨 계몽적으로 남들을 가르친다는 의미가 아니라요.

아마 저는 그게 가장 저답게 살아가는 일이라고 생각했던 것 같습니다. 무언가 내 주장을 해야 할 필요가 있다고 생각했을 땐 서슴없이 주장할 수 있는 정도의 삶. "자유란 바로 거짓말을 하지 않을 권리다"라고 말했던 알베르 카뮈의 말을 힘껏 좇으려고 노력하는 정도의 삶. 그렇게 저는 제 위치에서 최선을 다함으로써 많은 사람이 자기다운 생각과 표현을 할 수 있도록 시시하나마 표본이 되는 역할을 마다하지 않았던 건 사실이에요.

‖ 말씀을 들으니 이런 생각이 듭니다. 아내인 서현숙 선생님의 말씀처럼, 교수님은 천생 지식인의 삶을 살아오셨던 것이군요. (웃음) 물론, 농사를 지으며 생태적인 가치관을 행동으로 옮기기도 하셨지만요.

그렇게 표현될 수 있을 것 같습니다. 제가 수십 년 전 처음으로 대학교수가 되었을 때 느꼈던 점은, 아, 내가 정말 이 자리에 잘못 왔다, 이 사회는 그야말로 상류사회이구나, 그런 생각이 들었어요. 사실 교수 사회라고 하는 것이 바깥에서 보면 별것도 아닐 수 있지만, 제가 대학교수가 되었을 무렵부터 이 직업이 대단히 계급화되어 있는 측면이랄까요, 그런 걸 느꼈던 것 같습니다. 더욱이 교수와 강사 간의 어떤 계급적 격차는 점점 더 벌어지고 있다는 진단은 지금도 계속되고 있으니까요. 그런 면에서 제가 속한 집단에 대해서 갖고 있던 어떤 본질적인 갈등과 고뇌 같은 것이 있었습니다.

이 얘길 조금만 더 하고 싶군요. 그때나 지금이나 제가 생각하는 우리나라 학계의 가장 큰 문제가 뭐냐면, 아카데미즘이 계급화되어 있다는 것이에요. 그때나 지금이나 아카데미즘에 속한 사람들이 상류계급화가 되어 있고, 또한 여기에 우리의 자생적인 학문적 풍토가 빈약하다는 문제, 서양 학문의 무비판적인 수입이라는 이중적인 문제가 중첩되어 있단 말이죠. 결과적으로는 대학의 학문이 일반 대중으로부터 대단히 괴리되어 있다는 진실이 있습니다. 저는 지금 인문학의 위기라든가 이런 게 우리 현실이나 시대를 살아가는 사람들의 공감을 얻지 못했기 때문이 아닌가, 이렇게 생각하고 있거든요.

자기가 속한 사회에 대해서 아카데미즘이 중립을 이유로, 또는 학문과 현실은 별도라는 식의 이유로 현실과 완전히 분리된 학문을 추구한다면 그런 학문은 절대로 오래가지 못할 거예요. 어떤 시대의 위대한 학자들도 모두 현실 속에서 출발했습니다. 순수인문학이든, 사회과학이든, 자연과학이든 말이에요. 현실과 동떨어진 채 살아가는 학자들은 아무도 없었어요. 저는 이런 문제의식을 갖고 조금이나마 그런 틀을 깨려고 했던 것 같아요. 결국, 저는 대학에서 벗어나지 못하고 교수직을 평생 유지했지만, 적어도 제가 있는 자리에선 제 본분을 최대한 지키고자 애썼던 것 같습니다. 제 학문을 열심히 가르치고, 제가 사회에 대해서 생각하는 바를 열심히 발언하고요.

‖ 교수님이 쓴 조지 오웰의 평전, 『자유 자연 반권력의 정신, 조지 오웰』에서 교수님이 크게 방점을 찍은 이 문장을 인용하며 이번 장을 마무리하고 싶습니다. 조지 오웰이 스페인 시민 전쟁의 무명용사를 노래한 시죠.

"당신 얼굴에 나타난 것은 / 어떤 권력도 빼앗을 수 없는 것, / 어떤 폭탄도 산산조각으로 부수지 못할 / 수정같이 맑은 정신."

교수님도 이처럼 한 사람이 지닌 수정처럼 맑은 정신을 추구하고자 했던 게 아닐까 생각합니다. 교수님도, 저도, 우리 모두 완벽하지도 않고 저마다의 여러 한계가 있겠지만, 우리 안에는 모두 그와 같은 '맑은 정신'이 존재한다고 보고 계시고, 조지 오웰이나 한나 아렌트, 혹은 헨리 데이비드 소로가 보여주었듯 모든 변화의 출발은 바로 그 정신에서 시작되어야 한다는 것을 말이죠.

정확히 공감하는 바입니다. 아무튼, 제가 지금까지 살아온 삶이 조금이라도 대단했다거나 훌륭했다고 생각하지 않습니다. 분명하게 말씀드릴 수 있는 것은, 저도 일흔 가까운 세월 동안 대한민국 사회를 살아오면서 굉장히 많이 고민했고, 방황했고, 저의 길을 찾으려고 노력했다는 것뿐이에요. 이런 저의 고백이 앞으로 한국 사회를 살아가며 이끌어가실 분들에게 그저 이 사회에서 열심히 고민했던 삶의 표상 정도로만 다가갈 수 있다면 좋겠습니다.

5

인간에 관하여:

구체적으로, 언제나 구체적으로

‖ 인간에게 내재한 폭력성이랄까, 본능적인 동물성이랄까요. 유사 이래 그런 인간적 한계를 극복하려는 시도가 계속 이어져 왔습니다. 그래서 우리가 이 정도의 문명화된 사회라는 것을 건설할 수 있었던 것도 사실일 텐데요. 그렇지만 여전히 갈 길이 먼 것 같습니다. 교수님도 학문의 차원에서든 저술의 차원에서든 평생에 걸쳐서 그런 인간다움과 인간성을 지향해오셨던 것 아니겠습니까? 특별한 계기가 있으셨을까요?

저는 초등학교에 다니던 시절까지 경상북도 문경의 농암이라고 하는 곳에서 살았습니다. 벌써 50년도 더 된 이야기네요. 제 아버지가 초등학교 교사여서 저는 학교에 붙어 있는 관사에서 자랐는데요. 어머니를 따라 아침에 부엌에 가보면 커다란 구렁이가 밥솥 위에 똬리를 틀고 있는 걸 볼 수 있는 정도의 시골이었죠. 그 시절 집 바로 뒷산으로 나무를 하러 갔을 때 거기 쌓여 있던 솔잎을 치우니까 나온 해골을 봤던 것도 잊히질 않아요. 그러니까, 그야말로 시골 중에서도 시골이었던 겁니다.

그런데 우리 가족이 살던 집에서 고개 두 개만 넘어가면 한센병 환자 마을이 있었어요. 그 당시에는 '문둥이촌'이라고 불리면서 격리가 되었던 마을이었죠. 그런데 그 마을에 살던 아이 하나가 저와 같은 반이었어요. 지금도 이름이 기억이 납니다. 장훈이라는 아이였어요. 이 아이는 한센병 환자촌에서 학교를 통학하는 아이여서 친구들에게 심하게 경멸과 놀림의 대상이 되었어요. 거기다 이 아이는 간질을 앓기도 했었습니다. 그런데 이상하게도 저에게는 그 아이에 대해서 연민이 느껴지더라고요. 또 친구들이 그 아이를 업신여기고 하는 게 그렇게 싫었습니다.

제가 초등학교 4학년 때, 박정희 정권이 쿠데타 후에 교육민주화를 요구하는 교사들을 탄압했던 교원노조 사건이 있었어요. 제 아버지가 그 사건에 휘말려서 1961년도에 감옥에 가셨는데요, 그때 학교를 오고 가는 길에 제 친구들이 저를 향해서 '빨갱이 새끼'라고 욕하고 놀리는 걸 자주 경험했어요. 저는 어린 시절부터 몸이 좀 약하기도 해서 그때 아이들에게 제대로 된 반항도 하지 못했고 그런 놀림을 그대로 받아들여야 했죠. 어린 마음에 그 일들이 굉장히 민감하게 받아들여지고, 제겐 나름의 상처로 남은 것 같습니다. 아마도 제가 그런 경험을 했기 때문에 제 친구에게 깊은 공감을 하고 연민을 할 수 있었던 게 아닌가 싶기도 해요.

제가 초등학교 5학년이던 해에, 한번은 그 친구가 사는 한센병 환자촌에서 영화를 틀어주었던 적이 있어요. 박 선생은 한하운 시인을 알고 있으시죠? 한하운의 전기 영화, 「황톳길」이라는 아주 옛날 영화였어요. 그게 제 평생 처음으로 봤던 영화입니다. 지금도 그 인상이 잊히질 않습니다.

‖ 때론 어린아이들이 더 잔인한 법이잖아요. 교수님의 이야기는 스스로 약자가 되어보고, 비로소 약자에게 더 깊이 이입했던 경험이라고 할 수 있지 않을까요?

네, 그렇습니다. 그렇지만 시골에선 말 그대로 다 같이 가난하고 불쌍하던 시절의 정서 같았던 게 있었던 것 같아요. 그래서 한센병을 앓던 이나, 저처럼 '빨갱이 자식'이라고 욕을 먹거나 하더라도 그게 곧바로 빈부갈등이나 계급적인 적대

감 같은 키워드로 연결되지는 않았었단 말이죠. 어쩌면 그런 감정이 무의식적으로 스며들었던 것도 사실인 것 같지만…….

그런데 제가 1964년에 대구로 와서 중학교에 입학했는데요. 처음 시골에서 초등학교를 졸업하고 대구에 왔을 때, 대구라는 곳은 저에게 마치 별천지처럼 느껴지더란 말이지요. 거기다 중학교에 들어오니 부유한 아이들과 가난한 아이들의 구분이 아주 선명하고 노골적으로 드러나더군요. 그 또한 제게는 매우 놀랍고 충격적인 경험이었던 것 같습니다.

제가 중학교 1학년 때 장훈이란 친구처럼 고아원에서 학교를 다니던 친구가 있었어요. 그 아이는 우리 반에서 거의 유일하게 도시락을 싸 오지 못하는 친구였어요. 그래서 제가 그 친구와 도시락을 나눠 먹기도 했던 기억이 납니다. 중학교에 들어가서 그런 계급적·계층적인 분리를 막연하게나마 느끼기 시작하고, 그때부터 그런 점에 대하여 무언가 부당하다는 생각을 하게 됐던 것 같아요.

제가 헤세나 카프카 같은 문학 작품들을 접했던 것은 바로 그런 중학교 시절이었습니다. 제가 무슨 문학 소년으로서 그런 작품을 접했다기보다도, 제가 경험하던 중학교의 현실과 실제 삶 속에서 그들의 글이 저의 피부 속으로 스며드는 게 느껴지더군요. 특히 헤세 같은 경우에는 그가 쓴 소설 속에서 직접 이런저런 장면이 나오잖아요. 힘센 아이들이나 시류에 잘 적응하는 아이들, 그런 아이들과의 갈등 같은 이야기……. 저는 그들과 갈등을 벌이는 아이조차도 되지 못했어요. 저는 중학교에 들어와서 외톨이가 되었죠. 어떤 분야나 과목에 대해서 그렇게 썩 뛰어나거나 두각을 나타내는 아이도 아니었고요. 그저 좋은 고전문학 작품에 탐닉하고, 또 그런 작품 속에서 무언가 삶과 세계의 의미를 찾으려고 했을 뿐이었던 것 같아요.

‖ 헤세의 독서가 교수님의 어린 삶 속으로 스며들었던 것이겠죠. 내가 속한 사회나 커뮤니티의 폭력성이 얼마나 보편적일 수 있는지를 어렴풋하게나마 인식하는 느낌이 아니었을까 싶습니다.

맞습니다. 저는 헤세처럼 고등학교에서 퇴학을 당했던 것도 아니고 그럭저럭 고등학교를 졸업한 후에 대학까지 나온 사람이지만, 헤세가 자신의 성장 과정에서 느꼈던 고통에 크게 이입했던 것 같아요. 헤세가 학교에서 왕따가 되었던 처지와 심정, 고통을 저는 제 나름으로 절절하게 공감했고요. 그런 공감의 경험이 제가 평생에 걸쳐 헤세를 읽고, 헤세에 관해서 깊이 파고, 또 책까지 쓰게 된 이유입니다. 저는 저처럼 자신이 헤세와 같은 처지에 있는 사람이라고 느끼는 사람들에게 헤세의 이야기를 바로 제 관점으로 전달하고 싶었죠. 그의 삶에 공감함으로써 우리도 헤세와 같이 전쟁에 반대할 수 있고, 사회와 공동체, 생명과 자연에 대해서 고민하는 사람이 될 수 있을 테니까요. 또 그렇게 살아가는 삶이 바람직한 삶일 수 있다는 걸 사람들에게 말해주고 싶었던 것이죠.

대한민국 근대화의 한복판에서 헤세를 읽다

‖ 어린 시절의 그런 직간접적인 경험은 교수님이 계속 우리 사회의 폭력성과 불평등, 비인간성 같은 것들에 천착하게 한 요인이 되었던 것 같습니다.

그렇죠. 한국 사회의 어떤 노골적인 계급성이랄까, 그런 것들에 대해서 그때부터 매달리게 됐던 측면이 있는 것 같습니다. 요즘도 입시 문제로 시끄럽지만, 제가 고등학교에 다닐 때 역시 말도 못 할 정도였습니다. 매일 아침에 학교로 자식들을 데려다주는 검은색 고급 차들이 얼마나 많았던지요. 주말마다 1박 2일 일정으로 서울에 고액 과외를 받으러 다니는 학생들도 적지 않았습니다. 저는 일찌감치 제가 그런 세계에 속하지 않은 사람이란 걸 잘 알았어요.

‖ 그리고 헤세에게 위안을 받으셨던 것이고요. 독일과 한국의 상황은 달랐겠지만, 자신이 소속했던 커뮤니티에서 지독하게 외로웠던 경험을 하고 그 경험을 통해서 한 사회의 그늘을 성찰했다는 공통점이 있었달까요.

그렇습니다. 그런데도 예나 지금이나 우리나라에선 헤세를 마치 센티멘털한 낭만주의자 비슷하게 묘사하곤 하는 경향이 커요. 특히 독문학계의 헤세 전공자들이 그런 해석을 주도하고 있다고 봅니다. 전문 학자들이 대부분 헤세의 사회적 고립과 고뇌를 충분히 이야기하지 않는다는 것이죠. 헤세가 자기 자신을 외부 사회와 점점 더 격리한 뒤 훗날 적극적으로 반전주의와 사회주의를 지향해나가는 과정, 사회에 대한 근본적인 비판들을 외면하고 그의 고독을 "내성적인 성격", "조용한 성품"의 탓으로 돌리는 경우가 참 많습니다.

그래선 안 돼요. 헤세를 정확히 읽어내기 위해선 19세기와 20세기 독일 사회의 전제적이고 반민주적이며 반인간적인 사회구조에 대한 철저한 인식이 필요합니다. 헤세는 19세기에서 20세기로 넘어가는 기독교 주류 사회의 엄격한 계율적 분위기와 관습에 적응하지 못했고 그 주류 사회에서 밀려났습니다. 그는 왕따였어요. 저는 헤세가 자신의 문학을 통해서 스스로 "내가 왕따다"라고 저항함으로써 비로소 그의 문학이 성립했다고 봐요. 그는 끊임없이 고독에 시달리며 자기 자신을 극복하기 위해 노력했지만, 결코 인간성을 말살시키는 당대의 위압적인 분위기에 굴복하지 않았습니다. 그가 30대 후반에서 40대에 들어서면서 썼던 『데미안』과 『황야의 이리』부터 시작해서 『수레바퀴 밑에서』와 『나르시스와 골드문트』에 이르기까지 그의 문학 세계는 바로 세계에 대한 적극적인 고독과 반항의 기록들입니다. 영원한 사춘기의 기록이며, 청춘의 기록들이고요.

그리고 제가 사춘기 때 읽은 헤세는 마치 대한민국과 똑같은 상황을 살았다고 느껴졌어요. 20세기 초엽의 독일이라는 사회와 20세기 후반의 한국이란 사회가 저에겐 같이 오버랩되었던 것입니다. 제가 10대 때 느꼈던 우리나라의 그 강고했던 애국주의와 경제발전주의, 아주 권위적인 이데올로기의 폭력성을 헤세 역시 자신의 소설에 투영해두었고, 자신이 그런 분위기에서 비켜나 스스로 왕따를 자처할 수밖에 없었다고 고백하고 있었으니까요. 헤세가 저에게 주는 감동은 바로 그런 점에 있었습니다. 사회에 굴복하지 않겠다면서 스스로 고독을 선택한 뒤, 그 격리의 고통을 절절하게 묘사함으로써 자신의 외로움을 극복해내는 그의 태도에 말이죠.

‖ 독서를 통해서 사회를 읽어내고, 거기에 맞설 수 있는 용기를 얻으셨던 것이겠죠. 시대는 달랐어도 뛰어난 지성들은 언제나 우리가 사는 세상의 보편적인 병폐를 파헤치곤 했을 테니까요.

그렇습니다. 예컨대 제가 평생에 걸쳐 간디와 톨스토이를 정말 좋아하지 않습니까? 제가 그 어떤 사상가나 예술가보다도 그들을 좋아하는 이유는, 다른 무엇보다도 그 두 사람이 보여준 철두철미한 비폭력이에요. 그들을 읽을 때마다 저는 제가 겪었던 대한민국 사회가 얼마나 폭력적인지를 실감하곤 했으니까요. 대한민국 사회는 폭력에 중독된 사회입니다. 아주 폭력이 만연한 사회죠. 제 이야기를 하자면, 저는 뭐 아주 어릴 적부터 부모에게도 맞았고, 학교 선생님들한테도 맞았고, 군대에서는 심지어 고막이 나갈 정도로 맞았으니까요.

‖ 고막이요?

제 한쪽 귀는 지금 고막이 없습니다. 고막이 파열되어서 회복이 불가능하다고 그러더라고요. 군대 시절 이후에요. 그래서 제가 듣는 게 좀 불완전해요. 그걸 못 느꼈나요? 아내는 항상 그렇게 이야기를 합니다. 조금만 멀리서 이야기를 하면 제가 잘 못 듣는다고요.

‖ 교수님은 공군 장교로 복무하셨는데요, 일반병이 아닌 장

교 사회에도 구타 문화가 심했었나 봅니다.

네. 엄청나게 두들겨 맞았죠……. (웃음) 저는 대학 졸업 후에 공군 학사 장교로 군대에서 4년간 복무했는데, 사실 장교로 군대에 갈 생각은 전혀 안 했어요. 그런데 당시엔 여학생들이 대부분 대학을 졸업하거나 졸업하기 전에 혼례를 치르곤 했었거든요. 그때 저와 사귀던 아내 쪽 집안에선 아내가 어느덧 혼기가 꽉 찼다고 판단했던 모양이에요. 아내가 저보다 나이가 한 살 더 많았거든요. 그래서 아내 집에서 저와 아내가 사귀는 걸 무척 반대했어요. 그것을 일거에 해결하는 방법이 있었는데, 장교로 입대해서 아내와 결혼 생활을 시작하는 것이었죠. 그래서 학사 장교의 길을 선택했습니다.

‖ 어쨌든, 군대에서 그런 식의 노골적인 폭력의 기억들이 있으셨군요.

네. 군대를 전역한 후에도 전혀 알지 못하는 사람들에게서 폭행을 당한 적도 몇 번 있습니다. 1990년대 초반이었나요.

노태우 정권 시절, 서울 용산에 전쟁기념관을 아주 거대하게 짓는다고 하는 뉴스가 나왔어요. 그래서 제가 전쟁을 기념하는 건물을 대체 왜 짓는지 이해할 수 없다는 취지의 비판적 칼럼을 쓴 적이 있었습니다. 그 칼럼이 신문에 나가고 난 뒤 제가 완전히 매국노로 몰리고, 전국의 상이군인들이 제 연구실과 집에 몰려와서 한 일주일째 점거한 적이 있습니다. 그때 제가 며칠 동안 이 노년의 상이군인분들에게 폭행을 당하기도 했어요.

‖ 경찰에 신고를 하셨으면 막아줄 법도 했는데요.

그때는 경찰에서도 상이군인들은 노터치라고 하더라고요. 잘 타일러서 보내라고 하고 끝이었어요……. 그래서 군인들에게 맞고, 곤욕을 치르고, 무릎을 꿇고 사과하기도 했어요.

‖ 불과 수십 년 전인 그때만 하더라도, 사회에 물리적인 폭력이 꽤 난무했던 시절이라는 생각도 듭니다.

저는 그런 폭력에 참으로 치를 떨었던 것 같습니다. 그 폭력적이었던 분위기에는 어떤 사상적인 연원도 있다고 생각해요. 유교와 주자학의 전통 이념은 폭력에 대한 통제, 폭력에 대한 반대를 명백하게 밝히지 않았습니다. 그러니까, 양반 사회라고 하는 것은 양반이 상놈을 죽여도 괜찮은 그런 사회였잖아요. 양반 사회만이 아니라 그 당시만 하더라도 남편이 아내를 조그마한 잘못 때문에 때리고, 욕보이고. 불륜의 경우엔 아무 거리낌도 없이 죽여도 될 만큼 폭력에 관대한 사회였습니다. 그런 의미에서 저는 우리 전통 사회가 대단히 폭력적인 사회였다고 생각하고, 그 직접적인 유산들에서 수치스럽고 모멸스러운 느낌을 받곤 했어요. 그런 영향이 지금까지 부분적으로 남아 있다고 생각하고요.

‖ 여전히 우리 일상에 녹아든 폭력성이랄까요.

저는 그렇게 생각하고 있어요. 지하철을 타면 요새는 젊은이들이 스마트폰으로 게임을 참 많이 하지 않습니까? 그런데 제가 게임의 내용은 잘 모릅니다만 하나같이 피 칠갑에 총질 일색이에요. (웃음) 제가 속한 세대가 세대인 만큼 고루해서 그런지는 몰라도 아무튼 그런 건 좀 질색입니다.

매즈 미켈슨이라는 덴마크 배우가 있잖아요. 「헌트」라는 영화에도 나왔는데, 그가 얼마 전에 「폴라」라는 영화를 찍었죠. 저는 이 배우를 참 좋아하기 때문에 이 영화를 보러 갔었는데, 그야말로 깜짝 놀랐습니다. 작품이 너무나도 폭력적인 거예요. 저는 끝까지 보지도 못했습니다. 그런데 이게 게임 원작 영화라고 하더군요. 제가 게임의 세계를 잘 알지 못하니 확언할 수는 없지만, 게임의 세계가 바탕이 되어서 그런지 영화가 너무 지나치게 잔인하고 폭력적인 건 아닐까 싶다는 생각이 들었어요. 물론 모든 게임이 그처럼 극단적으로 폭력적인 건 아니겠지만…….

저의 바람이 있다면 비폭력적인 게임들이 많이 개발도 되고, 어린아이들의 두뇌와 정서 계발에도 도움이 되고, 좀 더 평화로우면서 인간적인……. 그런 게임들이 많이 나오면 좋지 않겠나, 라는 생각을 하곤 있습니다. 물론 저는 이미 '게임세대'가 아니기 때문에 제 말이 꼭 옳다고 고집할 생각은 없습니다. 제가 무조건 게임을 부정하는 사람은 아니에요. 제 아들도 게임회사를 운영하고 있고 말이죠……. (웃음)

‖ 영화 중에서도 잔인한 영화가 참 많을 텐데요? (웃음)

저는 아무리 좋은 영화도 폭력적인 영화는 싫어합니다. 쿠엔틴 타란티노와 기타노 다케시의 영화도 굉장히 싫어해요. 제가 싫어한다고 해서 좋은 영화라는 사실은 변하지 않겠지만요. (웃음)

한국어의 경어 체계에 담긴 폭력성

‖ 교수님의 폭력론에 관해서 가장 주목이 되는 것은 바로 언어의 폭력성에 대한 논의입니다. 이미 여러 글에서 '일방적인 경어의 폭력'에 대해 짚어주셨는데요. 저도 크게 공감이 되었습니다.

맞아요. 제가 우리 언어의 폭력성에 관한 이야기를 자주 했었는데요. 지금 생각나는 에피소드가 하나 있습니다. 옛날에 제가 영화를 번역했던 적이 있어요. 일반 상업 영화는 아니고, 인권운동사랑방에서 1980년대부터 열고 있는 〈인권영화제〉에서요. 이 영화제는 지금도 하고 있습니다만, 이 영화제가 처음 시작될 때 인권운동사랑방의 대표를 맡고 있던 서준식 씨가 제게 요청해서 몇 편의 영화를 번역했던 적이 있습니다.

그때 영화를 번역하며 제가 이런 생각을 했습니다. 경찰이 시민에게 폭력을 가하는 장면에서, 우리는 "이 새끼야, 빨리 불어!" 이런 식으로 번역을 하잖아요? 그런데 영어 자막을 보게 되면 같은 장면에서 "Say, Say!" 이런 식으로 나온단 말이에요. 만약 이 말을 "말해요", 혹은 "말하세요"라고 번역하면 전혀 볼 맛이 안 날 겁니다. "말해, 이 새끼야." 이렇게 옮겨야지 우리 식의 감이 생기는 게 사실이지 않습니까. 근데 제가 그때 제가 바로 그런 장면에서 "말하세요"라고 옮겨서 서준식 씨와 언쟁했던 기억이 납니다. (웃음) 그게 뭡니까, 그렇게 옮겨서 경찰의 폭력성이 드러납니까, "이 새끼야, 빨리 안 말하면 죽여버린다"라고 옮기셔야지요, 라는 말을 들었죠. 저는 거기에 대고 "그렇게는 못 하겠다"고 대응했고요.

무슨 말을 하고 싶었던 것이냐면, "저는 우리가 계속 무비판이고 타성적으로 그런 식의 언어를 용인했기 때문에 우리 사회가 더 폭력적으로 변했다고 생각한다." 제가 서준식 씨에게 이렇게 얘기를 했죠. 예를 들어 소설에서도 아버지와 아들의 대화가 나올 때, 아버지가 아들에게 경어를 쓰는 표현으로 번역하면 우리가 받아들이기엔 굉장히 어색하겠죠? 하지만 아버지가 자기 자식에게 경어로 얘기하는 작품을 어릴 때부터 읽는 세대가 등장한다면 어떨까요? 저는 그런 작품이 지금보다 훨씬 더 자유롭고 평등한 문화를 만들어가는 데 큰 도움이 되리라 믿습니다. 지금도 그 생각에는 변함이 없어요. 이런 생각에 좀 공감이 되나요?

‖ 그럼요. 다만, 물론 서준식 선생의 반론에도 이해가 되는 건 사실입니다. (웃음)

물론 이해가 되지요. 저도 이해하면서 고집을 피웠던 건데요. (웃음) 사실 우리 경어 체계라는 게 그 높임의 정도에 따라서 몇 단계가 있잖아요. 저는 이 존비어의 '단계'들이야말로 가장 폭력적이고 가장 계급적인 것이라고 생각을 합니다. 제가 계급이 싫은 이유는 그것이 폭력적이기 때문이에요. 꼭 완력으로 남을 쥐어패는 것만이 폭력은 아닙니다. 폭력이란 타인을 강압적으로 억누르고, 계급화시켜서 차별하는 것을 포함합니다. 자유롭고 평등하다고 하는 우리들의 기본적인 삶의 이상에 어긋나는 모든 차별적이고 억압적인 것, 권위적인 것이 제가 바라보는 넓은 의미의 폭력입니다. 그리고 그런 차별적인 폭력이 한 사회의 무의식을 가장 선명하게 드러낸다고 생각하기도 합니다. 폭력성을 이런 차원으로 넓게 이해한다면, 우리 사회가 굉장히 폭력적인 공간이라는 것을 알 수 있죠. 단순히 게임이나 영화의 잔인한 장면들의 문제가 아니라요.

제가 지금 저보다 한참 어린 박 선생에게 지금도 말을 높이고 있죠. 제자들하고도 마찬가지예요. 제가 학생들에게 말을 높이면, "선생님, 말씀 낮추십시오"라고 말하는 후배들과 제자들이 많았습니다. 저는 아주 특수한 경우를 제외하곤 항상 이들에게도 말을 높입니다. 그 이유는 다른 게 아니에요. 나 스스로가 폭력적이지 않기를 바라는 마음에서 그러는 것일 뿐이죠. 제가 그들에게 말을 낮추면 그들이 훨씬 더 가까움을 느낀다는 것은 알고 있어요. 그러나 경우에 따라선 폭력적으로 될 수 있어요. 그걸 제가 알고, 또 느끼고 있습니다. 제가 타인에게 말을 높이는 건 저 자신이 정해둔 일종의 '룰'인 것이죠. 그러니까 어쨌든, 박 선생. 저와는 앞으로 언제까지나 말을 높입시다. 제가 절대로 말을 놓지 않

겠습니다. (웃음)

‖ 말을 서로 낮추면 또 확 가까워지는 게 사실이기도 하니까요. 저는 교수님과 더 가까워지고 싶긴 합니다만……. (웃음)

우리 사회에는 누가 누구보다 나이가 많다, 계급이 높다, 지위가 높다는 이유로 아랫사람에 대해서 굉장히 함부로 하는 문화가 있지 않습니까? 제가 아주 어린 시절부터 받았던 교육과 그런 문화 자체가 저에게는 굉장히 폭력적으로 느껴졌어요. 제 아버지는 절대자처럼 군림했고, 모든 것은 강요되었고, 아버지는 돌아가시기 전까지 제게 절대적인 복종을 요구했습니다. 그게 아버지에게는 최대의 미덕이었던 거예요. 제 아버지는 60이 넘은 아들에게까지 보수 정당과 정치인을 찍으라고 강요했어요. 언제나 "자식을 위해서"라는 전제를 붙이면서 말이죠. 우린 그런 부모의 행태를 사랑이나 도덕이란 말로 미화하곤 하지만, 그것은 너무도 명백한 '사상의 테러'입니다. 타인의 머릿속을 조종하겠다는 것이니까요. 그게 얼마나 폭력적인 일인지를 우리가 똑바로 알 필요가 있다고 생각해요.
어떤 의미에선, 제 아버지가 행복한 분이었을 게 틀림없다고 생각합니다. 단순한 분이셨고요. 제가 아무리 반항해도, "저놈은 아직 철이 덜 들었어." "교수가 뭐 대단해? 내가 가르쳐야 해." 이런 식으로 생각했던 분이셨으니까요. 즉, 스스로에 대해서 단 한 번도 회의하지 않았던 분이었습니다. 저는 윗사람이 윗사람이란 이유로 회의와 자기반성을 거치지 않거나 그것에 지극히 게으른 어떤 문화가 너무 싫었습니다. 그게 지난 몇백 년 동안 우리 사회의 전통이 되어왔던 것으로 생각하고요. 이것은 그야말로 선의의 폭력이자, 도덕적 폭력일 거예요. 저는 이런 폭력이 가장 구체적으로 남아 있는 게 바로 언어라고 생각을 합니다.
당장 모든 게 바뀌긴 힘들겠지만, 저는 좀 더 이른 시일 내에 상호 평등한 경어 사용이 모든 사람에게 일상화되거나, 아니면 어른이나 아이들이나 적어도 회화 언어로는 반드시 경어를 쓰는 사회가 되었으면 해요. 그게 아니라면 구어와 문어가 일치되어 아예 모든 사람이 평어를 쓰는 사회가 되길 바랍니다. 저는 지금까지 『내 친구 톨스토이』 같은 책을 경어로 쓰는 시도도 해보았는데요. 경어로 책을 쓰면 그것을 읽는 상대방의 인격적인 존엄성을 존중한다는 전제를 담는다고 생각을 했으니까요. 한데 출판사에서는 경어체의 책은 아이들 책같이 느껴져서 어른이 잘 안 사본다는 얘기를 하더군요. 씁쓸한 일이죠. (웃음)

‖ 우리의 경어 체계가 세계적으로도 아주 특수한 사례라고 많이들 이야기하고 있죠.

그렇습니다. 중국에는 아주 예외적인 경우를 제외하곤 경어가 없습니다. 일본어가 다른 동양의 언어 중에서는 가장 우리의 경어 체계에 가까운데, 일본어의 경어는 굉장히 단순합니다. 우리하고는 비교가 되지 않을 정도로 단순하죠. 같은 유교권이라고 할 수 있는 베트남, 태국, 캄보디아 등에도 높임말이 거의 없다고 봐도 무방합니다. 있더라도 매우 예외적으로만 존재할 뿐이지요. 그러니까 제가 아주 예전부터 관심을 가지고 찾아본 세계의 언어 현황에 따르면, 세계에서 가장 복잡한 경어를 가지고 있는 나라가 바로 우리나라입니다. 한국말만큼 이렇게 경어 사용에 엄격한, 계급화된 언어가 없어요. 그만큼 우리 사회의 언어문화라는 것이 계급화가 되어 있고, 그런 계급화는 사회생활의 계급화와 직결되어 있다는 말을 하고 싶습니다.

계급의 폭력, 결정론의 폭력을 말하다

‖ 지금 언어에 주목해서 말씀해주고 계시는데, "계급은 곧 폭력이다"라는 표현이 제게는 참 와닿습니다. 계급은 곧 폭력이고, 폭력은 곧 계급이라는 것. 둘은 결국 함께 갈 수밖에 없는 것이라는 뚜렷한 인식이 필요하다는 것일 테고요. 우리가 어린 시절 겪곤 했던 노골적인 폭력 같은 게 어른들의 사회로 와선 계급과 계층으로 굳어지게 마련인데, 노골적이든 아니든 그런 계급적이고 계층적인 구조와 문화는 그 자체로 폭력의 위험을 잉태하고 있다는 인식이시죠.

참 쉽게 폭력에 빠질 수 있는 사회입니다. 명태와 마누라는 사흘에 한 번씩 두드려야 맛이 난다는 말이 있던 사회잖아요. 우리 사회는 굉장히 폭력적인 사회예요. 제가 단언할 수 있는데, 가부장 사회는 곧 폭력 사회입니다. 가부장주의는 그것이 폭력적이기 때문에 사악하고 파괴적인 것이에요. 그런데 제가 이 이야기도 꼭 하고 넘어가야 할 것 같아요. 제가 아이들에 대해서 폭력을 전혀 가하지 않은 건 아니에요. 지금 제 자식들이 둘 다 40대 전후인데요. 제 기억에는 둘의 어린 시절 딱 한 번씩 아이들에게 체벌을 가한 적이 있습니다. 물론 아이들이 너무도 버릇없게 고집을 부렸거나 거짓말을 했던 일들이라……. 그때 그 상황에 나름의 이유는 있었던 것 같지만, 그게 참 평생 후회가 되는 일이에요. 저 같은 경우엔 거의 매일 아버지에게 맞으면서 자랐던지라, 제 평생의 맹세가 제 가족이든 저의 제자든 누구든 간에 폭력은 사용하지 않는다고 하는 것이었는데요. 그 맹세를 100퍼센트 지키진 못했습니다. 제가 그 두 가지 사건이 두고두고 가슴에 맺혀서 이후 아이들이 크고 나서 그때 미안하다고 몇 번이나 사과했습니다.

‖ 그러셨군요. 그 사과는 받아들여졌습니까? (웃음)

네. 아이들은 이제 괜찮다고는 말해주던데……. 참으로 후회되는 일이죠.

‖ 우리 문화가 어떤 인간의 본능적인 폭력의 순화랄까, 세련된 승화의 장치랄까요. 교수님 표현대로라면 인간 사이의 상하 관계와 계급 관계에 대한 성찰적이고 세심한 주목이 참으로 부족했던 것 같다는 생각도 듭니다.

우리가 가령 유럽처럼 여러 나라가 섞여 있는 환경이었거나, 또는 큰 대륙 속에서 주변에 경쟁하는 나라가 많이 있는 경우였다면 옆 나라를 보고 배운다든가 또는 그 나라와의 경쟁 관계 속에서 무언가 변화가 있을 수 있었을 텐데요. 우리나라는 완전히 반도잖아요. 이웃 국가와 경쟁할 데가 없이 딱 고착되는 지정학적인 특성이 있었다고 봅니다. 말도 다른 나라의 말과 섞이기도 하고 비교할 수도 있었더라면 우리말도 좀 더 보편적인 언어 구조를 가졌을 텐데 말입니다.
역사관의 차원에서 반도 사관이라고 하면 일본 사람들이 악의적으로 만들어낸 거라고 논의되기도 하지만, 실제로 반도라고 하는 영역은 여러모로 정체될 가능성이 대단히 큽니다. 우리와 인접한 대륙의 중국은 대등한 위치에서 경쟁하기엔 너무 큰 나라였고, 섬나라 일본과도 어떤 적극적인 문화적 교류 혹은 대등한 경쟁이 이뤄지지 못했죠. 그런 면에서 우리나라는 아주 오랫동안 우물 안의 개구리와 같이 살아왔던 측면이 있었다고 생각하고, 그게 우리 전통사회의 큰 문제였다고 생각합니다. 지금은 물론 그때와는 많이 다르지만, 문화적으로는 아직도 그런 전통적 유산이 우리 무의식 속에 크게 남아 있는 것이 아닐까 싶습니다.

어쨌든, 우리 한국 사회는 대단히 특수한 사회라는 측면이 있다는 걸 말하고 싶어요. 이런 특수성이라고 하는 것이 좋은 점도 있고 나쁜 점도 있을 텐데요. 전통적인 차원에서는 오히려 좋은 점보다 나쁜 점이 많지 않았나, 그리고 우리도 어떤 세계의 보편적인 감각, 보편적 코드를 좀 더 활발하게 우리 문화에 녹여내려고 해야 하지 않나 생각하고 있습니다.

‖ 그래서 세계의 훌륭한 지성들을 읽는 일도 중요하고, 여행이든 영화든 예술이든 어떤 방식으로든 견문을 넓히는 게 참 중요하다고 생각하시는 것이겠죠. 그렇지만 한 사회의 보편성을 강조하시는 교수님의 말씀에선 자칫 조선의 내재적 발전론과 식민지 근대화론에 관한 오랜 논쟁을 떠올리게 하는 부분이 있습니다. 결과적으로 조선왕조 600년 동안 우리는 우리 손으로 근대적 시민과 사회 구조를 탄생시키지 못했던

것이 사실이고, 그러한 조선의 정체성과 폐쇄적인 낙후성이 우리 민족의 문제, 혹은 한계라고 보는 관점이 있지 않습니까? 그런 면에서 이영훈 교수를 비롯한 보수적 역사학자들이 20세기 초의 식민 체제를 어떤 방식으로든 옹호하거나 긍정하는 목소리를 많이 내왔던 것도 사실이고요.

그런 식민주의적 사관에 대해서 얼마든지 비판할 수도 있고, 그건 식민지 시대의 여러 법적인 수탈 조항들만 구체적으로 들여다봐도 얼마나 허무맹랑한 역사 인식인지를 명백하게 알 수 있죠. 그렇지만 그보다 여기서 이야기하고 싶은 건 우리의 역사든 우리의 민중이든 그 무엇도 결정론적으로 단언해선 안 된다는 것입니다. 제가 범세계적인 보편성을 강조하는 것이 우리나라의 내재적인 한계나 단점 같은 식으로 오해되어선 안 됩니다. 그렇게 한 사회의 보편성과 특수성을 자기 멋대로 휘두르고 써먹는 이데올로그들이 참 많아요. 그런 오만한 시각에서 인종주의가 시작되고, 식민주의와 엘리트주의가 시작되는 것입니다.
대표적인 게 칼 마르크스가 보여주었던 아시아 정체론이죠. 마르크스가 자신의 유물론적인 입장에서 참으로 많은 경제학적인 혜안을 보여준 건 사실이에요. 그렇지만 아시아-아프리카 문제와 관련해선 그의 관점에도 심각한 오류와 한계가 있습니다. 그는 자신의 유물사관적인 측면에 입각해서 서구의 우월성을 논증했고, 서구의 식민지 지배나 제국주의를 적극적으로 비판하질 않았습니다. 그리고 아시아와 아프리카 사람들이 서양인과 마찬가지로 가지고 있을 인간으로서의 능력, 정치적 잠재력, 문명화의 가능성에 거의 주목하지 않았고요.

그런 관점은 19세기 말엽의 조지 버나드 쇼 같은 사회주의자나 사회민주주의자가 가졌던 비서양에 대한 편견으로 이어졌고, 20세기의 가장 중요한 철학자 중 한 사람일 버틀런드 러셀도 그런 오리엔탈리즘을 가졌던 건 마찬가지였습니다. 러셀은 현대 철학자 중에선 사회주의나 핵 문제 등에 대해서 굉장히 진보적인 주장을 했던지라 저도 긍정적으로 보는 부분이 있지만, 그가 아시아와 아프리카에 대해서 인종주의적인 발언도 굉장히 많이 했던 걸 부정할 수 없습니다. 그런 서구 엘리트들의 오리엔탈리즘은 분명히 비판해야 한다고 생각하고 있어요.

‖ 우리의 한계를 인정하되, 그것이 마치 우리의 본원적인 면모인 것처럼 단정해선 안 된다는 것이겠죠. 그런 단정은 서구의 선진 문물과 '근대성'을 강제적이고 폭력적으로 이식하는 일, 나아가 우리 식민주의의 역사까지 정당화하고 긍정해버리는 일로 연결될 테니까요.

저 옛날 19세기 말엽부터 이른바 민족학이나 민족비교론, 문명비교론, 선진국론과 후진국론 같은 게 얼마나 많았습니까. 서양인은 탐구심이 있고 과학 정신이 뛰어나며 동양인은 그런 게 부족하다는 식으로 도식화시켜서 이야기하는 학자들이 많았습니다. 그래서 뭐 유대인은 어떻고, 미국인과 영국인은 어떻고, 한국인은 어떻고……. 이렇게 민족성이 결정되어 있다는 이론도 있었고요. 저는 그런 우생학적인 신화 같은 것들이 우리 사회에 아직도 좀 남아 있는 것 같을 때도 있습니다. 그렇지만 어떤 민족이든 그 시대 상황 속에서, 지배계층과 피지배계층으로 나뉘는 여러 구분이 가능한 단위 속에서 아주 다양하고 굉장히 가변적인 특성을 보일 뿐이에요. 어떤 민족의 민족성도 절대적인 건 아니죠. 그리고 이런 맥락에서 본다면, 서양 사회의 경우도 우리가 교과서에서 배우는 것처럼 고대와 중세, 근대 사회가 딱 떨어져 나뉠 수 있는 건 전혀 아니니까요, 서양도 프랑스 혁명을 비롯한 시민혁명 이후에도 봉건적인 농민 사회의 전통은 분명히 존재하고 있었습니다. 서양의 경우엔 19세기에 와서 근대적 시민성이 주류로 등장했습니다. 비서양 사회는 그에 비해 역시 한 1세기 정도 늦었고 이런저런 시행착오를 겪긴 했지만, 20세기에 와서 민족해방운동이라든가 그 후의 시민혁명이 나라마다 뜨겁고 왕성하게 벌어진 것 아니겠어요? 그리고 서양이라고 뭐 한순간에 완벽한 민주주의를 이룩했던 것도 전혀 아니잖아요. 프랑스를 예로 든다면 대혁명 이후에도 지속적인 혁명이 있었지만, 왕정과 공화정을 끊임없이 왔다 갔다 하다가 20세기에 와서야 어느 정도 제대로 된 민주주의를 하는 거잖아요.

그런 면에선 저는 인종주의적인 편견, 어떤 결정론적이고 역사주의적인 고정관념에 의해 아시아와 아프리카, 말하자면 우리나라의 조선 사회를 포함한 봉건 사회들이 서양보다 열등하고 문제가 많다는 식으로 인식되면 결코 안 된다고 봐요. 우리 민중들의 저항과 민주적 에너지를 상징하는 동학이나 의병, 민란 등은 끊임없이 계속되어 왔죠. 설령 그들이 주장한 것이 경우에 따라선 왕에 대한 충성일 수도 있고, 그런 반란이 근대적 의미의 시민혁명으로 나아가진 못했던 것도 맞지만, 그 시대 나름의 자유와 자치에 대한 강력한 추구였다는 점을 인정해야 한다는 게 제 생각입니다. 그런 과거의 유산이 지금 우리가 이룩한 민주주의와 민주화의 역량으로 이어져 왔다는 측면도 분명히 있다고 보고 있습니다.

‖ 서양의 패권적인 주류 사상과 역사를 비판적으로 보시면서, 인간의 자유와 주체성을 강조하고 계시는 관점으로 이해됩니다. 어떤 피지배 민족이든 어떤 피지배층이든 간에 민주적으로 자치를 실현할 가능성, 또 자치를 실현해야 마땅하다는 당위성에 주목하시는 걸 텐데요, 그런 면에서 서양의 전통적이고 주류적인 철학적 계보를 아주 전복적으로 바라보는 시도를 오랫동안 해오고 계시죠. 소크라테스와 플라톤 등 그리스철학을 본격적으로 비판하시는 책도 많이 출간하셨습니다.

저도 소크라테스나 플라톤, 아리스토텔레스의 철학이 갖는 깊이와 중요성을 모르는 바가 아닙니다. 그렇지만 저는 이 철학자들이 그 시대의 주류 계급을 두둔하고, 노예제를 옹호했으며, 지배와 피지배 관계를 합리화하고 정당화시켰다는 측면에 주목했던 거예요. 왜냐면, 그리스철학을 중시하는 그 많은 사람이 이런 점에 대해서 아예 외면하거나 관심조차 두지 않는 경향이 너무나도 큰 게 사실이니까요. 그렇지 않습니까?

반면 우리가 흔히들 궤변론자라고 비판하는 소피스트들이 훨씬 더 노예제 문제와 인간의 자유와 평등의 문제에 대해선 진보적인 시각을 갖고 있었습니다. 아리스토텔레스가 아니라 그와 동시대에 살았던 디오게네스가 민주적인 신념, 인간의 주체성과 존엄성에 대한 믿음이 확고했고요. 그렇게 따져보면, 소크라테스 이후 칸트와 니체에 이르기까지 서양의 주류 철학에는 사실상 매우 비민주적인 전통이 분명히 존재했다는 것이죠. 그래서 저는 중세의 권력화된 기독교를 적극적으로 거부한 흐름이라든지, 근대에 들어서선 스피노자 몽테뉴로 이어지는 자유롭고 능동적인 철학적 전통, 그리고 볼테르와 디드로 등의 계몽주의자들에게 주목했던 것입니다. 그리고, 이런 사상적 흐름에선 역시 예수라는 인물을 빼놓을 수는 없겠죠. 국가권력과 결탁한 기독교에서 신격화된 예수가 아니라, 한 인간이자 사상가로서의 예수 말입니다.
제가 소피스트와 계몽주의자를 무조건 예찬했던 게 아니에요. 그들은 다 양면성을 갖고 있던 철학자들이었고, 장단을 갖고 있던 철학자였습니다. 그렇지만 이른바 서구의 주류 철학이라는 것은 제국주의 침략을 옹호하던 주류 정치학과 얼마나 긴밀하게 연결되었습니까? 십자군 전쟁으로 대륙을 건너가서 그 많은 사람을 학살하고, '백인의 사명' 운운하면서 원주민들을 살육하고……. 그런 사상의 흐름을 비판적으로 되짚는 작업을 계속해왔고, 저는 그 반대편의 흐름을 가장 집대성한 두 인물을 톨스토이와 간디로 보고 있는 것이죠.

톨스토이와 도스토예프스키에 관하여

‖ 특히 톨스토이의 삶과 문학은 교수님께 많은 영향을 미치지 않았습니까? 톨스토이에 관한 여러 책을 쓰고 옮기셨는

데요, 그중에서도 2016년에 번역하신 『신의 나라는 네 안에 있다』에 대한 애정이 각별하시죠. 톨스토이의 수많은 책들 중에서도 우리에게 필요한 고전 중의 고전이라고 강조하셨고, 그의 대표작인 『부활』도 이 작품을 소설로 썼다고 해도 과언이 아닐 정도라고 말씀하셨는데요.

맞아요. 저는 톨스토이의 책 중에서 이 책이 가장 중요하다고 생각해요. 이 책은 차르 체제의 권력과 빌붙었던 러시아 정교를 철두철미하게 비판하고, 성경 속에 포함된 신비주의적인 요소도 철두철미 배격하고, 기독교의 삼위일체설과 원죄설, 대속 사상 같은 것들을 완벽하게 거부하는 책입니다. 비폭력 사상과 평화주의를 강조하고, 모든 권력으로부터 종교를 가장 순수한 형태로 복원한다는 점에서 참으로 중요한 고전이고, 특히 어디에서든 권력의 힘이 남용되고 폭력으로 흘러버리는 우리 사회에 반드시 필요한 책이라고 생각했어요. 빈센트 반 고흐가 제일 아꼈던 톨스토이의 책이 바로 이 책이었습니다. 간디도 마찬가지였고요. 저는 이 책을 번역한 것을 대단히 자랑스럽게 생각합니다.

‖ 러시아의 가장 위대한 두 문호를 꼽자면 역시 톨스토이와 도스토예프스키라고 할 수 있을 테죠. 19세기의 동시대를 살았던 둘은 서로를 꽤 의식하기도 했고, 존경과 질투가 섞인 어떤 미묘한 라이벌 관계 같은 게 형성되기도 했죠. 어쨌든 이 둘은 문인들의 문인, 예술가들의 예술가라고 불릴 만한 사람들이고, 우리나라의 문학계와 예술계에 미친 영향도 엄청나다고 할 수 있습니다. 저 개인적으로는 교수님과 달리 두 사람 가운데에서 도스토예프스키 쪽으로 훨씬 기울어진 취향의 사람입니다. (웃음) 교수님은 역시 톨스토이에 더 애정을 가진 사람인 게 분명한 것 같고요.

네. 저는 톨스토이의 입장에 가깝지 않나 생각됩니다. 이건 옳고 그른 차원의 문제가 아니라, 그저 톨스토이가 저의 마음에 들고 제 취향에 맞는다고 해야 할까요. (웃음) 제 생각에는, 아무래도 둘의 문학과 사상을 근본적으로 구분 짓는 문제는 대속 사상을 인정할 것이냐 말 것이냐는 것이라고 봅니다. 예수가 인류의 죄를 사해주기 위하여 대신 죽었다? 톨스토이는 우리가 다 개인으로서 사는 것이며, 예수는 그저 우리들의 삶의 모범으로 존재하는 것이라고 강조했지요. 우리가 죄를 지었으면 우리가 죄에 대한 책임을 져야지 왜 남에게 대신 책임을 지라고 해? 이게 대속 사상의 거부잖아요. 말 그대로 신의 나라는 어디 다른 데 있는 것이 아니라 우리 한 사람 한 사람의 안에 있다는 관점이라고 할 수 있습니다.

결국, 대속 사상의 문제는 종교를 자율적으로 볼 것이냐 타율적으로 볼 것이냐, 자기 구제로 볼 것이냐 신의 구제로 볼 것이냐는 점을 우리에게 묻고 있죠. 톨스토이는 명백히 자기 구제와 자기 책임을 강조하는 입장을 취했고, 그래서 어떤 의미에서 톨스토이는 무신론자라고도 할 수 있습니다. 도스토예프스키는 『까라마조프가의 형제들』의 조시마 장로가 상징하듯 현실 종교의 권위를 인정하고 타율적인 입장을 취하는 대속주의자이죠. 그는 여기서 더 나아가 국가권력과 결합해 있던 러시아 정교의 전통을 신봉하고, 러시아 민족에 대한 신비주의적인 예찬을 하기에 이릅니다. 그런 면에서 도스토예프스키는 반근대적인 국가주의자의 측면이 강해요. 도스토예프스키는 좀 심하게 말하면 러시아 군국주의자였고 차르주의자였습니다. 러시아 정교의 사도였고요.

톨스토이는 다릅니다. 톨스토이에 따르면, 예수 또한 대단히 반국가적이었고 자율적인 인간을 중심으로 형성된 공동체를 주장했던 사람이었습니다. 그것이 예수가 죽은 뒤 4세기 로마 콘스탄티노플에서 기독교가 국교화가 되고, 이어 아우구스티누스에 의해 원죄론이 도입되지 않았습니까? 그처럼 인간의 원죄가 강조되는 대속 사상이 국가 차원에서 강제되는 배경에선 이제 개인이 대단히 하찮은 존재가 되고 신에 대한 극도의 절대주의가 등장할 수밖에 없었는데요. 톨스토이는 예수의 본래 가르침은 그런 것이 아니라고 말한 거죠. 톨스토이는 예수가 산상수훈에서 말하는 이웃 사랑, 적에 대한 사랑까지 포함하는 평화주의, 그리고 부당한 권력에 아부하거나 순종하지 않는 반항 정신이야말로 기독교의 본질이라고 얘기하는데, 도스토예프스키는 그런 점은 전혀 말하고 있지 않으니까요.

‖ 그렇지만 톨스토이는 대지주의 자식으로 태어나서 평생을 윤택하게 살았지 않습니까? 설령 자신이 누렸던 부와 권력에 대한 죄책감이 있었고 그것을 영성적·사상적으로 훌륭하게 승화시켰을지언정 그런 기득권의 삶을 완전히 포기

하진 못했죠. 도스토예프스키는 그야말로 가난과 풍파와 질병에 찌들었던 파란만장한 삶을 살았고, 그런 삶의 굴곡 속에서도 굉장히 윤리적이고 책임감 있는 생활인의 면을 보여준 게 사실입니다. 교수님이 비판하듯 톨스토이와 다르게 이념적으로는 굉장히 수구적이고 보수적이었더라도, 도스토예프스키는 그런 삶을 통해서 어떤 깊은 차원의 리얼리즘적인 지평을 보여준 것은 아닐까요. 민중을 '위한' 예술이 아니라, 그 스스로 '민중적인' 삶과 사상을 체현한 예술을 말이죠.

공감이 됩니다. 저도 젊은 시절에는 도스토예프스키에 푹 빠졌었습니다. 물론 도스토예프스키의 가난했던 삶과 사상범으로서 사형 직전까지 몰려보았던 경험 등은 톨스토이의 안정된 귀족 생활과 여러 면에서 대비되는 건 맞습니다. 그렇지만 그러한 경험과 처지의 차이에도 불구하고 두 사람이 추구한 러시아 사회의 가난에 대한 비판, 특권 계급에 대한 공격, 인간에 대한 뜨거운 애정 등등 많은 점에 대한 공통적인 교감이 있었다고 봐요. 결론적인 인간관과 세계관에 대해선 두 사람이 대단히 엇갈리는 부분이 있지만……. 어쨌든 그래서 두 사람 다 서로를 존경하기도 했고요. 서로 입장이 다른 두 사람이지만, 우리가 둘에게서 같이 느낄 수 있는 공감의 여지는 충분히 있다고 봅니다.

그리고 제가 도스토예프스키보다 톨스토이에 더욱 애정을 쏟은 건 좀 더 현실적인 이유도 있었습니다. 제가 젊은 시절부터 반세기 동안 우리 한국 사회를 바라보건대, 저는 도스토예프스키보단 톨스토이의 이야기가 훨씬 더 필요하다고 생각했어요. 우리는 모두 둘 다 위대한 예술가라는 걸 알고 있지만, 도스토예프스키의 국가주의와 수구적인 정치관 같은 건 거의 언급되거나 주목된 적이 없잖아요? 그건 도스토예프스키의 중요한 측면인데도 말이죠. 오직 도스토예프스키의 개인적이고 신앙적인 고뇌 같은 점에 대한 찬양만이 가득했지요.

반면 톨스토이의 경우에도 그의 급진적인 정치관이나 종교관, 그리고 그로 인해 러시아 정부나 교단에서 추방되기까지 했던 그의 면모는 다 제외하고, 무슨 인도주의자니, 박애주의자니, 아니면 그에게 매우 큰 영향을 받았던 이광수식의 톨스토이만 유행했던 측면이 있었다고 봅니다. 이광수식의 톨스토이는 「무정」이나 「유정」등의 소설에서 드러나

듯이 봉건적인 여성의 순결 도그마를 강조하는 왜곡된 신파극에 불과해요. 저로서는 톨스토이의 『부활』이 그렇게 신파적으로 해석되고 전파되는 걸 참을 수 없었죠. 그래서 우리에게 덜 알려진 톨스토이를 좀 더 소개해야 한다는 판단을 하고, 열심히 번역도 하고 그랬죠.

‖ 저는 기독교적 신앙을 갖고 있진 않고, 권력화된 기독교가 많은 폐단을 낳은 것도 사실이지만, 대속 사상은 어떤 의미에선 굉장히 놀랍고 아름다운 세계관이 아닐까요? 이 세상의 누군가가 모든 인간의 죄를 짊어지고 만인을 구원한다는 그 상상력 자체는 참 위대하다고 느껴질 때가 있습니다. 우리에게는 누구도 대신해줄 수 없고 어떤 의미에선 신적인 존재만이 구원해줄 수 있는 인간 운명의 본원적인, 혹은 선천적인 비참함이나 죄의식 같은 게 있으니까 말이죠.

물론 제가 그런 식의 구원적인 종교관 자체를 비판하고 싶은 건 아닙니다. 박 선생은 대속 사상을 아름답게 묘사했지만, 저는 좀 현실적으로 얘기해보고 싶어요. 제가 비판하고 싶은 건 기독교를 믿어서 고시에 패스했던 이런 이야기라든가, 기독교에 의지해서 선거에서 승리했다는 어느 정치인의 이야기 같은 것들입니다. 이런 사례가 한국엔 얼마나 많았습니까?

제 주위에도 어릴 때 공부 잘하는 학생 중엔 기독교인들이 많았습니다. 저한테는 하나님을 믿는 것과 공부를 잘하는 게 무슨 상관관계가 있는 것처럼 보일 때가 있었어요. 아, 신앙심이 있어서 공부를 잘하는구나, 어린 제 마음에 그렇게 생각될 정도였으니까요. 기독교인들 중 고시 공부를 하다가 공부에 몰두하기 위해 종교를 택하는 사람이 꽤 많이 있다는 것도 알고 있어요. 현실의 법률가나 정치인들 중에도 종교인이 많다는 것도 마찬가지고요. (웃음) 그런데 그런 식으로 종교를 도구화한다는 것이 저로서는 도저히 납득이 되지 않아요. 제가 그런 도구적인 종교가 지배하는 한국 사회를 너무 많이 봐왔기 때문에 그런 건지도 모르겠지만…….

‖ 그런 말씀은 충분히 이해가 됩니다. 아, 교수님. 박노자 교수님과 계속 교류하지 않으십니까? 박노자 교수가 교수님에 대해서 굉장한 애정과 존경을 표했던 걸로 알고 있는데

‖ 요. 제가 10여 년 전에 박노자 교수가 도스토예프스키의 수구적인 국가주의를 싫어하고, 자신은 도스토예프스키를 절대 읽지 않으며 그가 폐기되어야 한다는 식으로 지면에 쓴 글을 본 적이 있습니다. 그건 좀 심한 것 아니었을까요? (웃음)

아, 저도 그 글을 봤던 기억이 있는데 그건 좀 심하다고 생각합니다. (웃음) 박 교수가 1년에 몇 차례 한국에 들를 때마다 저와 자주 만나서 이야기도 나누며 지내고 있죠. 도스토예프스키가 갖는 리얼리즘적인 측면이랄까, 톨스토이처럼 진보적이진 않았지만 각자의 삶의 차이에서 오는 저마다의 치열함이랄까. 그런 건 충분히 인정할 여지와 필요가 있다고 생각합니다.

‖ 문학과 예술, 그리고 도스토예프스키를 좋아하는 한 출판인이 참 아쉬워했다는 말씀을 꼭 전해주시면 감사하겠습니다. (웃음)

네. 제가 꼭 그렇게 전하겠습니다. (웃음)

진보의 패러독스를 성찰하다

‖ 헤세로부터 시작해서 톨스토이에 이르기까지 교수님께 이런저런 말씀을 듣고 있지만, 어쨌든 인간 사이에 '등급'을 나누려는 어떤 사상적 역사랄까요. 우리 모두에게 흐르는 우열의 논리와 감수성 같은 것을 극복하지 않고선 이 세계가 근본적으로 변혁될 순 없을 것 같다는 게 저의 생각입니다.

동물의 세계에는 지배하는 소수와 지배받는 다수라는 어떤 생존의 기본 법칙이 있지요. 원숭이든 개미든 꿀벌이든 간에 적자생존의 원리 속에서 치열하게 경쟁하며 살아가야 한다는 대전제에서 자유롭진 못할 겁니다. 말 그대로 '동물적'으로 존재하는 삶의 양식, 혹은 지배 양식이랄까요. 물론 인간도 동물이기 때문에 강력한 힘을 갖는 존재가 다수를 지배하는 힘으로 누르는 동물 사회의 특징에서 완전히 자유롭진 못한 게 분명합니다.

그러나 인간은 끝내 인간이기 때문에 지배와 관계없이 다른 사람과 함께, 또 지배자와 피지배자가 함께, 보다 동등하고 억압으로부터 자유롭게 살려고 하는 욕망 또한 가지고 있다, 저는 그렇게 봅니다. 그게 전부는 아니지만, 분명히 인간에게는 동물 사회에서 보이지 않는 인간만의 존엄과 가치라는 것도 존재한다고 믿는 거죠. 그 존엄과 가치가 인간 역사의 피와 땀과 눈물을 만들어 왔는데 그 또한 부정할 수는 없는 것이죠.

특히 사상적인 측면에서 말씀을 드리자면, 제가 니체주의와 플라톤주의를 배격하는 이유는 바로 그 동물성에 관한 적나라한 긍정에 있어요. 물론 플라톤은 철인이라는 수사가 붙어 있긴 하지만, 저는 플라톤주의와 니체주의로 이어지는 서양의 주류적인 사상의 흐름이 힘세고 현명한 극소수의 인물이 다수를 지배하는 게 옳고 마땅하다는 식의 정치관을 내포하고 있다고 생각합니다. 어떤 영웅주의적인 한 사람, 혹은 몇 사람이 좀 힘이 없고, 좀 모자라고, 좀 수준이 낮은 다수를 지배해야 한다는 주장에 대해서라면, 저는 그 주장이 아무리 세련된 수사로 장식되어 있다 한들 기본적으로 '동물적'인 것이라고 봐요.

그러니까 그런 동물성과 대비된 측면에 주목해야 하고, 그게 우리가 인간다운 세상이라 말할 수 있는 사회인 것이겠죠. 인간이 인간답게 살 수 있고, 인간에게 민주주의가 필요한 근본적인 이유는 헌법상 원리로 일컬을 수 있는 인간의 존엄과 가치 때문이라는 얘기밖에 할 수가 없어요. 우리가 흔히 인간성, 인간이라는 존재의 가치라고 이야기하는 덕목 말이죠. 인간이 자유롭고 평등해야 한다는 인간 존재의 사명, 인간 존재의 원리에 대한 인식은 자명한 것 아닐까요? 그런 인식의 확장이야말로 역사가 흘러온 장구한 세월이겠죠.

‖ 이처럼 우리의 인간성을 강조하시는 이런 교수님의 말씀에서 역설적으로 오웰의 『동물농장』이 생각나기도 합니다. 교수님도 자주 예찬하셨지만 정말로 훌륭한 소설이죠.

『동물 농장』은 너무도 유명한 고전이지만, 제게는 언제 읽어도 참 즐겁게 몰입이 되는 소설입니다. 이 소설의 주제와도 잘 통하는 이야기이지만, 니체나 플라톤이 힘 있는 자가 어리석은 다수를 지배해야 한다고 주장했던 건 아마도 다수가 아주 시끄럽기 때문일 거예요. 서로 갈라지고 의견도 다르니까 그걸 강력하게 장악해서 한쪽으로 몰고 가야 더 좋은 세상이 온다는 것 아니겠어요? 그런 게 어떤 정치적 카리스마와 지도력이라고 하는 것인데, 우리 사회에도

20~30년이 넘는 오랜 세월 동안 바로 그런 카리스마적인 정치가 존재했죠. 그 카리스마를 만들고 유지하기 위해서 많은 학문과 예술과 언론이 동원되었던 것도 맞고요. 물론 박정희 정권의 공과에 대해서는 세심한 논의가 필요하겠지만, 적어도 그 긴 시간 동안 보수 정권과 보수 언론, 보수 학문에 의해서 국민이 계속 억압적으로 통제되었던 건 부정할 수 없는 사실입니다. 저도 오랫동안 그런 비인간성과 반인권성을 비판해 왔고요.

‖ 다름을 인정하고, 시끄러움을 인정한다. 이와 같은 민주주의에 대한 기본적인 신념을 되새기면서, 언제나 헌법적인 인권의 가치와 인간 존엄성을 잊지 않는다. 그렇지만, 인간 사회를 좀 더 '인간적'이고 '진보적'으로 만들려는 시도가 오히려 폭력적으로 작용했던 예도 많지 않습니까? 인권의 이름으로 자행되었던 숱한 비극들이 있는 것 또한 사실이니까요.

그럼요. 맞습니다. 일본의 경우가 생각나는군요. 획일적인 입시 지옥을 벗어나고 학생 개개인의 개성을 중시한다는 개인주의 및 자유주의의 교육 사조가 들어서기 시작했을 때, 일본에서 이지메 문화, 소위 왕따 문제가 본격적으로 시작되었다는 역설이 있습니다. 바로 그 시점에 제가 일본에 체류하고 있어서 그런 현상을 아주 생생하게 목격했어요.
비단 일본만이 아니라, 사실 우리가 흔히 말하는 보수와 진보의 이중적이고 역설적인 측면이 있다는 얘기를 하고 싶습니다. 보수일 때 도덕적으로 더 강고하고, 질서가 유지가 된다는 것 말입니다. 진보가 사회를 주도하면 도덕이 타락하고, 질서도 더 이완되어 버리는 거예요. 역설적으로, 어쩌면 인권이 주장되기 때문에 그 반작용도 더 심해지는 측면이 있다는 것입니다. 그러니 이게 과연 진보가 좋은 것이냐, 이렇게 의문을 던지게 되는 거죠. 교육정책이든 경제정책이든 사회정책이든 마찬가지인 거예요. 이게 일본뿐만이 아닌 어느 나라에서든 있을 수 있는 현상일 겁니다.

‖ 평생 진보의 노선을 선명하게 견지해 오셨던 교수님께 그런 말씀을 들으니 신선합니다. 저는 예전부터 프랑스 혁명에 관한 신문화사적인 연구들에 관심이 많았는데, 혁명기의 문헌과 기록들을 읽어보면 인간의 동물성이랄까요. 거대한

역사 뒤에서 표출되던 민중의 본능적인 폭력성 같은 게 참으로 놀라웠습니다.

그렇지요. 진보적인 변혁이 거대하기 이뤄지는 시기일수록 그런 게 더 노골적으로 나타나는 거죠. 제 생각엔, 역시 보수든 진보든 양면성이 있다는 거죠. 어느 시대나, 어느 사회에서나 마찬가지 현상입니다. 이것은 우리가 역사에서든 현실에서든 흔히 접하게 되는 패러독스입니다.

‖ 자유와 평등에 대한 신념은 좋지만, 그것이 '올바르게' 이뤄지지 않는다면 훨씬 더 큰 폭력이 될 수 있다. 이렇게 이해됩니다.

박 선생, 제가 분명히 하나 이야기하고 싶은 건 비유컨대 이런 것입니다. 아까 제가 중학교에 들어가자마자 〈세계의 인간상〉을 읽었다고 하지 않았습니까? 일찍부터 그런 좋은 책들을 읽은 건 저에게 참으로 어마어마한 영향을 미쳤습니다. 저의 사상과 교양의 뿌리도 그때 시작되었고, 지금까지도 제가 간직하고 있는 간디와 톨스토이에 대한 존경과 흠모는 그때 이미 시작되었다고 생각합니다. 그런 영향에는 변함이 없어요.
그러나 제가 그 시절 읽은 책 중에는 제게 너무나도 악영향을 끼친 책도 많았어요. 음담패설에 엉터리 같은 책들 말이지요. 제가 두고두고 후회하면서 안타깝게 생각하는 일이에요. 홀로 헌책방을 다니면서 그런 책들에 탐닉했던 그 오랜 시간……. 그리고 그런 시간을 기억하며 제가 믿고 있는 한 가지가 있습니다. 적어도 중학교 1학년생에겐 D. H. 로렌스를 읽혀서는 안 된다는 거예요.

‖ 로렌스의 『채털리 부인의 연인』을 읽으셨던 것이겠죠?

네. 저는 그때 세계문학전집 중 하나로 『채털리 부인의 연인』을 읽었습니다. 돌아보면, 그렇게 어떤 준비도 안 된 상태에서 그런 책을 읽는 일이 제게 남긴 악영향을 되짚게 되는 것이죠. 로렌스의 이 소설이 문학사적으로 걸출한 작품이란 사실을 부정하는 건 전혀 아닙니다. 그러니까 제가 생각하는 건, 어린아이와 청소년에게 최소한의 독서 지도는 필요하다는 거예요. 그야말로 완전히 자유롭게 책을 읽게

해서는 안 된다는 것입니다.

제가 『그리스 귀신 죽이기』라는 책에서 그리스 로마 신화는 그리스에서도 초등학교 학생들에게 읽히지 않는다고 이야기했던 적이 있죠. 거기엔 어린아이들이 받아들이기에 너무도 괴팍하고 이상한 이야기가 많으니 함부로 읽혀서는 안 된다고 이야기했어요. 그런데 우리나라에선 유치원에서 그 내용을 읽히고 있습니다. 저로서는 도저히 이해할 수 없는 현상입니다. 과연 아이들에게 필요한 내용, 아이들을 더 건강한 어른으로 길러내기 위한 교양이 무엇인지에 관한 어떤 진지한 성찰은 전혀 찾아볼 수 없는 거예요.

박 선생, 저는 도덕이나 윤리라는 것을 무시하자고 주장하는 사람은 절대 아닙니다. 기본적으로 아이들이 좀 더 성숙한 어른이 될 때까지는 반드시 도덕적·윤리적 훈련이 필요하다고 생각해요.

‖ 앞서 말씀해주신 『쌍전』에 관한 말씀과 연결되는 맥락이군요. 세상에 널리 권장되는 책들과 우리 실생활의 윤리적인 측면에 괴리가 매우 크다는 문제의식으로 받아들여집니다.

물론 『채털리 부인의 연인』만의 문제는 아니죠. (웃음) 그때 함께 읽었던 수많은 주간지와 값싼 성인물들이 제게 이중적인 분열과 모순을 불러일으키고, 성적인 호기심 같은 것도 끊임없이 불러일으켰던 거죠. 그래서 그에 대한 커다란 죄의식 같은 게 있었어요. 성적인 의미에서의 여러 고민이 있었고, 자위행위를 끊지 못하는 스스로에 대한 수치심도 컸고요. 좀 심각했습니다. 고등학교 1학년 때인가 자살을 시도했던 적이 있었을 만큼요.

제가 고등학교 2학년 때 미술 동아리에서 어떤 여학생에게 호감을 가졌던 일이 있어요. 그녀도 저에게 호감이 있는 걸 확인했고요. 주위 친구들이 빨리 고백하라고 다들 다그쳤죠. 그런데 제가 그녀에게 어떻게 제 마음을 표현했는지 아세요? 혼자 반년이 넘게 끙끙대면서 거의 두꺼운 책 한 권 분량의 예술론과 문명론 같은 걸 쓴 후 그 원고를 들고 고3 때 그녀 집 앞에 찾아갔습니다. 그녀는 나중에 대학에 가서 받겠다며 제 원고 아닌 원고를 거절하더군요. 그렇게 그 여학생과의 인연은 끝이 나버렸고요.

돌아보면, 저에게는 그 시절 충분히 가질 수 있는 이성적 호감에 대한 자연스러운 이야기가 형성이 안 되었던 것이죠.

제가 여학생을 제대로 사귈 수 있는 훈련이 전혀 되어 있지를 않았던 거예요. 무언가 솔직한 감성, 사랑과 연정의 감성을 그녀에게 그대로 표현할 수 없을 정도로 억압되어 있던 내면의 트라우마가 있지 않았나 싶습니다. 누가 그것을 강요하지 않았음에도…….

가령 지금은 아마도 제가 경험했던 그런 성에 대한 인식보다도 훨씬 더 빨리 어린아이들이 성에 눈을 뜨고 있지 않을까요? 워낙 인터넷과 멀티미디어 같은 게 발전된 세상이니 말이죠. 그것이 정상적으로 무언가 대화나 교육을 통해서 풀기보단, 그것으로 인해서 어떤 죄의식을 느끼거나 그것 때문에 여러 가지 어떤 자책감, 좌절감 같은 것을 경험하는 일도 여전히 많지 않을까 싶어요. 이런 생각으로 몇 년 전에 제가 청소년들의 자위행위에 관한 책을 쓴 적이 있습니다. 동료들과 같이 말이죠. 장 자크 루소와 앙드레 지드를 비롯하여 여러 철학자와 문학가들의 성적 갈등에 관한 이야기, 자위와 관련된 죄의식의 경험을 말이지요.

‖『맨 처음 성 인문학』이라는 책이었지요.

네. 저는 서양 사상 쪽을 썼고, 저와 같이 이 학교에 있는 최재목 교수가 동양 사상에 나타난 자위에 대해, 김경칠이라고 하는 변호사가 자신이 성 상담을 하면서 느꼈던 것까지 세 사람이 쓴 책이에요. 아무튼, 제가 아까 고등학교 1학년 때 자살을 생각했다고 말씀드렸잖아요. 아마도 지금 제가 기억하건대, 자위행위란 것으로 인한 죄의식이 가장 큰 요인이었던 것 같으니까요.

‖ 자위행위에 대한 죄책감으로 자살 충동에 시달렸던 헤세가 생각나는 대목입니다. (웃음) 교수님께서 로렌스보단 헤세를 너무 깊이 읽으셔서 그런 것 아니었을까요?

맞아요. 헤세도 그런 경험이 있죠. (웃음)

‖ 저는 앞서 말씀하셨던 교수님의 '트라우마'라는 표현이 참 와닿았는데요. 무려 2020년을 목전에 둔 우리의 학교 현실이 여전히 입시에 매달린 채 그런 트라우마에 구조적으로 포위되어 있는 건 아닐까, 그런 생각으로 안타까워질 때가 많아요. 특히 10대 시절부터 어떤 성적인 접촉의 계기들,

이성 간의 자연스러운 교감과 커뮤니케이션을 지지해줄 수 있는 크고 작은 의례가 너무도 부족한 것 같습니다. 서양은 10대 시절의 연애도 꽤 자연스럽고, 학교의 동아리 제도나 파티 문화 같은 것도 오랜 세월에 걸쳐 정착되어 있는 것 아니겠습니까? 우리도 조금씩 바뀌어 가곤 있다고 하지만 가끔 학교에서 아이들을 만나 얘길 들어보면 아직도 참 척박한 것 같아요.

맞아요. 그 시절의 건강한 연애가 참 부족해요. 그런 부족함이 정말 쓸데없는 죄의식과 좌절감을 만들게 되는 것입니다. 제 경우를 말하자면, 이성을 향한 성적인 관심을 끊지 못하는 걸 끊임없이 자기 책임과 의지박약 같은 것으로 연결 짓곤 했던 거죠. 그건 참 당연한 욕망인데 말이에요. 저는 다행히도 청소년 시절에 담배를 피우거나 술을 마시는 등의 탈선을 저지르진 않았지만, 성적인 음란물에 중독되고 그걸 끊지 못하는 데서 오는 좌절이나 자학 같은 것을 충분히 경험했습니다. 그런 죄의식으로 인해서 고등학교 시절 제가 호감을 갖고 있던 여학생을 자연스럽게 보질 못한 거예요.

‖ 어쨌든, 역시 이런 면에서도 어른의 역할이 중요하다는 맥락으로 이해됩니다. 추상적인 성 해방 이론 같은 것을 논의하는 것보다도, 아이들의 욕망을 있는 그대로 바라보고 그에 맞춘 제도나 의례를 섬세하고 구체적으로 마련해주는 게 어른들의 할 일이 아닐까 싶기도 하고요.

조금 다른 맥락의 이야기일지도 모르겠지만, 저는 〈법과 예술〉 같은 수업시간에 자기가 선택하고 결정한 사랑에 대해서 언제나 책임을 지고 진지했으면 좋겠다는 바람을 피력했어요. 자기가 선택한 사랑에 대해서 책임을 지고, 너무 가볍게 바꾸고 그러진 말라고요. 동거 같은 것도 신중하게 하라는 이야기도 했습니다. 제가 결혼하기 전 동거하는 것에 대해서 부정적으로 생각하는 건 전혀 아닙니다. 그런데 제 관점에선 젊은이들이 너무 동거 같은 걸 함부로 생각하는 경향도 없지 않아 보였기 때문에 너무 무책임하게 하진 마라, 그런 이야기를 하곤 했습니다. 이 말도 젊은 분들에게는 좀 거부감이 들 수 있으려나요? (웃음)

‖ 거부감까진 아니지만, 조금 의외이긴 합니다. (웃음) 아무

래도 지나치게 과감하거나 개방적인 형태의 사랑에서 오는 상처 같은 것을 우려해서가 아니었을까 싶기도 하고요.

동거의 경우엔 아무래도 성관계나 피임의 측면에서 더 취약하고 민감해지는 건 분명하니까요. 동거 후에 원하지 않는 임신이라든가 그런 것으로 인해서 여성이 피해를 보는 사례가 왕왕 있었고, 저에게 와서 상담을 청하는 학생들도 있었기 때문입니다. 우리나라의 경우엔 원치 않는 임신이나 미혼모 문제 등에 있어서 아직도 배려가 매우 부족한 게 사실이니, 그런 면에서 신중했으면 좋겠다고 이야기를 하죠. 그 생각은 지금도 크게 변함이 없습니다.

동거에 대해서 다소 부정적이고 조심스러운 의견을 냈다고 해서 오해되지 않았으면 좋겠는데, 저는 평생 한 남자 한 여자, 이런 신념은 믿지 않습니다. 하나의 사랑만을 지켜야 한다고도 생각한 적이 없고요. 다만 여러 사람을 만나되 어떤 만남에 대해서든 진지했으면 좋겠다는 바람을 전했을 뿐입니다. 아주 당당하게 사랑하고 당당하게 헤어져라. 헤어지고 난 뒤에 미련을 갖지 말라. 학생들에게 이런 이야기를 전하곤 했죠. 아주 당당하게. 제발 싫다는 사람 따라다니지 말고, 괴롭히지도 말고, 열 번 찍어 안 넘어가는 나무 없다는 말 같은 것 좀 믿지 말라, 이런 이야기를 했습니다.

페미니즘과 그 혁명적 흐름에 관하여

‖ 교수님은 호주제 폐지 운동에도 참여하셨습니다. 아무래도 1990년대 후반 이후 싹터서 최근에 활짝 꽃핀 우리나라 페미니즘의 시금석이라고 할 수 있는 운동이었는데요.

1990년대 후반 호주제 폐지를 위해 선도적으로 애쓰던 고은광순 선생이 계셨죠. 물론 가정법률상담소에서 이 제도를 철폐하기 위해서 진작부터 노력하기도 했고 그전부터 이론적이고 학문적인 작업은 계속되었지만요. 저도 고은광순 선생과 만나서 자주 이 문제에 관해 논의하기도 하고, 가정법률상담소 등에서 이 제도의 법적인 측면을 다루는 강연을 하기도 했습니다. 그리고 1990년대에 언론에 기고했던 이런저런 글을 통해서 호주제 폐지를 위해 힘을 보탰던 기억이 있습니다. 결국, 이 악습의 폐지는 2000년 이후가 되어서야 이루어졌죠.

호주제 폐지 운동은 법적인 의미의 남녀 불평등을 철폐해야 한다고 하는 주장이었는데, 그러니까 아주 기초적이고 당위적인 차원의 주장이었죠. 저 제도가 인간의 자유와 평등에 있어 기본적인 적폐에 속한다는 건 두말할 나위가 없었습니다. 법적인 연원을 봐도 호주제라고 하는 게 사실 전통적인 것도 아니고 일제강점기 때 만들어진 일본 민법상의 가독제가 변형된 것에 불과했습니다. 조선 시대에도 호주제란 개념은 존재하지 않았어요. 어쨌든 저도 이 문제를 들여다보며 가부장제라고 하는 게 우리 사회의 얼마나 잘못된 전통인지를 더 깊이 깨우칠 수 있었지요. 저 자신도 어릴 때부터 그런 것에 대해선 학을 뗐던 사람이고요.

‖ 철저한 가부장이었던 교수님 아버님의 얘기를 다시 꺼내지 않을 수 없겠군요.

프로이트가 그런 이야기를 했잖아요. 어릴 때 가장 충격적인 사건이 기억에 잠재하게 되면 그 앞의 기억은 다 잊어버리게 된다고요. 제가 아마도 초등학교 1학년 즈음이었던 것 같아요. 어머니가 밥을 좀 늦게 준비하셨었나, 하여튼 밥상을 들고 마루에 오시는데 아버지가 일어나셔서 밥상을 차버리는 바람에 어머니가 넘어지면서 그 뜨거운 국물을 덮어쓰는 장면이 기억나요. 그게 제 어린 시절 가장 충격적인 장면이었고, 그 뒤로부터 아버지에 대한 공포와 멸시 같은 감정들이 싹텄던 것 같습니다.

제 아버지는…… 경제적으로 어려웠을 때, 5·16 군사 쿠데타 때문에 실업자 생활을 했던 1~2년 동안 가장 포악하고 폭력적이었던 것 같아요. 저희에게도 그랬고, 특히 어머니에게 아주 몹쓸 폭력을 휘둘렀죠. 경제적으로 어려운 상황에 있으면 자유도, 평등도, 인간적인 존엄과 가치도 허용이 되지 않는 것 같은 느낌을 저는 그 어린 시절에 받았어요. 물론 모든 가정이 이런 건 아니겠죠. 시골의 가난한 부부가 훨씬 더 자유로울 수 있고 인간적으로 살 수도 있었겠지만, 제가 주로 본 건 우리 집이었으니 말입니다. 어쨌든 제겐 그 기억이 너무 충격적이어서, 저는 일찍부터 가부장제에 대한 증오를 싹틔웠던 것 같습니다.

제 어머니는 평생을 노예처럼 사신 분이죠. 그래서 저는 아버지가 돌아가시면 제 어머니가 주인의식을 가지고 제사 같은 일들을 그만두실 줄 알았어요. 아버지가 그렇게 강조했던 가부장적인 전통을 어머니 스스로 해체할 거라고 믿었는데, 아버지 사후에 어머니가 더욱 철저하게 그 전통을 지키는 바람에 제가 참 황당할 수밖에 없었습니다. 페미니즘적 자각이라는 게 이렇게 힘들구나, 이런 생각도 들었고요.

‖ 최근에 평생 글을 모르다가 한글을 배운 순천 할머니들의 글을 묶어서 『우리가 글을 몰랐지 인생을 몰랐나』란 책이 출간되었는데요. 여든의 할머니들이 생애 처음으로 일기를 쓰는데, 젊은 시절에 남편한테 맞았던 이야기를 이제야 글로 털어놓는 거예요. 남자인 저도 보면서 가슴이 턱턱 막히더군요.

가난했던 그 시절, 그러니까 일제강점기를 포함해서 1970년대 이전엔 우리 사회에 참 폭력이 난무했던 것 같습니다. 요새도 그런 폭력이 존재하는 건 부정할 수 없겠지만, 그래도 그즈음에 비해선 많이 줄어든 측면은 있을 거예요. 어쨌거나 반인간적인 폭력성과 원초적이고 동물적인 공격성이 여과 없이 분출되고, 그게 남자답다는 식으로 미화되고, 그런 폭력이 가부장적인 의미에서 합리화되고 정당화되는 그런 시대는 뭐 페미니즘을 굳이 언급할 것도 말 것도 없는 야만의 시대가 아니었을까 싶습니다.

어쨌든 가부장제란 게 다른 것이 아닙니다. 남편이자 아버지가 가정에 절대적으로 군림하는 억압적인 명령 체계이자 모든 걸 자신의 의사에 의하여 결정하면서 부인이나 자녀들을 억압하는 지배 형태가 바로 가부장제예요. 그게 참 폭력적이죠. 가부장제의 가장 큰 문제는 역시 그것의 폭력성입니다. 제 어머니도 그렇고 저도 그렇고, 평생에 걸쳐 그 폭력을 당했고 그게 사랑의 매니 뭐니 하는 식으로 미화되는 걸 경험하기도 했죠. 그런 가부장주의는 훈육을 명분으로 다른 이들에게 거리낌 없이 폭력을 행사하는 군사 문화와 떼려야 뗄 수 없는데, 이 가부장주의와 군사 문화는 우리 학교와 군대와 사회에 전반적으로 만연해 있는 것 아닙니까? 저도 이에 대해선 오랫동안 철두철미하게 비판했다고 생각하고 있습니다.

저 자신의 이야기를 하자면, 제가 지금까지 제 아내와 42년째 결혼 생활을 하고 있는데요, 한 번도 아내에게 억압적인 폭력을 가하거나, 폭언이나 욕을 하거나 그렇게는 살지 않

았다는 것이 그나마 자랑스럽게 느껴집니다. 이게 참 당연한 일임에도……. (웃음)

‖ 참 당연한 일인데도 교수님 세대의 남성들 사이에선 흔치 않은 사례 아니었겠습니까?

네. 주변에서 너무나 많이 봤죠. 친하게 지내던 교수들의 부인이 어느 날 얼굴에 시퍼렇게 멍이 든 채로 막 울면서 호소하고……. 그 남자 교수는 저와 참 친했던 교수인데, 정말 겉으로 봐선 어떤 한국적인 학자이자 선비의 전형이었던 거예요. 뭐 교수들만이 아니라 좌우지간 여기저기서 가장 훌륭한 체하고 점잖은 체하는 남자들이 부인과 자녀들에게 폭력을 함부로 가하는 것을 정말 많이 봤어요. 이런 폭력 사회에서 제가 폭력을 쓰지 않았다는 게 참 다행이다는 생각이 들 정도입니다. 물론, 앞서 얘기했듯 자녀들에겐 한 차례씩 구타를 저질렀다는 건 지금도 반성하고 있지만요.

‖ 저는 이 가부장제를 풀어나가는 핵심적인 문제의 고리가 역시 돈이라고 생각합니다. 많은 여성분도 한국 사회의 남

성 중심적 가부장주의를 혁파할 수 있는 문제의 핵심을 여성의 더욱 적극적이고 활발한 경제활동으로 보고 있는데요. 교수님도 이런 면을 자주 강조하신 걸로 알고 있습니다.

정말로 필요하다고 생각합니다. 아마 제가 법대 학장을 지낼 때였을 거예요. 제가 소속됐던 법과대학에서 교수를 초빙할 때 여자 교수를 임용하기 위해서 제가 적극적으로 나섰던 적이 있습니다. 뭐 제 자랑처럼 들릴 수도 있겠습니다만, 이 문제는 워낙 중요하고 아직도 한국 학계에 남아 있는 구태한 관습이라고 할 수 있으니까요. 대한민국의 교수 사회도 지극한 남초 사회, 남성 집중적인 공간이라는 걸 부정할 순 없죠. 당시에 법대의 일부 교수 중에서는 여자 교수이기 때문에 거부 반응을 보인 사람도 꽤 있었던 게 사실입니다.

‖ 최근 적지 않은 젊은 남성들이 페미니즘에 대해 극렬한 반발을 보이는 것도 사실입니다. 수십 년 전에는 어땠을지 몰라도, 요즘 여성들은 직장의 채용과 승진 과정 등에서 차별을 받지 않는다는 게 그들의 주된 주장입니다.

아니죠. 여전히 차별받죠. 직장에서 여성이 상위직을 차지하고 있는 비율이 엄청나게 제한적이라는 건 각종 통계가 증명하고 있는 것 아닙니까? 교사나 간호사를 비롯해 일부 직종에서 여성이 차지하는 비율이 높긴 하지만, 실질적으로 일반 기업에서 여성들이 차지하는 비율은 높지 않죠. 특히 고위직으로 올라가면 올라갈수록 말입니다. 한국 사회의 남녀 차별이라는 건 다른 어떤 나라보다도 심한 게 사실입니다. 여성의 사회적 지위나 지수를 보게 되면 후진국 중에서도 후진국 수준이에요. 그걸 어떻게 부정할 수가 있겠습니까?

물론, 여성의 지위라는 측면에서 심각한 양극화가 있는 것이 사실이라고 느껴지기도 합니다. 사법시험이나 행정고시 같은 부문에서 젊은 여성들이 약진하고 있는 건 맞지만, 대다수 평범한 여성들의 사회적·경제적·문화적 지위가 대단히 차별받고 있다는 것이 문제라는 거죠. 상위 계층의 차별 문제는 계속 개선될 여지가 있는데, 사회 저변의 문제랄까요, 특히 노동 차원의 문제는 여전히 너무나도 간극이 크고, 우리 사회가 그 부분에 대해 더 큰 관심을 가질 필요가 있다고는 생각해요. 말하자면, 페미니즘도 역시 계급화되는 현상이랄까요. 그런 건 좀 경계해야 할 필요가 있지 않을까 싶습니다. 무엇보다 자기 발언권을 갖기가 쉽지 않은 기층 여성 노동자와의 연대 같은 것이 더욱 필요하지 않나 싶고요.

‖ 연애와 결혼에 관해서라면 최근 몇 년간 우리 사회의 동질혼 현상이 강화되고 있다는 기사도 봤습니다. 자신과 비슷한 계층과 계급의 사람과 결혼하는 현상이 이전보다 강해지고 있다는 건데, 뭐 이건 우리나라만의 문제도 아닐뿐더러 꼭 나쁘게만 볼 것은 아니지만, 전반적으로 우리 사회도 점점 더 보수화되고 있다는 생각이 강하게 듭니다.

저도 동질혼 자체를 나쁘다고 생각하진 않아요. 아무래도 자신과 비슷한 상황이나 환경에 있는 사람에게 끌리는 건 자연스러운 일이겠죠. 그렇지만 제가 우리의 에로티시즘은 굉장히 나이에 민감하고 호르몬이 분발하는 20대 초반 몇 년에 국한되어 있다고 말씀드렸잖아요. 이런 관점에서 우리의 사랑 역시 대단히 계급화되어 있고, 규격화되어 있으며, 정형화되어 있다는 인식이 필요합니다. 결혼 이전의 연애와 결혼, 결혼 이후의 부부 생활, 그리고 죽을 때까지의 해로.

이런 식으로 정형화된 일부일처제와 정조의 관념이 있고, 그걸 벗어난 모든 사랑을 매춘이나 퇴폐로 몰아붙이는 틀에 박힌 규범이 있단 말이죠. 그러고선 또 그 관계에서 해소되지 못하는 욕망의 분출을 위해서 거대한 매춘 시장이 암암리에 존재하고 있고요.

동질혼 같은 현상을 부정할 것은 아니지만, 아무래도 우리 사회의 연애와 결혼이라는 게 아주 상품화되어 있다는 생각을 떨칠 수가 없습니다. 마치 거래 비슷하게 자신과 비슷한 계층의 사람들만을 찾는 현상이 점차 심해지고 있지 않나요? 그런 걸 보면 참 안타깝죠. 나이나 계층, 경제적인 조건, 그리고 제도적인 힘 같은 걸 뛰어넘는 게 사랑의 가능성일 텐데, 특히 젊은 분들이 일찍부터 그런 가능성에 아주 회의적인 측면이 커진 것 같아서 안타까울 때가 많습니다.

‖ 교수님은 『자유란 무엇인가』에서 성매매를 인정해야 한다고 말씀하신 바 있는데요. 이건 민감하고 미묘한 문제이겠죠. 일단 우리나라는 성매매방지법이 발효된 성매매 금지국가이기도 하고요. 교수님은 이 책에서 꽤 단호한 어조로 성매매를 합법화하고 성매매 노동자들의 노동권을 보장해

야 한다고 말씀하셨습니다.

미묘한 문제가 맞습니다. (웃음) 성매매도 일종의 '성매매 노동'으로 봐야 하지 않겠나, 이것이 게 제 생각이에요. 그에 대한 찬반 논의는 얼마든지 있을 수 있어요. 아마 그 논쟁은 끝이 없을 겁니다. 페미니즘 계열 속에서도 논쟁과 갈등이 있고요. 저 같은 사람도 있고, 지금처럼 완전히 금지되어야 한다는 주장이 있을 거예요.

제 생각은 이렇습니다. 적어도 이것을 신비화하거나 은폐하는 대상으로 삼지는 말자, 그야말로 탁 까놓고 보자, 이렇게 이야기하고 싶습니다. 우리 삶과 맞닥뜨려 있는 생활민주주의의 차원에서 이야기한다면, 저는 불가피하게 성매매가 필요한 사람들도 있을 수 있다고 봐요. 가령 장애인의 성 문제, 노인의 성 문제 등을 해결하기 위한 성매매도 있을 수 있다고 저는 봅니다. 그랬을 때 그런 성매매가 아주 건강하게 유지될 수 있게끔 만드는 사회적인 장치도 동시에 필요한 것 아니겠습니까?

‖ 성적 에로티시즘의 은폐랄까요. 그 은폐와 억압이 역설적

으로 신비화와 함께 가는 것이겠습니다만 그런 점에 대해선 우리 사회가 돌아봐야 할 지점이 많을 것 같습니다.

성의 이중성이 있죠. 제가 보기엔 주자학을 사상적인 근거로 하는 근엄주의랄까요. 그런 게 존재하는 것 같습니다. 남녀가 유별하다는 인식하에 두 성의 차별을 정당화하거나, 또는 우리의 자연스러운 욕망을 공적인 주제로 끌어올리길 거부하는, 참으로 말도 안 되는 도덕적 근엄주의 말이죠. 그런데 동시에 대단히 음탕하고 분방한, 대중적인 성 문화 또한 존재한단 말이죠.

저는 대부분의 한국 사람들이, 그중에서도 가부장제를 묵인하는 남성들이 성에 대해서 겉으로는 근엄주의를 취하면서도 실제로는 집단의 이름으로, 직장 사회의 이름으로, 또는 남성 문화의 이름으로 그런 것을 부당하게 즐기고 있다고 봅니다. 그래서 성매매를 불법으로 해둔 것과 별개로 수면 아래에선 성매매 문화가 거대하게 성행하고 있는 것이죠. 이런 이중성이 성매매를 전연 노동의 차원에서 바라보거나 그 종사자들에 대하여 공공적인 의료의 차원에서 접근하지도 못한 채 그것을 철두철미 은폐의 영역으로 가두어버린 셈입니다.

즉, 우리의 에로티시즘은 대개 남성들이 은밀하게 즐기는 그런 타락의 공간으로 변질되어 있다는 거예요. 아주 건전한 일부일처제라는 허상이 있고, 나는 훌륭한 남편이자 아버지이자 직장인이다, 이런 허상이 존재하는 영역이 있다는 겁니다. 우리의 방종하고 음탕한 에로티시즘 문화는 이처럼 많은 남성이 굳게 믿고 있는 도덕적 사회와 모범 사회라는 허상의 균열을 가리키는 지점이 아닐까 싶기도 합니다.

‖ 이 대목에 관해서는 앞으로도 우리 사회의 남성들이 페미니즘 계열의 목소리를 더 많이 경청해야 할 필요가 있겠지만, 저 개인적으로는 앞서 얘기했던 어린 시절부터 자연스럽게 경험할 수 있는 접촉의 계기들과 구체적 의례들이 너무도 부족한 게 에로티시즘이 은폐되는 중요한 이유 중 하나가 아닐까, 그런 고민을 계속 이어가고 있습니다. 에로스의 차원에서도 그렇고, 좀 더 나아가서는 인간과 인간 사이의 모든 관계에 대해서도 마찬가지인 것 같아요. 우리는 사람과 사람 사이의 신체적인 접촉 자체를 경시하거나, 적어도 그것을 문화적으로 세심하게 권장하거나 격려하지 못하

고 있는 게 아닐까 싶은 건데요. 역시 전통 사회의 영향이 크겠지만, 그런 일상에서의 의례들, 사람과 사람의 피부가 촉각적이고 공감각적으로 맞닿는 의례가 쌓여온 역사가 굉장히 짧고 빈약한 것 같습니다. 신체적 접촉 자체에 아주 무지하고 서툴달까요. 저는 이 접촉의 인색함이 우리 생각보다 훨씬 더 많은 문제를 내포하고 있지 않나, 이런 주제에 대해서 계속 생각해보고 있어요.

아주 좋은 말씀이라고 생각합니다. 방금 말씀하셨듯 인색하다는 표현이 참 맞는 것 같습니다. 그만큼 익숙하지가 않은 거예요. 성장하면서 거의 경험해본 적도 없고요, 피부가 접촉하는 일이란 게 굉장히 중요한데, 우리가 살면서 그런 경험을 해볼 일이 자기 가족이나 연인을 제외하면 과연 얼마나 되는 걸까요? 특히 최근에 들어선 사람과 사람 사이의 신체적인 접촉은 거의 기피 대상이랄까, 사악한 일이 되어버린 분위기도 있는 것 같아요. 제 생각은 이래요. 서로만 좋다면 서로의 살결을 좀 더 편하게 만질 수 있는 분위기가 되어야 하는 건 아닐까요? 또 서로 전혀 모르는 사람끼리도 경우에 따라선 손을 잡을 수가 있는 것 아니겠습니까? 그런데 우린 그걸 큰일 날 일처럼 생각을 하는 거죠.

반면에 사랑한다는 것을 전제로 해서 두 사람이 보여주는 공개적인 신체적 접촉은 너무 심해졌어요. 저보다 젊은 박 선생은 그렇게 안 볼 수도 있지만, 제 눈에는 그렇게 보입니다. 학교 캠퍼스 안에서 그런 애무가 너무 노골적이어서 저렇게까진 좀 안 했으면 좋겠다는 생각을 할 때도 자주 있었습니다. 요샌 도서관에서 키스하고 그런 건 보통입니다. 그걸 보고 있노라면……. (웃음)

‖ 마지막 말씀은 조금 의외인데요? (웃음) 제가 포크의 여왕이라 불리는 가수 조니 미첼을 참 좋아하는데, 조니 미첼이 〈They Kiss in Main Street in France〉란 제목의 곡을 부르기도 했거든요. 연인들의 육체적 접촉은 어디서든 자연스러운 게 더 좋은 것 아닐까요?

저는 그게 젊은 연인 간에 아주 한정적으로 국한되어 있다는 걸 좀 비판적으로 보는 거죠. 서양에서 그런 접촉은 훨씬 더 일상화된 풍경으로 보입니다. 적어도 저한테는요. 서양에서는 노인도 키스를 하고, 젊은 사람도 키스를 하고, 인사로도 키스를 하고, 누구나 다 편안하게 키스를 해요. 프랑스의 파리에선 서로 키스를 나누는 것이 이상하지 않은 거예요. 그런데 우리는 연애할 때만 키스를 하는 겁니다. 한국 사회에서는 결혼하면 또 키스를 하지 않아요. (웃음) 나이 든 부부는 물론 키스를 하지 않고요. 말하자면, 신체적 접촉이 대단히 특수화된 사회인 거예요.

‖ 아, 좋은 말씀입니다. 호르몬이 사람들의 접촉을 좌지우지하는 사회랄까요. 호르몬의 힘을 뛰어넘은 어떤 세련된 접촉 같은 게 부재한 사회라고도 할 수 있을 것 같습니다.

신체적 접촉은 인간관계의 친밀도를 표현한다는 점에선 대단히 자연스러운 현상일지도 몰라요. 그러니까 우리 사회는 친밀도를 표현하는 정도가 딱 정해진 연인 관계의 시기에만 가능한 사회라고 봐도 좋을지 모르겠어요. 그렇지 않은 시기에 친밀도를 과시하게 되면 범죄가 되어버리는 아주 비극적인 사회에 살고 있다고 해도 과언이 아니죠. 박 선생 말씀처럼 에로티시즘의 가장 기본이 신체적 접촉이라면, 저는 이 접촉을 지금보다 자유롭고 자연스럽게 할 필요가 있다고 생각해요. 포옹이든, 키스든, 프렌치 키스든, 혹은 성적인 관계든 상관없이요. 이런 접촉을 한다는 것은 언어를 통한 커뮤니케이션 이상으로 중요한 것이기 때문에 참으로 필요한 것이고, 지금보다 훨씬 더 긍정적으로 봐야 한다고 생각합니다. 저는 페미니즘의 흐름을 매우 긍정적으로 보는 사람이지만, 페미니즘 운동이 이런 이성 간의 자연스러운 접촉의 욕망 자체를 너무 과도하게 억압한다든지, 위험사회와 위협사회의 공포 같은 걸 불필요하게 조장한다든지 해선 안 된다고 생각하고 있어요.

‖ 일종의 교착상태가 아닐까 싶습니다. 그만큼 성추행이나 성폭행에 대한 여성들의 불안과 분노가 강하다는 방증이기도 할 것 같고요. 예컨대 프랑스에선 얼마 전 캣콜링이 법적으로 금지되기도 하지 않았습니까? 뉴욕과 파리의 거리에서 젊은 여성이 홀로 걸어가면 수백 번이 넘는 캣콜링을 듣기도 했던 실험이 화제가 되기도 했었는데요. 이런 사회에서 과연 건강하고 자연스러운 성적 접촉을 논한다는 게 어불성설인 것 같기도 합니다.

그렇죠, 그 또한 사실이죠. 미국이나 프랑스라고 뭐 에로티시즘이 언제나 건강하게 발현될 수 있겠어요? 거기엔 또 거기의 문제가 있기 마련이겠지요. 그렇지만 그런 일상적인 추행과 폭력의 분위기 같은 걸 확실하게 고쳐나가면서도, 동시에 모든 남성을 잠재적인 범죄자로 몰아붙이는 어떤 위협적인 분위기에 대해서도 경계할 필요가 있지 않나, 그런 생각을 하고 있습니다. 저도 이 문제에 관해서 세계 각국의 통계들을 살펴본 적이 있는데, 성적인 변태나 범죄자는 인구 전체로 보면 굉장히 미미한 게 분명하거든요. 그렇다면 다수의 남성과 여성이 이 가부장 사회를 극복하기 위하여 큰 틀에서 공감하고 연대해나가는 게 맞지 않나 싶어요.

한 인격의 구체성에 집중하는 일에 관하여

‖ 교수님은 오랫동안 과거에 살았던 여러 지식인과 예술가들에 대한 평전과 인물론을 써 오셨는데요, 여성에 대해서는 거의 쓴 적이 없지 않으십니까?

그러고 보니 그렇군요. 한나 아렌트에 관해서만 책을 썼던 게 기억이 납니다. 또 『인문학의 거짓말』이란 책을 쓰면서는 사포를 비롯해 고대 사회의 여성 시인들에 관해 소개하려 노력했어요. 개인 평전으로는 지금 프리다 칼로를 쓰고 있고, 또 앞으로 케테 콜비츠를 쓸 예정입니다. 말씀을 듣고 보니 앞으로 여성 예술인과 사상가에 대해서 좀 더 주목해야겠단 생각도 드는군요.

‖ 철학사만 봐도 여성 철학자가 매우 부족한 건 사실인데요. 이 문제를 다룬 고전으로는 캐롤린 하일브런의 『셰익스피어에게 누이가 있다면』이란 책이 있는데, 저도 읽고 아주 깊은 감명을 받은 작품입니다. 문학과 예술의 영역에서도 지극히 남성 중심적인 역사와 흐름이 있던 측면이 있었을 텐데, 아마 교수님도 이런 페미니즘적 관점에 공감하시리라 믿고 있습니다.

그렇죠. 철학사적이고 예술사적인 측면에서 남성에 비해 유명한 여성이 거의 없었다는 건 능력이 있는 여성 예술인이나 학자, 문학인이 없었다는 게 아니라 예술 사상 분야에 두각을 나타낼 만큼 남녀평등이 여성의 인간적인 가치가 존중되지 않았기 때문이었던 건 분명한 사실이죠. 그런데 얘길 하다 보니 제가 여성에 대해서 평전을 거의 쓰지 않은 것도 좀 더 반성이 되고 그렇습니다. (웃음)

‖ 교수님도 본인의 생활양식과 육아 방식에선 꽤 보수적이셨죠. 교수님은 정규직 직업 남성에 사모님은 전업주부의 삶을 사셨고, 그러니 자연스레 어머니가 육아와 살림을 전담하는 방식을 택하셨을 텐데요. 우리 사회의 각계각층에서도 남자가 육아에 참여하는 분위기, 생활의 측면에서 '자상한 아빠'가 강조되는 분위기도 두드러지는 것 같습니다. 아이를 반드시 엄마가 키우지 않더라도 전혀 문제가 없다는 인식도 점점 더 널리 퍼지고 있고요.

저는 엄마냐 아빠냐, 그런 점에 그다지 개의치 않았습니다. 지금도 개의치 않고요. 제가 적극적으로 아이들과 함께 놀아주고, 아이들 성장 과정을 일일이 지켜보고, 아내가 하는 역할처럼 제가 적극적으로 육아에 참여하지 못한 건 사실입니다. 그래서 육아를 남녀가 공동으로 담당한다는 것, 요리나 가정생활도 남녀가 공동으로 평등하게 해야 한다는 것 등등의 측면에 대해서 제가 섣부르게 좋다, 나쁘다를 말할 순 없을 것 같아요. 왜냐면 제가 그렇게 살지 못했으니까요. 그런데 지금 세대는 저희 세대와는 여러 측면에서 큰 생활의 변화를 맞이한 것 또한 분명한 것 같아요. 그렇다면 그 생활양식에 맞게 지금 젊은 남녀가 공동으로 역할을 분담하는 건 자연스러운 일이겠지요. 다만 우리가 살았던 시절에는 남자의 역할이 바깥 활동에 치중되어 있었고, 가정의 역할은 전업주부 쪽에 좀 더 치중되어 있었는데요, 여성의 직업 활동이 활발해지고 있다면 그걸 서로서로 공동으로 평등하게 분배하며 함께 해나가는 건 당연히 좋은 일이자 옳은 일이라고 생각합니다.

‖ 교수님 부부의 경우에 직업 활동에서 오는 권력 격차 같은 것은 교수님 스스로가 느끼지 못하셨습니까? 가부장제의 핵심은 역시 남성이 바깥일로 "집안 사람을 먹여 살린다"는 명분에 있었던 게 아닐까 싶은데요. 그게 가부장을 한 가족의 강자로 만들고, 강자가 되면 자연히 자기 권력을 휘두르고 남용하기도 쉬운 게 인간이니까 말이죠.

저는 없었다고 생각합니다. 저는 권력 행사라고 생각하진 않았지만, 아내 입장에선 권력 행사라고 느꼈던 지점이 있었을 가능성도 있고요. 무의식적으로 있을 수도 있었겠죠. 그런데 저희 부부 같은 경우에는 제가 경제 주도권을 쥔 적이 한 번도 없었어요. 제가 그런 면에는 아예 젬병이라 모든 걸 아내에게 맡겼고요. 제가 가진 유일한 재산이 집과 밭인데, 둘 다 집사람 명의로 되어 있습니다. (웃음)

‖ 교수님 세대는 몰라도 제 세대나 좀 더 젊은 분들이 여전히 '모성 신화' 같은 걸 신봉하는 걸 보면 조금 놀라울 때가 있습니다. 이른바 "그래도 아이는 어머니가 키워야지"라든지, 5세 이전에는 무조건 어머니와의 애착이 중요하다고 강조하는 프로이트의 5세 이론 같은 것 말이죠.

저도 그런 모성 신화 같은 걸 믿진 않습니다. 서양이든 동양이든 그런 신화가 많이 남아 있는 건 부정할 수 없을 텐데요. 적어도 인간의 원시사회가 제가 생각하는 것처럼 대단히 이상적인 측면이 있었다는 가정에선, 그때는 지금과는 비교할 수 없을 정도로 남녀평등이 존재했을 것 같고요. 또 여성이 지금보다 훨씬 더 주도적인 역할을 할 수도 있었겠다는 생각을 막연하게나마 하고 있습니다.
그리고 사실, 저는 여성과 남성, 여성성과 남성성 같은 관념 자체를 그다지 믿고 있지 않아요. 그러니 어머니가 아이를 잘 케어할 수 있고, 다른 사람은 어머니에 비하여 잘 케어할 수 없다는 일반론에 대해서도 좀 갸웃한 지점이 있습니다. 저는 우리나라의 육아에 관해선 어머니냐 어머니가 아니냐 그런 것보다도, 아이와 부모 사이에 너무 친밀도가 강하다는 측면이 훨씬 더 문제라고 생각해요. 무엇보다도 부모들이 자식들을 가만히 내버려두지 못하고, 어릴 때부터 지극히 싸고도는 게 가장 큰 문제가 아닐까 싶습니다. (웃음)

‖ 그러고 보면 사실 2000년대 이전의 남성 지식인들은 남성적인/여성적인 등등의 관형사를 참 많이 썼었던 것 같은데, 교수님의 책에선 이런 표현을 거의 본 적이 없는 것 같습니다.

저는 그런 표현을 좋아하지 않습니다. 특히 남성적인, 영웅주의적인, 애국주의적인, 권력지향적인…… 뭐 그런 개념들을 좋아하지 않아요. 그런 식으로 인간상을 묘사하면서 강한 권력을 추구하는 인간을 긍정했던 니체 같은 철학자들을 별로 좋아하지 않습니다. 여성이 철학적으로든 학문적으로든 남성보다 하위의 존재이고 열성의 측면을 지녔다는 게 니체의 주장이었지요. 그런 면에서도 니체의 철학이 당연히 싫었던 것이고요.

남성과 여성의 본질적 특성도 그렇고, 저는 인간 본성에 관해선 기본적으로 '우리는 그것을 전혀 모르지 않나'라는 생각을 하고 있어요. 저는 이렇게 묻고 싶습니다. '인간이 알고 있는 지식의 범위에서, 인간의 본성이 무엇인가'라는 논의만큼 황당무계한 것이 또 있는가? 우리는 여전히 인간의 본성은 이렇다 저렇다고 이야기할 수 있을 만큼 지혜롭지 못해요. 그것만은 단언할 수 있습니다. 어떤 면에서 저는, 종교와 마찬가지로 이 부분 역시 불가지론적인 차원의 문제로 보고 있는 것이겠죠.

인간의 본성 자체부터가 그렇게 알기 어려운데, 어떻게 남성의 본성과 여성의 본성을 일도양단으로 간단히 구분할 수 있겠습니까? 무엇이 인간의 본성이고, 무엇이 남성의 본성이며, 무엇이 여성의 본성인지를 단정적으로 말할 수 있는 지식의 근거는 아무것도 없다는 게 저의 생각입니다. 그게 모든 것의 출발이 되어야 하지 않을까요?

‖ 인간의 본성이든 남성성이든 여성성이든, 그 어떤 면에 관해서도 본질주의적인 것은 전혀 인정하지 않으시는 말씀으로 느껴집니다. 특히 교수님께선 진화론적인 단언들을 오랫동안 비판해오신 것도 사실이니까요.

맞습니다. 무엇보다도 진화론이 그토록 득세했던 사회적·역사적·시대적 배경을 제대로 살펴야 한다는 게 제 생각이었습니다. 저도 찰스 다윈을 정말로 존경하는 사람이고, 진화론 그 자체는 훌륭한 과학적 견해이자 체계일 수 있다고 생각합니다. 그러나 그것을 진리의 차원으로 격상시키면서 인간의 본성이나 남성성, 여성성을 '진화론적으로' 단정하려는 모든 태도는 저로선 비판할 수밖에 없습니다.
말하자면, 제가 수십 년 동안 강조해왔던 태도는 바로 이런 적극적인 무지의 영역을 옹호하는 데서 비롯된 것 같아요. 우리는 인간에 관하여 단정할 수 있는 것이 아무것도 없습니다. 그렇다면 우리가 돌아가야 할 가장 기본적인 생각, 혹은 명제는 무엇일까요? 그것은 바로 '모든 인간은 평등하다'이며, '모든 남성과 여성은 평등하고, 또 마땅히 평등해야 한다'는 원칙입니다.
우리는 누구나 인간으로서의 존엄과 가치를 가지며, 자기 인권의 주체가 되어야 합니다. 저는 바로 그 정도의 원리와 원칙 정도를 인식하고 있을 뿐이지요. 저는 인간의 본성이 어떻고, 남성과 여성 사이에 엄격히 구별되는 무언가가 있다는 것에 대하여 알지 못합니다. 알고 싶지도 않습니다. 저에겐 바로 저 원칙이 중요할 뿐입니다.

‖ 몽테뉴가 평생의 좌우명으로 삼았다던 '나는 무엇을 아는가Que sais-je'라는 문장이 떠오르는 말씀입니다. 교수님은 『몽테뉴의 숲에서 거닐다』라는 책에서 바로 이 문장에 관하여 어떤 사색의 결론이 아니라, '회의주의적 사색의 이정표 그 자체'를 상징하는 말이라고 말씀하시기도 했죠. 우리는 무엇도 다 알지 못하는 존재이므로, 언제나 우리가 기대야 하는 오직 한 가지는 인간의 존엄성을 명명백백히 기록해둔 헌법적인 규범과 가치관이라는 생각도 듭니다.
어쨌든 인간의 폭력성에 대한 이번 대담의 마무리는 남성 중심적인 가부장주의, 그리고 성적 불평등에 관한 내용이 되었던 것 같습니다. 저는 남자이지만 이 성평등의 문제가 우리가 흔히 인식하는 것보다 훨씬 더 중요하다고 믿고 있습니다. 올해 돌아가신 황현산 선생님도 일전에 직접 뵈었던 자리에서 "페미니즘은 돌이킬 수 없는 거대한 혁명적 물결"이라고 말씀하신 바가 있는데, 저 개인적으로도 지극히 공감하는 말입니다. 성평등과 젠더 문제는 우리 사회의 폭력적인 부분을 아주 깊숙하게 건드리고 있고, 또 앞으로도 그럴 것이라고 확신합니다.

말씀해주신 바에 저도 매우 공감하는 바입니다. 저 역시 성평등에 대해서 원칙적으로, 조건 없이 찬성합니다. 제가 여기에 찬성하는 이유는 다른 게 아닙니다. 여성과 남성 모두가 인간이고 인간의 존엄성을 갖는 존재이기 때문입니다. 여성이 여성이고 남성이 남성이라는 이유로 인하여 생활상의 어떤 차원에서도 차별이 있어선 안 됩니다. 물론 두 성에는 생물학적인 구별이 있을 것입니다. 그러나 그 생물학적인 구분이 어떤 이유로든 사회적이고 문화적인 차별로는 절대 이어지면 안 된다는 것이지요.

예컨대 올해 낙태를 금지한 법이 66년 만에 드디어 위헌으로 결정되지 않았습니까? 이 판결에 이토록 긴 시간이 걸린 것도 참 분노스럽고 안타까운 일입니다. 낙태는 여성의 자기 결정권의 문제였으니까요. 그것은 한 인간으로서의 자기 결정권의 문제이며, 그에 대해서 그 여성 자신 이전에 한 사회가 도덕적으로 판단을 한다는 건 있을 수가 없는 일이었습니다. 그런데 한국 사회에는 그런 판단이 얼마나 횡행했습니까?
낙태 문제와 관련해서 도덕적 · 종교적 차원의 여러 반대 이유가 있지 않았습니까? 제가 보건대 그런 종교적이고 문화적인 이유는 사실 굉장히 추상적인 이야기이죠. 태아의 권리, 태아의 존엄성 같은 것은 물론 우리가 주목해야 할 덕목임은 분명합니다. 그렇지만, 태아를 품고 있는 여성의 권리가 훨씬 더 중요합니다. 그 여성의 인격과 권리는 그보다 훨씬 더 구체적이기 때문입니다. 그 구체성에는 이론의 여지가 없습니다.

‖ 모든 것의 출발은 구체적이어야 한다는 말씀이시겠죠? 구체적으로, 언제나 구체적으로. 이 문제에 관한 교수님의 마

지막 언급은 여러모로 생각할 만한 말씀인 것 같습니다.

고맙습니다.

6

나오며:

아내와 함께, 내내 읽으며 늙어갑니다

‖ 이제 이 여러 차례의 대담도 마무리를 향해 가고 있습니다. 이렇게 교수님의 여러 말씀을 들을 수 있어 정말 즐거웠습니다. 파주에서 대구를 열 번씩이나 오가는 일은 너무도 힘들었지만……. (웃음) 제겐 참으로 보람 있는 시간이었다고 생각하고, 이 대담집을 읽는 독자들에게도 그러기를 바랄 뿐입니다.

앞선 자리들에서도 자주 말씀드렸지만, 제가 20대에 읽었던 교수님의 이미지는 어떤 전방위적인 반성의 아이콘이었습니다. 아주 엄격한 자기 성찰이랄까, 무리 짓지 않는 한 사람의 아름다움이랄까, 그런 면에서 우리 사회에 굉장히 희귀했던 사람이라고 생각하고, 또 우리가 앞으로도 계속 배울 만한 분이라고 생각된 지점들이 있습니다. 영원한 청년, 타협하지 않는 지성의 순수함, 그런 식으로도 표현될 수 있을 것 같은데요, (웃음) 어쨌든 저의 기대에 어긋나지 않았던 말씀들을 많이 들을 수 있었습니다. 그래서 한편으로는 참 다행스럽게 생각되기도 합니다.

교수님과 “노인들을 절대로 믿지 말라”라는 일갈로 유명했던 채현국 선생님에 관한 이야기도 나누었지만 채 선생님과 마찬가지로 교수님도 이제 노년의 삶으로 나아가고 계시지 않습니까? 삶의 황혼을 맞이하는 지점에서 어떤 생각을 하고 지내시는지 좀 궁금합니다.

그렇게 봐주시니 고맙습니다. 저에게 늙는다는 건 무엇보다도 몸의 쇠약함과 같은 게 아닐까 싶습니다. 몸이 약해진다는 게 이런 기분이구나, 요새는 이런 생각을 많이 하고 있습니다. 저는 나이가 들면 더 성숙해진다는 말을 믿지 않는데, 어쩌면 몸이 약해지면 인간은 성숙해질 수도 있겠구나, 그런 생각도 드는 것 같습니다. 몸이 제대로 말을 듣지 않는 기분을 박 선생은 아직 모르시겠죠? (웃음)

‖ 저도 조금씩 느끼고 있긴 합니다만 그래도 아직 30대이긴 하니까요. (웃음)

몸에 관한 이야기를 하니 이 일이 생각나네요. 한 2년 전 겨울에 눈이 좀 왔는데, 아침에 밭일하러 가다가 밭의 입구에서 넘어져서 제 왼팔이 정통으로 커다란 바위와 부딪친 거예요. 너무너무 아팠는데, 아시다시피 제가 이반 일리치의 『병원이 병을 만든다』라는 책을 번역하지 않았습니까? 저는 대체의학을 믿는 사람은 아닙니다만, 병원이나 약에 대해선 별로 그렇게 신뢰하지 않는 사람이었어요. (웃음) 그래서 그날 병원에도 가지 않았죠. 이튿날 동네 정형외과에 가서 엑스레이를 찍으니, 뭔가 많이 부러졌는데 잘 모르겠다면서 시내 영상의학과에 가서 정밀한 사진을 찍으라고 하더군요. 그래서 사진을 찍어보니 도저히 안 되겠다면서 내일 대학 병원을 가라고 하는 거예요.

그래서 대학 병원에서 사진을 찍으니 팔의 인대와 연골이 다 파괴되었다고 합디다. 전신마취를 하고, 아내 말에 의하면 5시간이 넘게 수술을 했다고 하더라고요. 이게 제가 뭐 누군가에게 맞았다든가 도끼로 찍힌 것도 아니고 그냥 넘어진 건데 말입니다. (웃음) 평상시 같았으면 다른 손으로 땅을 짚었을 텐데, 나이가 나이인 만큼 그런 순발력이 없어진 것 아니겠습니까? 그래서 제 평생 처음이자 마지막으로 병원에 입원하고 큰 수술을 했습니다.

‖ 굉장히 아프셨겠는데요. 그러고도 꾹 참고 하루 동안 병원을 가지 않으셨다니 대단하십니다. (웃음) 그렇지만 내 몸의 약함과 그 약함에 대한 인지가 세계를 바라보는 어떤 단초가 될 수 있다는 말씀은 여운이 남네요.

제가 줄곧 자발적 고독을 실천했던 삶에 관해 이야기했지만, 여러 가지 욕망의 갈등이나 콤플렉스는 결국 제가 이루고 싶었건만 이루지 못했던 무언가들 때문에 생겼던 것이겠죠. 그런 콤플렉스를 사색이나 독서, 예술 활동을 통해서 억제하거나 순화시키는 것도 가능하겠지만, 이것을 좀 더 자연스럽게 가능케 만드는 것은 몸의 변화구나, 나이구나, 이게 늙는 것이구나, 이런 생각을 하게 됩니다. 나이가 들어 순발력이 떨어지고 전보단 쉽게 피곤해져서 그전처럼 활기차게 움직이는 일은 힘들지만, 반면 평소에 굉장히 고통스러웠던 어떤 욕망과 기억, 육체적인 욕구라든가 물욕으로부터 몸이 스스로 자기 제어를 해준다는 게 참 행복하고 다행스러운 일이구나, 그렇게 생각하고 있어요. 물론, 제가 물욕을 하나 버리지 못하는 게 있습니다. 책에 대한 욕망이죠. (웃음)

‖ 진정한 성숙은 단순히 누군가가 더 오래 살았기 때문이나 더 많은 걸 경험했기 때문이 아니라, 자신의 약함을 받아들이고 그 약함으로부터 비롯되는 여러 의미를 찬찬히 살피는 일이 아닐까. 말씀을 듣다 보니 이런 생각도 드는군요.

그렇게 의미를 부여해주시니 고맙습니다. (웃음) 물론 몸이 쇠약해진다고 정신까지 약해지면 안 되겠죠. 그렇지만 몸이 약해지니 내가 버리지 못했던 욕심이 저절로 줄어드는 걸 바라보는 일은 제겐 참 반가운 편에 속하는 것 같습니다. 나이가 든 사람 중에는 자기 욕망이 줄어드는 것에 대하여 반발하는 이들도 있잖아요. 오히려 물욕이 더 강해진다든지, 정력제를 찾는다든지……. 그런 건 저로서는 조금 이해할 수 없는 태도입니다.
참, 장거리 여행에 관해서도 마찬가지입니다. 제가 한 3년 전에 제 책들의 오랜 팬이었던 부부를 모시고 유럽 가이드를 하다가 하루에 코피를 너덧 번이나 쏟았는데, 그게 멈추지를 않아서 구급차를 타고 병원에 두 번이나 간 적이 있어요. 의사 말로는 혈압이 200 가까이 되었는데 그게 코로 터져서 다행이지 뇌로 터졌으면 죽었을 거라고 하는 거예요.

한국에 돌아와서 여러 진단을 받고 혈압약을 먹기 시작했어요. 그때까진 몰랐는데, 알고 보니 아버지를 비롯해 제 동생들 다 혈압약을 먹고 있던 거예요.

저는 사실 유럽에 가는 걸 참 좋아했던 사람이거든요. 매년 베를린 영화제에 간다고 독일로도 훌쩍 떠나고……. 이렇게 열 몇 시간 비행기를 타고 떠나는 일의 생태적인 문제점들도 분명히 있을 것이다, 장거리 여행은 가능한 한 절제해야겠다, 이런 생각을 하면서도 유럽에 나가는 걸 끊지 못하고 있었는데요, 그걸 생각만 하다가 결국 실천에 옮겼던 건 코피가 터지고 몸이 약해져서이죠. (웃음)

‖ 스웨덴에서는 기후·환경 문제와 관련해서 우리 한 사람 한 사람이 비행기 탑승을 가능한 한 줄여야 한다는 소위 플뤼그스캄flygskam이란 단어도 등장했다고 하죠. 영어로 옮기면 '플라잉 셰임flying shame'이라고 할 수 있는데요, 그런 맥락에서 교수님 말씀이 이해되기도 합니다.

아무튼 제가 교수님이 지난봄 후쿠오카에 배를 타고 '책 여행'을 떠나신다고 했을 때 걱정이 많이 되기도 했었어요. 아무래도 하룻밤을 꼬박 배를 타고 가는 게 체력적으로도 꽤 힘든 일일 테니까 말이죠.

괜찮습니다. 하룻밤 푹 자고 나면 도착해 있는걸요 뭐. (웃음) 그런데 이번에는 처음으로 좀 피곤하고 지친다는 생각도 들긴 하더군요.

솔리튜드적인 고독 너머에서

‖ 교수님, 이제 이 대담의 마지막 주제입니다. 솔직히 말씀드리면, 저는 사실 고독하고 진중한 남성 지식인이라는 이미지를 그다지 신뢰하지 않습니다. 제가 『산책하는 마음』의 몇몇 챕터에도 적어보긴 했지만, 저는 파편화되고 원자화된 개인의 이미지, 자기 내면에 침잠한 자아의 이미지 같은 것도 그리 신뢰하지 않고요. 그런데 근대의 '고독한' 남성 지식인들은 그런 자아의 힘을 과대평가하고, 또 그런 '개인의 신화화'에서 오는 이득을 독차지했던 측면이 있다고 생각합니다. 이것은 교수님이 앞서 말씀하신 솔리튜드적인 고독과도 약간 배치되는 생각일 수 있다고 생각해요.

저는 누군가와 완전히 동떨어진 개인의 이미지를 믿지 않습니다. 한 개인이 남긴 활자보단, 그 행간에 담긴 그의 생활을 들여다봐야 한다고 생각하고요. 인간은 근대의 개인주의자들이 생각했던 것보다 서로 더 긴밀하게 연결되어 있고, 가까운 사람들과 영향을 주고받고 있고, 그들에게 의지하고 있다는 것이 제 생각입니다. 그래서 교수님이라는 존재를 알기 위해선 오직 교수님만을 들여다보거나 교수님 말씀만을 듣기보단 교수님과 평생을 함께해온 사람의 목소리도 반드시 들어봐야 하는 건 아닐까, 그런 생각을 해보기도 했어요. 이를테면, 교수님과 41년을 함께해왔다고 들은 교수님의 배우자, 서현숙 선생님에 대해서 말입니다. (웃음)

저도 박 선생의 『산책하는 마음』을 참 잘 읽었습니다. 그리고 제게는 아내에 대한 절대적인 고마움이 있는 것 또한 맞죠. (웃음) 제가 지금까지 살아왔던 것은 아내가 없었다면 거의 불가능한 일이었을지 모르겠습니다. 제가 책을 읽지 않았더라면 어떤 인간이 되었을지 모르는 것처럼, 제가 만약 아내와 결혼하지 않았다면 어떤 인간이 되었을지 예상하지 못할 것 같기도 합니다. 아마 스님이 되지 않았을까 싶

기도 해요. 제 어머니가 항상 태몽을 얘기하면서 중이 될 팔자라고 말했었거든요. (웃음)

‖ 확실히 시대가 변하고 있는 것 같아요. 작년에 노벨문학상을 받은 가즈오 이시구로가 한림원 연설에서 자기 아내에게 수상의 공을 돌렸어요. 아내가 집안의 대소사를 맡아주지 않았더라면, 자신이 전업으로 그렇게 글을 쓰는 일은 불가능했을 거라면서 말이죠. 그전부터 이시구로의 열렬한 팬이었는데, 이 연설을 보고 더 팬이 되기도 했습니다. (웃음) 그리고 교수님께도 이런 관점을 좀 적용해보고 싶었어요. 지난 30여 년 동안 교수님의 어떤 공적인, 지식인의 아이덴티티에 비하여, 그처럼 사적으로 긴밀한 관계와 거기서부터 빚어지는 아이덴티티가 좀 부차적으로 느껴졌던 감이 있었던 건 사실 아닙니까?

그건 사실입니다. 가즈오 이시구로보다 제가 더 고맙다고 생각해야 할 것은, 우선 저는 집에서 세 끼를 먹는 사람입니다. 점심으로 싸서 다니는 도시락까지 포함해서요. 제 나이 또래의 남자들이 보통 퇴직하고 나면 밥을 잘 얻어먹지 못한다는 이야기도 있는데 말이죠……. (웃음) 저도 박 선생이 무슨 말을 하는지 잘 이해하고 있고, 제 젊은 시절에 그런 측면이 많이 부족했던 것도 100퍼센트 인정합니다. 그래서 지난해 출간된 책 『복지국가의 탄생』의 발문에는 제 생애 처음으로 아내에 대한 절절한 고마움을 표하기도 했어요.

‖ 저는 우리 사회의 가족과 부부라는 정의가 근본적으로 다시 되어야 하지 않을까, 이런 생각을 하고 있습니다. 책을 직접 쓰는 일에 관해서라면, 제 다음 프로젝트는 아마 이 가족의 재정의에 대한 것이 되지 않을까 싶어요. 그런데 앞서 교수님 역시 노년이 되어서도 자연스레 손을 잡고 키스를 나누는 서양의 노부부 이야기도 해주셨지만, 저는 어느 부부가 결혼식을 하고, 애 낳고, 한 침대 쓰고, 무슨 “검은 머리 파뿌리” 같은 진부한 주례사처럼 단지 오랜 세월을 같이하는 것만을 목적으로 하는 관계는 아니라고 생각하거든요. 우리 사회에는 여전히 ‘평생의 해로’를 뭉툭하게 예찬하면서, 아주 일상적이고 구체적인 교감과 커뮤니케이션을 경시하는 부부관 혹은 가족관 같은 게 존재한다고 생각합니다.

이런 관점에서, 저는 교수님의 여러 면모 중에서도, 교수님과 사모님과의 관계가 참 멋있게 느껴졌습니다. 주말마다 함께 서점에 들르고, 영화관에 가고요. 같이 농사를 짓고 또 각자 좋아하는 책을 읽고 공부를 하면서 말이죠. 24시간을 같이하는 건 아니지만, 각자의 모습을 인정하며 다정하게 늙어가는 모습이 매력적이었어요. 저 또한 누군가와 함께 그렇게 나이 들고 싶어서인지도 모르겠지만요……. (웃음) 그래서 이 책의 마무리는 서현숙 선생님이 바라보는 박홍규 교수, 그리고 책의 몇몇 대담 주제에 관한 서현숙 선생님 자신의 이야기를 좀 들어보면 어떨까 싶었습니다. 어떤 면에선 그게 박홍규 자신이 말하는 박홍규보다 훨씬 더 정확할지도 모르고, 교수님이 미처 다 짚지 못한 통찰을 전해줄지도 모르니 말이죠. 그리고 두 분은 함께 살아온 시간만큼이나 서로의 모습을 깊이 이해하고 있을지도 모르니까요. 어떻게 생각하십니까, 교수님?

좋은 생각입니다. (웃음) 그런데 제 아내가 자기 자랑을 끔찍하게 싫어하는 사람이긴 하거든요. 제가 아는 사람 중에서 자기가 잘났다고 자랑하거나 잘난 체하는 걸 가장 싫어하고 또 못하는 사람이기도 합니다. 그래서 저희 부부 이야기를 하는 건 좋지만, 저도 그렇고 제 아내도 그렇고, 특별하게 잘났다는 식으로 하면 안 돼요. 그냥 이 시대를 살아가는 한 부부에 관한 이야기로 다뤄주었으면 좋겠어요.

‖ 그 점은 걱정하지 않으셔도 좋습니다. 그래서 서현숙 선생님께 미리 허락을 구해서, 이번 마지막 자리에선 서 선생님을 자리에 모시도록 하겠습니다. 안녕하세요, 선생님?

서: 안녕하세요.

‖ 교수님이 말씀하셨던 것처럼, 두 분에 대한 자랑이나 미화는 하지 않으시리라 믿습니다. (웃음)

서: 그럼요. 그런 건 제 체질이 아니에요. 저 사람 체질도 아니고요. (웃음)

‖ 먼저 방금 말씀드렸듯이 주말을 함께 보내는 그런 삶이 저는 참 근사하게 느껴지는데요. 매주 서점을 함께 가는 노부

부의 관계가 말이죠. 선생님은 좀 어떠십니까?

서: 저 사람도 저도 그냥 왔다 갔다 하면서 자기가 좋아하는 걸 읽고요. 저도 여기저기 거닐면서 제가 좋아하는 책을 읽죠. 근데 가서 읽는 책은 완전히 달라요. 저이가 휴대전화를 안 쓰니까 제가 서점에서 시간을 꽤 보냈다 싶으면 어디 있나 찾을 때가 있는데, 사상 쪽이나 미술 쪽 코너에 가면 분명 거기서 책을 읽고 있더라고요. (웃음) 아무리 관심사가 넓다고 해도 결국은 결국은 자기 관심사에 좀 더 이끌리는 것 아니겠어요? 결국은 자기가 평소에 갖던 생각과 가장 친숙한 책을 편하게 느끼는 건 맞는 것 같아요.

‖ 선생님은 어느 책을 좋아하세요?

서: 에세이도 좋아하고요. 환경 관련 책도 많이 읽으려고 하고……. 누가 소개해준 책이 있으면 그것을 찾아보기도 하고요. 옛날에는 헬렌 니어링과 스콧 니어링 부부의 책들도 참 좋아했어요. 최근에는 『그 겨울의 일주일』이란 소설을 읽었는데 참 좋더군요.

‖ 한두 시간은 꼭 서점에 머문다고 들었는데요. 안 힘드세요?

서: 이제 서서 보는 건 좀 힘들더라고요. 요즘 서점에는 앉을 자리도 마련되어 있고 해서 주로 앉아서 읽곤 합니다.

‖ 영화도 마찬가지겠죠?

서: 네. 이 사람은 진지한 예술 영화를 좋아하는 편인데, 저는 클래시컬한 로맨스 영화도 좋아하거든요. (웃음) 그래서 서로 추천하기도 하고, 양보하기도 하고 그렇습니다. 이거 보자고 해서 의견을 바꾸는 일도 있고, 어떨 때는 따로따로 보기도 해요. 저번에 「콜레트」란 영화는 저 혼자 봤어요.

‖ 교수님은 왜 그 영화를 보기 싫으셨나요?

박: 제가 콜레트를 별로 안 좋아해서 말이죠. (웃음)

서: 근데 거의 대부분의 작품은 같이 보죠. 「가버나움」 같은

작품은 저도 정말 감명 깊게 봤답니다.

‖ 계속 사서삼경을 공부하신다는 말씀을 들었습니다.

서: 네. 영남대학교 민속원에 의인정사라고 하는 건물이 있어요. 퇴계 이황의 후손이 지은 고가인데, 거기서 우리가 한학을 공부하신 선생님의 지도하에 논어와 맹자, 대학과 중용까지 사서를 돌아가면서 읽고 있습니다. 사서를 중심으로 읽되 중간에 노자와 장자도 같이 읽고요. 지금은 이율곡이 쓴 『격몽요결』이라는 간단한 책을 공부하고 있어요. 이 책을 읽다가 다시 맹자로 돌아갈 예정이에요. 일주일에 한 번씩 부담 없이 하는 공부다 보니 속도는 많이 늦죠. 맹자나 이런 걸 본격적으로 읽으려면 3년 이상씩 걸리거든요. 어쨌든 벌써 이런 모임을 한 지 20년 가까이 되었네요. 제가 경산에 온 후 얼마 되지 않아서 시작한 모임이니까요.

‖ 20년 동안 유지한 모임이라니 대단하신데요. 몇 분이 함께 책을 읽으시나요?

서: 지금은 7명이 함께 읽고 있죠. 들어갔다 나왔다 한 사람도 있고, 시작부터 쭉 같이한 사람도 있고……. 많을 땐 18명 정도까지도 되었는데, 지금은 젊은 사람이 수혈이 잘 안 되어서 자꾸 인원이 줄어들고 있어요. 함께 공부하다가 서울로 가신 분이 계신데요, 나중에 그분이 하는 얘기가, 이렇게 공부하는 곳이 전국 어디에도 없더라는 것이었어요.

‖ 자유롭게 원해서 책을 읽는 거니까요.

서: 네. 시험을 치는 것도 아니고요. 그렇게 같이 공부를 하고 싶어도 가서 할 데가 없다고 하소연을 하시더라고요. 얼마 전 영문과를 퇴직한 교수님이 새 멤버로 들어오셨는데요, 그러면 영어도 함께 강독해보자 해서 다섯 명이 『월든』을 원서로 읽기도 했습니다. 지금은 성경을 영어로 읽고 있어요.

‖ 사서만 읽는 건 아닌가 보네요.

서: 반도 다르고, 멤버도 다르죠. 누군가가 일어도 공부해

보면 좋겠다고 제안하시는 거예요. 일어는 제가 조금 아니까, 아는 만큼만 알려드리면서 읽고 있는데요, 지금은 세 명이 함께 일본 원서를 읽고 있답니다. 오에 겐자부로의 책도 읽었고, 지금은 『이상적인 국어 교과서』라는 책을 읽고 있어요. 교과서는 아니고, 교과서는 고전을 발췌해서 아이들에게 읽혀야 한다는 취지에서 쓰인 책이죠. 그래서 한문은 7명, 영어는 5명, 일어는 3명. 이렇게 이것저것 다 하는 사람은 15명 정도 돼요. 세 수업을 다 하는 사람은 저와 다른 한 분밖에 없고요. 원하는 사람은 누구든 가능하니까 이쪽에 사는 분들은 꼭 저희를 찾아주셨으면 좋겠어요. (웃음)

‖ 그러니까 선생님은 일주일에 세 차례나 책을 읽는 자리에 참여하고 계시는군요. (웃음) 그중에서도 동양 고전을 좋아하시는 이유가 있다면요?

서: 제가 사실은 오랫동안 서예를 했는데요, 서예를 하다 보니까 아무 의미도 없이 글씨만 써서 될까, 이런 의문이 들었어요. 글자와 문장을 쓰다 보니 '이게 무슨 뜻이지?' 이렇게 알고 싶은 마음이 들고, 그런 마음으로 공부를 하다 보니까

뭘 하든 재미있죠.

‖ 아무래도 동양 고전은 여성에 대한 배려 같은 게 많이 부족한 것으로 느껴지시진 않나요?

서: 물론 그 내용이 지금 이 시대에 안 맞는 부분도 있고, 읽다 보면 화가 나는 부분도 있어요. 안 그래도 『격몽요결』을 읽을 때 제례나 상례 이런 파트에 들어가면 지금과 너무 맞지 않고 좀 어이가 없을 때도 있죠. (웃음) 그래도 전체적인 가르침을 보면서 그 뿌리와 정신만은 받아들인다, 이렇게 생각하고 있습니다. 저는 스마트폰을 쓰니까 유튜브 같은 곳에서 동양 고전 같은 강의도 많이 보곤 하는데요, 예를 들어 도올 김용옥 선생의 동양 고전 강의 같은 것도 재미있게 봐요. 다른 사람들은 골프 얘기나 화투 얘기를 취미로 하지 않나요? 우린 그냥 골프나 화투 대신에 책 읽으면서 동호회 느낌으로 하는 거니까요.

박: 요새는 방송이나 유튜브 같은 곳에 유명 강사라는 사람들이 나와서 고전을 해설하고 그러잖아요. 저한테는 이런

현상이 마음에 들지 않아요. 가끔 아내의 휴대전화로 고전 강의를 들어볼 때가 있는데, 아주 별로입니다. (웃음)

서: 저는 저 혼자 그런 걸 듣는 걸 좋아하거든요. 〈김어준의 뉴스공장〉이나 〈김현정의 뉴스쇼〉 같은 팟캐스트도 잠들기 전에 꼭 챙겨 듣곤 하는데 좋은 내용도 많고, 이 사람보다 다 훌륭해요. (웃음) 제 생각엔 이 사람이 남의 말을 잘 안 들어요. 자기보다 잘난 사람을 좀 싫어하는 심리가 있지 않나, 그런 생각이 들기도 합니다. 저는 이 사람 책은 잘 안 읽지만. (웃음)

‖ 교수님, 그런 측면에 대해서 어떻게 생각하십니까?

박: 저는 노코멘트하겠습니다. (웃음)

‖ 어쨌든, 선생님은 독서와 공부에 그리 큰 의미를 두시진 않는 것 같아요.

서: 큰 의미 없어요. 저는 지금도 서예를 하는데, 작년 초였

나요. 서예 모임에서 글씨를 쓰는 게 팔도 아프고 힘도 들고 하니까 사군자로 바꿔보자는 얘기가 나왔어요. 저는 그것도 그냥 놀이라고 생각해요. 조금 더 의미를 두자면 마음공부와 수양? 그 정도입니다.

박: 이 사람이 작년에 한 미술전에서 사군자로 입선하기도 했어요. (웃음)

서: 박홍규 교수는 이걸 꼭 주위 사람들에게 자랑하더군요. (웃음) 저는 그냥 함께 사군자를 하는 사람들이 단체로 참가했던 자리에 따라가서 아무 생각 없이 함께했던 것뿐이었고요. 그게 전혀 대단한 일이라곤 생각하진 않아요.

그는 그대로 나는 나대로, 각자의 삶을 따로 또 함께

‖ 아무래도 교수님이 정말로 책도 좋아하시고 글도 많이 쓰시는데, 오랫동안 그런 걸 옆에서 지켜보는 일은 어떠셨나요?

서: 작업하는 도중엔 어떨 땐 되게 힘들어하는 것이 눈에 보여요. 오래 같이 살다 보니까 굳이 말로 설명하지 않아도 힘들어하는 게 옆에서 보이거든요. 재미있게 할 때도 있고, 그런데 책의 모든 부분이 재밌는 건 아니잖아요. 그럴 땐 진도도 안 나간다고 투정도 부리고 그러죠. (웃음)

‖ 교수님도 고집이 굉장히 강하고, 독립적이신 분이잖아요.

서: 유별나죠. (웃음)

‖ 결혼 전 연애하실 때도 그런 면을 아셨나요?

서: 대충은 알았죠. 이분이 열정은 정말로 많은 사람이에요. 연애할 때 제가 어떤 책을 한 마디라도 언급하면, 그 책과 관련된, 자기가 가진 모든 책을 제게 퍼붓는 거예요. 자기가 봤던 책이나 새로운 책을 제게 수십 권씩 안기는 거죠. (웃음) 화가 이야기가 나오면, 그 화가의 화집을 다 오려서 제게 스크랩을 해오는 거예요. 그런 열정을 따라갈 사람은 별로 없을 것 같아요.

‖ 선생님 아니면 자기는 젊은 시절에 죽었다고, 선생님께 고맙다는 걸 대담 중에 자주 강조하셨는데요, 이렇게 말씀 나누다 보면 선생님은 참 평화로우시고 안정감이 있으셔서, 교수님이 어떤 느낌으로 그런 말씀을 하셨는지 조금은 이해되는 것 같습니다.

서: 근데 제가 이 사람 도와주는 거 하나도 없어요. 저는 내조한다는 느낌이 전혀 없었어요. (웃음) 저 사람은 저 사람대로 살고, 저는 저대로 살았을 뿐이에요. 그런데 뭐 이걸 같이 보자 해서 좋은 부분을 서로가 좋다고 느끼면 함께 공유하고, 아니면 각자가 자기 좋은 거 하면 되잖아요. 사는 게 다 그런 것 아닌가요?
책도 이 사람은 제가 읽어서 좋아할 만한 책 같은 걸 이거 한번 읽어봐, 괜찮네, 라고 주기도 하고 그래요. 영화도 이거는 내가 좋아할 만한 영화겠다, 그래서 같이 보기도 하고요. 여행하다가도 그래요. 자기는 서점에 가 있고, 저는 시가지를 걷고 구경하는 일도 좋아하니까, 각자가 다른 일을 하고 나중에 만나서 같이 식사하고 숙소에 돌아간다든지, 그런 식으로 살아왔던 것 같아요.

누가 누구를 도와주고 뭐 그런 생각보다는, 각자가 좋아하는 것을 하며 같이 살면 되죠. 근데 내가 이거 좋아하니까 너도 이거 좋아해, 라고 강요할 수는 없잖아요. 물론 같이 하면 더 좋겠지만, 상대방이 싫어하면 '아, 너는 그게 싫어? 알았어. 같이할 만한 다른 좋은 걸 찾아보자.' 그렇게 살아가면 될 것 같은데…….

‖ 앞에선 제사 이야기가 나왔습니다. 선생님께 너무 미안해하시고, 지난 명절 때는 선생님이 처음으로 힘들다는 말씀을 교수님께 하셨다고 들었는데요.

서: 그건 좀 와전된 거예요. 이 사람이 제사를 지내는 거 너무 싫어하잖아요. 그런 형식적인 걸 너무 싫어하는데, 저는 육체적으로 힘이 좀 들긴 하지만 가족들이 다 모여서 먹는다고 생각하면 즐겁게 할 수 있어요. 서울에서 손아랫동서들이 오면 제게 와서 "형님 힘드셨죠?"라고 얘길 해요. 그러면 저는 "여기까지 차표 구한다고 준비해서 오는 너희들이 더 힘들지." 이렇게 얘길 하곤 하거든요.
제가 육체적으로 노동하는 것보다, 그렇게 하는 걸 비난하

는 이 사람 감당하는 게 더 힘들어요. (웃음) 근데 박홍규 씨는 그런 거 싫어해요. 이 사람은 부모님한테도 매번 "제사 좀 그만 지냅시다, 왜 이렇게 음식 많이 해요." 이래왔으니까요. 나는 평화롭게 잘하고 있는데 매번 이 사람이 고춧가루 뿌리는 식으로 행동하곤 하죠. 자기는 그게 날 도와주는 일이라고 생각하지만 저는 그게 좀 불편했거든요.

‖ 교수님이 매일 학교에 도시락을 싸가고 그런 게 바깥에서 볼 땐 멋있어 보일 수 있어도, 결국 그 도시락을 싸는 건 선생님이었던 것 아니겠습니까? 교수님도 아까 '삼식이' 말씀을 하셨지만요. (웃음)

서: 아, 그건 공감합니다. 근데 미안하다고 말로만 그렇겠죠. (웃음)

박: 그런데 이번에 저희 딸이 한국에 와서 아내가 한 2주간 집을 비운 적이 있거든요. 제가 직접 도시락도 싸고 살림도 하고 그러면서 느끼는 바가 많았습니다. 해보니까 할 만하고, 앞으로는 좀 더 열심히 해보려고 합니다.

서: 그러게 말이죠. 굶어 죽지 않고 잘 살아남았더라고요. 앞으로 더 부려먹어야겠어요. (웃음)

박: 노력해야죠. (웃음)

‖ 앞에선 사모님께 평생 폭언 같은 걸 하신 적도 없다고 말씀하신 바 있는데, 그것도 사실입니까?

서: 저한테 무슨 폭언이나 욕 같은 걸 한 적은 없어요. 그런데 가끔 싸우다가 자기 화를 못 이겨서 고함을 지르고 성질을 내고 그런 적은 있었죠. 작년에 이 사람이 퇴임하고 나서, 아무래도 마음이 좀 심란했나 봐요. 그즈음에 저와 말다툼을 하는 일이 잦았는데, 하루는 저녁에 티격태격하다가 분을 못 참고 집을 뛰쳐나가는 게 아니겠어요? 그래서 제가 걱정돼서 슬그머니 뒤를 쫓아가 봤는데, 이 사람이 가긴 어딜 가겠어요. 도서관으로 도망치더라고요. (웃음)

‖ 아, 정말 교수님다운 일화네요. (웃음) 어쨌든, 그처럼 고집이 센 교수님께 맞춰드리는 일이 어렵진 않았나요?

서: 안 그래도, 제 자랑을 하려는 게 아니라 제 성격이 누구를 만나도 잘 살았을 거예요. (웃음) 자랄 때부터 그런 성격이었던 것 같아요. 이 사람은 저를 맨날 회색분자라고 놀리긴 하는데요, (웃음) 제가 만약 이 사람을 만나지 않고 이쪽 지역에서 쭉 이렇게 살았으면 저도 태극기 부대쯤 되었을까? 이렇게 생각될 정도니까요. 이 사람처럼 자신의 색깔과 생각이 뚜렷하고 강한 사람을 통해서 저도 뭘 좀 알게 되고, 무언가 다른 쪽 세계도 보게 되고, 더 많은 걸 고민하게 되고……. 그런 점은 이 사람에게 고마운 지점이죠.

그런데 이 사람이 자기 휴대전화가 없으니까 가끔 제 휴대전화를 쓰거든요. 요즘은 가짜 뉴스든지 뭐든지 이걸로 퍼나르잖아요. 어느 날 저는 밭에서 일하고 있는데, 단톡방 두 군데에 올라온 그런 정치적인 메시지에 자기가 답을 넣었더라고요. 뭐라고 넣은 줄 아세요? 〈이런 문자 보내지 마세요.〉 두 곳 다 문자를 보낸 분이 저와 굉장히 친한 사람이어서 제가 몸 둘 바를 몰랐어요. 그 일을 어떻게 해결해야 하나 끙끙댔죠. 제가 왜 남의 휴대전화에 당신이 답을 하느냐, 이렇게 이 사람에게 성질을 냈습니다.

‖ 잘 해결되었나요?

서: 제가 무마했죠. 그중에 이 사람을 잘 아는 분은 ‘아, 박 교수님답습니다.’ 이렇게 답이 오기도 했고, ‘미안합니다.’ 라고 오는 분도 있었고……. 사실 이쪽 지방에서 웬만큼 안정적으로 사는 사람은 거의 모두가 정치적으로는 우리 부부와는 정반대라고 할 수 있어요. 거기서 막 자기 정치색을 드러내는 사람들이 없지 않은데, 저는 거기에 직접적으로 반박은 하지 못했어요. 저 사람은 저렇게 생각할 수도 있지, 하고 넘어갔는데……. 그런데 이번에 사군자를 공부하는 모임에 교장 출신의 한 선생님이 또 그런 메시지를 계속 보내더라고요. 그분한텐 제가 그랬어요. 저한테는 이런 거 보내지 마시라고요.

박: 아까 그 얘긴 제 평생 딱 한 번 있던 일입니다. (웃음) 그래도 아내에게 사과도 하고 그랬죠. 잘못한 건 사실이니까요.

‖ 그렇죠. 정말 잘못하셨지요. 그 사과가 받아들여져서 다

행입니다. (웃음) 선생님께선 요즘도 밭에 매일 나가십니까?

서: 요즘은 거의 매일 나가죠. 밭에 나가는 건 시기에 따라 달라요. 적시파종이라고, 씨를 뿌려야 할 때를 놓치면 안 돼요. 모종을 심어야 할 때는 바쁘고, 쉴 때는 쉬고요. 겨울과 한여름은 농한기라고 할 수 있죠. 밭에 가면 저는 정말로 좋아요. 몸은 피곤하지만, 밭에 나가서 흙도 만지고 잡초도 뽑고 하다 보면, 땅에 무슨 기운이 있는지 언제나 에너지를 받고 오죠.

‖ 하루에 몇 시간씩 일하시나요?

서: 몸만 가능하면 온종일 있을 수 있어요. 요즘도 두 시간은 기본이죠. 그래서 저는 심심하다는 사람이 잘 이해가 안 돼요. 왜 심심할까요? 할 일이 얼마나 많은데.

‖ 교수님도 같이 밭일을 하고 계시고요?

서: 같이 하긴 하지만, 이 사람은 농사 쪽은 영 서툴고 그렇죠. 제가 늘 어설픈 머슴이라고 불러요. 이거 도와달라고 하면 잘해주는데, 진짜 멋진 머슴은 알아서 다 해주잖아요. 근데 사실 밭일도 이제 좀 힘들어요. 이 사람이 최근 들어 제가 밭에 나가는 것을 싫어해요. 제 건강에 안 좋으니까. 갔다 와서 무릎도 안 좋고 마디마디가 다 안 좋아지니까 계속 말리더라고요. 저는 몸이 받쳐주는 한 힘껏 계속하고 싶은데……. 그래서 한때는 막 싸우기도 했어요. 자꾸 저한테 "밭에 나가지 말라. 저놈의 밭을 팔든지 해야지." 이러는 거예요.

‖ 교수님의 로맨티스트적인 면모네요. (웃음)

박: 이 사람이 계속 아팠거든요. 무릎과 허리가 너무 안 좋아지고요.

서: 나이 들면 밭일을 안 해도 아플 것 아니겠어요? 여하튼 저에게 너무 뭐라고 하길래, 제가 거기다 대고 "농사짓지 말라는 이야기 하지 말라. 내가 밭에 나가지 않을 땐 내가 죽

을 때다."라고 마지막 통보를 했어요. 내 몸이 아프거나, 병에 들거나, 죽음에 가까워지면 밭에 못 나가겠지만, 그래도 건강하고 움직일 만하면 밭에 나갈 거라고요. "내가 밭에 안 나가면 죽었는지 알아."라고 얘길 하니 아무 말도 못 하더라고요. (웃음)

‖ 교수님이 과거에 교수님 주위 분들은 다 아내의 반대 때문에 시골에 들어오지 못했다고, 그런 면에서도 아내에게 참 고맙다고 말씀하신 적도 있어요.

서: 저는 오히려 이 사람보다 더 시골 생활을 좋아했죠. 저도 땅에서 농사짓는 걸 정말 좋아했거든요. 어릴 때 직접 농사를 지어본 적은 없었지만, 아버지가 과수원을 운영하셔서 방학 때 시골에 가면 그런 걸 보며 자랐으니까요.

그리고 타샤 튜더도 저에게 정말 큰 영향을 미쳤답니다. 제가 아무리 농사일을 좋아한다고 하더라도, 저는 그 사람처럼 살 수는 도저히 없을 것 같아요. 오래전 일본 서점에서 처음 그녀의 정원 사진집을 봤는데 그 안의 사진들이 너무 아름다운 거예요. 저는 그 책을 보고 '아, 책을 보고 이렇게 힐링을 느낄 수 있구나'란 생각을 처음 했어요. 그 책이 너무 좋아서, 책이 아주 너덜너덜해질 때까지 봤어요. 그냥 앉아서 가만히 보고만 있어도 마음이 평화로워지더라고요. 그 뒤에 그 사람 책들과 에세이, 영화까지 거의 대부분 챙겨 봤어요.

그분이 나이가 아흔이 넘어서 돌아가셨는데, 그렇게 백 살이 다 될 때까지 그 노동을 하면서도 자기 창작에도 게으르지 않았던 걸 보면 정말 감탄스러워요. 이렇게 살 수는 없다, 그런 탄식까지 들더군요. 저희야 뭐 밭 600평을 가꿀 뿐인데, 그 안엔 창고도 있고 나무도 있고 하니까 그걸 다 빼면 경작할 수 있는 공간은 400평 정도나 될까요. 그게 20년째예요. 해마다 몸이 힘드니까 올해는 그냥 묵은 밭으로 둬야지, 그런 생각이 들 때도 있고요. 그렇지만 마침 비가 온다는 소식이 들리면 모종 심기에 딱 좋다, 그런 생각부터 드는 거예요. 그래서 때가 되고 몸이 움직일 만하면 저도 또 하는 거예요.

그런데 이 사람은 미국 동북부 버몬트에서 30만 평이던가요? 그걸 관리하면서 창작을 한다는 게 참……. 이 사람도 즐거움이 있었기 때문에 노동을 감당하고 그랬을 거예요.

제 손도 못났지만, 그 사람의 손을 보면 정말 갈퀴처럼 생겼거든요. 옷도 손수 다 만들어서 입고요. 너무나도 아름다운 19세기 의상 같은 걸 직접 차려입는 그런 모습을 보면 참 감탄스럽더라고요. 저는 그렇게까지 살 순 없는데 이렇게 아름답게 사는 사람도 있구나. 정말로 감동이죠.

오랫동안 그려오던 만다라 문양을 완성하듯

‖ 최근 한국 사회를 뒤흔들고 있는 페미니즘 이슈가 있잖아요. 교수님과도 이 이야기를 많이 나누었는데, 선생님은 좀 어떻게 보고 계신지요?

서: 그 부분은 사실 잘 모르겠어요. 제가 동양 고전을 많이 봐서 그런지, 남성과 여성의 역할이 다를 거고 두 성이 완전히 똑같을 수는 없을 거잖아요. 태어나기를 다르게 태어났다면, 그러한 다름을 인정하는 게 가장 첫 번째가 아닐까요? 그렇지만 요즘은 저희 때와 다르게 여성의 입장에서도 자기 일을 똑같이 갖고 있으니까, 가사도 똑같이 분담해야

하고 그런 건 맞는 것 같아요. 우리 때는 전업주부가 많았던 시절이었으니까 그렇다고 쳐도요. 저도 3년 정도 교직에 있다가 결혼하면서 일을 그만두었죠.

‖ 아, 선생님도 학교에서 학생들을 가르치셨군요. 이 부분은 교수님께 따로 말씀을 듣지 못했습니다.

서: 네. 고등학교 교사였어요. 지금은 성의여자고등학교로 바뀐 것 같은데, 제가 다닐 땐 성의여자상업고등학교였거든요. 가톨릭의 베네딕트수녀원에서 운영했고, 김수환 추기경이 초대 교장이었고, 제가 부임하던 때는 수녀님이 교장으로 있던 학교였어요. 거기서 가정을 가르쳤죠.

‖ 그러셨군요. 그만두지 않으셨다면 더 좋지 않았을까요?

맞아요. 계속했으면 좋았을 텐데, 그때는 당연히 그만둔다고 생각했었어요. 학교가 좀 멀기도 했고, 또 그 학교에서도 결혼하면 그만두어야 한다는 어떤 암묵적인 분위기가 있었던 것도 사실이고요.

‖ 요즘 같으면 상상도 못 할 일인데…….

서: 요즘이었으면 난리가 나는 일이었겠죠. (웃음) 그때는 그런 분위기가 있었고, 그랬기 때문에 학교에 결혼한 사람이 딱 한 사람인가 있었어요. 무용 선생님 구하기가 너무 어려워서, 그분도 결혼하고 그만두었다가 학교에서 다시 나오라고 했던 것이거든요. 그 무용 선생님만 결혼하고 자식이 있는 사람이었고, 나머지는 다 '미스'였어요. 그렇게 저도 그만두고 육아와 가정생활을 전담하는 전업주부가 되었죠.

‖ 선생님도 요즘 여성들에게 자기 일을 하라고 권하시는 편이겠죠?

서: 그럼요. 당연히 자기 일을 하라고 하죠. 저도 이 사람이 일본에서 학위를 받으려고 공부하고 그럴 때, 그때 제 공부를 할 수 있었을 텐데요. 제가 나중에 보니까 교수 되는 것이 별것 아니더라고요. (웃음) 저와 같이 학교에 다니던 평범한 친구가 나중에 대학에서 강의도 하고 그러는 걸 보면, 저도 그때 학위 딸 생각을 왜 안 했을까, 이런 생각이 나중

에 들더라고요.

박: 고베에서도 당신에게 공부해보라는 분들이 있었잖아요. 2000년 쯤이었나요?

서: 그때는 너무 늦었죠. 아무튼, 나중에 내가 왜 공부를 하려고 하지 않았을까, 하는 후회도 들었는데 생각해보면 사실 할 수도 없었어요. 애들 둘을 돌봐야 했고, 또 경제적인 측면도 있었고요.

‖ 요즘 젊은 사람들은 결혼이라든가 출산에 대한 회의적인 태도도 굉장히 강하고, 특히 젠더 이슈와 성별 역할 갈등 등도 어느 때보다 격렬해진 상황입니다. 선생님도 결혼하고 본인의 직업을 포기하셨던 옛날 세대의 사람으로서 젊은 분들에게 들려주고 싶은 말씀이 있으신지요?

서: 해도 안 해도 나름 좋지 않을까요? 결혼해서 좋은 점도 있고, 결혼 안 해서 좋은 점도 있을 테고요. 제 경우를 말한다면, 결혼해서 좋은 점이라면 그래도 이 사람이 밥 먹여줬

잖아요. (웃음) 저도 바깥에서 돈을 버는 일이 얼마나 힘든지 잘 아니까, 이 사람이 오랫동안 고생했던 걸 아니까 그런 면에 대해선 무척 고마워하고 있지요. 벌어주는 돈도 제가 다 쓰고 있고요. 이 사람은 돈에 대해서 정말로 모르거든요. (웃음)

어쨌든 제가 젊은 분들에 관하여 뭘 안다고 뭐라고 얘기할 수 있겠어요……. 그래도 저희 부부가 가끔 한살림 생산자 모임 같은 데 나갈 때가 있거든요. 그런 모임에는 30~40대부터 60대까지 밤새 이야기하고 그런 자리가 있는데, 젊은 분들이 부부간의 갈등이나 육아 문제, 고부 갈등 문제 등등의 하소연을 참 많이 하더라고요.

저는 그런 자리에서 아내분이 아니라 젊은 남편분한테 이야기를 해요. 아내가 그렇게 힘들어할 때 남편이 부인한테 정말 잘해주어야 한다, 만약 아이가 있다면 더 그렇다, 왜냐하면 당신 아내는 당신 아이의 엄마이기 때문에, 아이의 엄마가 마음이 편해야 아이도 편하게 자랄 수 있기 때문에, 그런 점에서 아빠가 엄마한테 진짜 마음을 편하게 해주어야 한다. 그렇게 말씀드리곤 했죠.

‖ 그 점에 관해서 교수님은 좀 어땠습니까?

서: 이 사람은 제가 편하고 안 편하고 크게 관여를 안 했어요. 자기 세계 속에 빠져 있었기 때문에, 거의 신경을 안 썼죠. 편하게 불편하게, 그런 개념과는 아예 떠나 있었어요. 제가 기대를 안 했기 때문에 실망할 것도 없었어요. 불편할 것도 없었고, 편할 것도 없었어요. 아니, 결국 편했죠. (일동 웃음)

‖ 어쨌든 남편이나 아빠가 더 잘해야 한다는 말씀이시죠?

서: 젊은 아빠들한테 말씀드리고 싶어요. 제가 아기를 키워 보니까, 아기를 키우는 엄마의 마음이 그대로 모든 게 아이한테 그대로 전달되어요. 남편에 대한 불만이 있거나, 몸이 피곤하거나, 아니면 아프거나……. 그야말로 모든 게 전달되더라고요. 저는 아이들이 학교에서 돌아왔을 때 엄마는 항상 평온해야 한다고 생각해요. 엄마가 평온한 마음을 유지해야만 그 평화로움이 애들한테 전해지는 것 같더라고요. 그런 의미에서 부인의 평화로운 마음이 유지되기 위해선 특

히 남편의 영향이 정말 클 것 같거든요. 아이들이 어릴 때부터요. 특히 어릴수록 더 그럴 것 같아요. 내 아이를 건강하게 잘 키우려면 엄마의 마음이 평화로워야 하는데, 아내와 가장 가까운 사람인 남편의 마음이 아내에게 그대로 전달되니까 말이죠. 엄마의 짜증이 아이들에게 전달되는 경우엔, 그건 몸이 너무 피곤하거나 아니면 남편의 어떤 부당한 태도 때문이거나 그런 데서 기인하는 게 클 것 같아요. 남편 집안, 시부모님도 사실 며느리한테 지금보다 훨씬 잘해야 해요. 아주 이기적인 생각으로 말한다면, 자기들의 손주를 키워주는 거잖아요. 내 며느리의 마음이 편안해야지 내 손주의 마음이 편안해지고 평화롭게 클 수 있을 테니까요.

‖ 교수님께서 드라마 〈스카이캐슬〉을 보고 선생님 휴대전화로 아드님이랑 따님에게 메시지를 넣었다고 말씀하시던데, 맞나요? 내가 너희에게 공부 욕심을 냈었다면 미안하다고…….

서: 아뇨. 이 사람은 자기 세계에 빠져 있었기 때문에 욕심 하나도 안 냈어요. (웃음)

‖ 선생님도 비슷하셨나요?

서: 저도 크게는 욕심내지 않았어요. 우리 아이들이 크게 공부를 잘하진 못했거든요. 저는 사실 학원도 보내고 좀 해보려 했는데, 애들이 안 따라오더라고요. 이 사람은 옆에서 뭘 그렇게 시키려고 하냐고 잔소리를 하고요. (웃음) 자기들이 싫어하면 할 수 없지, 그렇게 생각하고 말았죠. 그러니까 저도 뭐 〈스카이캐슬〉의 악독한 엄마들처럼 그러진 못했어요.

‖ 결국, 선생님이 함께 사는 배우자를 이해해주고 배려해주고, 그런 원동력이 있으셨습니까?

서: 이해되지 않는 게 별로 없던데요? 그렇지 않나요?

‖ 대단하신데요.

서: 별생각 없이 원래 저런 사람이구나, 그렇게 생각했어요. 저는 그냥 별생각 없이 살았던 것 같은데요. 이 사람이 편해야지 나도 편하다, 그리고 내가 편해야지 이 사람도 편하겠

구나, 그렇게 생각하며 살아왔던 것 같아요.

‖ 잘 들었습니다, 선생님. 이렇게 서현숙 선생님의 말씀까지 들어보았는데요. 제겐 정말 느껴지는 바가 많았고, 이 대담집을 읽는 독자들도 마찬가지일 거란 생각이 듭니다. 마지막으로 두 분께 한 말씀씩 듣고 이 대담을 마치도록 하겠습니다.

서: 뭐랄까요. 저는 부부가 이 나이가 되니까, 그냥 물처럼 공기처럼 느껴질 때가 있는 것 같아요. 있는 듯 없는 듯, 아주 자연스럽게 서로의 곁에서 살아가는 그런 느낌 말이죠. 물론 맞닥뜨릴 때도 가끔 있지만, 이젠 서로에게 별로 거리낌도 없고 누가 무슨 행동을 하든 큰 불편함이나 부담도 없어요. 저는 이렇게 생각하는데 저 사람은 저를 부담스러워할지도 모르죠. (웃음) 저는 별다른 욕심 없이 지금 이대로 살아갔으면 좋겠어요. 지금처럼 제 몸과 건강이 허락한다면 지금처럼 밭일도 계속하고, 평화롭게 늙어갈 수 있기를 바랄 뿐입니다.

박: 저도 마찬가지입니다. 오늘 제 아내 서현숙 씨와 박 선생이 주로 얘기하는 걸 옆에서 듣고 있자니, 저는 불교의 '만다라' 문양이 생각나더군요. 티벳이나 그런 데서 스님들이 아주 정성스럽게 같은 문양을 반복해서 그리고, 또 그리고, 그게 아주 크고 둥근 불화로 완성되곤 하지 않습니까? 저도 마찬가지입니다. 일흔 가깝게 살아오는 동안 저도 나름으로는 열심히 독서도 하고 글도 쓰고 그랬고, 제 아내와도 40년이 넘는 세월 동안 곁에서 서로 부대끼며 살아왔지만 이제 저에게 남은 시간, 저희 부부에게 남은 시간은 마치 오랫동안 그려오던 만다라 문양을 그리듯 지금까지 살아왔던 삶을 천천히 계속 이어가는 쪽이면 좋을 것 같아요. 나이가 들었다고 뭘 크게 달라지는 것이 아니라, 그간 해오던 대로 묵묵히……. 그렇게 삶을 마무리하면 좋을 것 같군요. 아, 저도 그간 소홀히 했던 집안일 같은 것도 더 열심히 해야겠다, 이런 생각도 많이 들었습니다. 그건 저에게도 도전인 건 사실이지만, 이건 제 나름의 다짐입니다. (웃음)

서: 기대하게 되는군요. (웃음)

‖ 그럼 여기까지 듣는 것으로 하겠습니다. (웃음) 그간 너무 고생 많으셨습니다.

박: 감사합니다. 살펴 돌아가십시오.

대화를 마치면서

오늘, 들깨를 다 털었다. 밭의 대부분을 차지하는 가장 큰 농사가 끝난 셈이다. 6백 평 허허벌판에서 별안간 고독에 사무친다. 6백 평의 땅. 산을 뺀 한반도의 3분의 1, 곧 7만 제곱킬로미터를 7천만 명으로 나누어 우리 부부 두 사람 몫으로 가진 넓이의 땅. 나는 모든 사람이 그 이상도 그 이하도 아닌 꼭 고만한 땅에 오두막을 짓고 텃밭을 가꾸며 오순도순 사는 것을 꿈꾸었다. 공평하게 나누는 것이니 몇 억은커녕 몇 푼 돈도 필요 없이 모두 그냥 골고루 갖는 땅.

내가 처음 그런 땅을 갖고 싶었던 것은 어릴 적 헨리 데이비드 소로를 읽고서였다. 그가 6만 평 땅에 홀로 사는 고독을 말한 것이 너무 좋았다. 그 거대한 공간의 고독이란 그 정도의 넓이에서 인간은 물론 모든 존재가 홀로 살아갈 수 있는 절대적인 자유를 뜻했다. 농토나 집터가 아닌 자연 그 자체, 소유의 대상이 아닌 실존과 느낌의 대상을 말했다. 좁은 셋방살이를 했던 젊은 시절엔 그의 자유가 조금은 이상적이고 사치스럽게 느껴지기도 했지만, 나이가 들면서 이상하게도 그런 광야의 고독이 그리워져 열심히 찾아다녔다.

그래서 20년 전 처음으로 600평의 땅을 샀다. 내 직장까지 걸어서 한 시간 이내의 거리에 앞엔 연꽃이 흐드러진 호수가 있던 곳. 마침 동네 이름도 내가 즐겨 읽던 당시唐詩를 뜻하는 당음唐音이었던지라 조금도 망설이지 않고 이 땅을 샀다. 내가 땅을 산다고 하니 주위 모두가 부동산 투기에 관해서 말했지만, 나는 살아오며 단 한 번도 투기에 관심을 가져본 적이 없다. 어딘들 농사를 짓거나 동물을 키울 수 없겠는가? 이 600평은 그 시절 나와 아내가 살 수 있던 가장 가난하고도 행복한 땅이었다.

그러나 이곳에서 지냈던 지난 20년이 결코 아름답지만은 않았다. 소로는 1년에 6주만 일하며 자기 인생의 주인으로 살라고 말했다. 나도 하루에 한 시간만 밭일을 하며 우리 부부가 먹을 정도만 농작물을 가꿀 생각이었으나, 땅을 한 치도 놀려서는 안 된다는 이웃 사람들의 성화에 6백 평 농사를 무리하게 짓지 않을 수 없었다. 더욱이 이곳 경상북도 마을의 대다수

이웃은 아주 보수적이고, 철저하게 권위적이었다. 선거 때마다 가장 퇴행적인 사람을 뽑았고, 그들의 이야기에 한 마디라도 반대하면 마을 어른의 권위에 대한 도전으로 응징되었다. 나는 가끔 아파트의 방, 책 속에만 숨으면 그만이었던 시멘트 도시가 그리워지기도 했다.

아니, 사실 이제는 전국이 도시가 된 건 아니던가. 시골도 옛 시골이 아니며, 어떤 의미에선 시골은 더욱 위험한 도시의 음지일 뿐이다. 시골은 서울처럼 수십 배의 이익을 얻어 벼락부자가 되기는커녕 도박에 실패해서 돈만 날린 꼴이 되어버린 억울한 곳이다. 그러니 마음들은 더욱 각박해져 사납기 짝이 없다. 나는 여느 시인처럼 시골에 살아서 도통한 것도, 현명해진 것도, 땅과 하늘, 풀과 나무, 그리고 자기를 바라보는 여유가 늘어서 조금이라도 자유로워졌거나 고독해진 것도 아니었다. 언제나 함께 걷던 개가 밭에 뿌려진 살충제를 먹고 거품을 품으며 죽는 걸 바라본 뒤로 개도 키우지 못한다. 젊은 시절 즐겨 키우던 닭도, 오리도 없다. 동물은 도로 위 로드킬의 시체로만 존재한다.

이젠 돌아갈 곳이 없다. 적어도 이 대한민국 땅 위에는 없다. 올 한 해는 특히 그러했다. 오랜만에, 아주 오랜만에 촛불로 마음을 주었던 정권이 기울어지는 꼴을 보아서였다. 세상은 변하지 않았다. 이삼십 년 전 동지들과 함께 세상을 바꾸고자 했지만 세상이 바뀌기는커녕 그 동지들이 세상을 더욱 더럽게 만드는 것에 지쳤다. 보수만큼이나 진보도 더럽다. 그러면서도 진보라 하니 더 더럽다. 그런 진보의 한구석에 있었다니 나야말로 가장 더럽다. 살아온 세월이 부끄럽다. 6백 평조차 부끄럽다. 그것조차 갖지 말아야 했다.

이 책에서 이야기한 내 삶은 실패의 전형이다. 적어도 이 땅의 상식으로는 그렇다. 소위 일류 대학도 나오지 못했고 일류 직장도 없었다. 단 한 번도 경쟁에서 이긴 적이 없고, 이기려고 노력해본 적도 없다. 또 그것을 후회한 적도 없고, 안타까워한 적도 없다. 대학교수의 직함을 달곤 있었지만, 평생 내가 좋아한 일을 하며 고만고만하게 살았을 뿐이다.

그처럼 남에게 보일 게 하나도 없는 삶을 살아왔던지라 박지원 작가와의 이 대담을 시작해도 좋을지 의문이었다. 그래도 몇 달간 열 번에 걸쳐 네댓 시간씩 박 작가와 대화를 나눈 것은 혹시 나처럼 살았거나 앞으로 그렇게 살고자 하는 사람들에게 그들과 비슷하게 사는 사람이 여기 있다는 것을 알리기 위해서였다. 우리는 모두 고독하지만, 서로 닮은 모습으로 함께 이 세상을 살아간다는 것을 안다면 조금은 덜 외로울 수 있지 않을까?

나는 이제 곧 인도로 떠날 것이다. 두 달 넘게 간디의 흔적을 찾아 인도를 혼자 여행할 계획이다. 간디는 무슨 대단한 진리를 가졌다거나 그것을 확실하게 보여준 사람은 아니다. 그는 그저 자신이 참되다고 생각했던 삶을 추구했을 뿐이다. 내가 그를 찾는 것은 그런 그가 나에게 필요하기 때문이다. 간디의 삶과 생각처럼, 나는 아주 어린 시절부터 나에게 필요한 것들을 언제나, 모두 책에서 찾았던 것 같다. 나는 죽을 때까지 내내 읽다가 늙어갈 것이다.

그리고 새해엔 다시 돌아와 봄이 오면 들깨를 비롯하여 각종 모종을 할 것이다. 몇 년 만에 개와 닭도 다시 키울 생각이다. 그러려고 시골에 들어오지 않았던가? 한 시간씩 걸어서

도서관에 오가며 책을 읽고 글도 쓸 것이다. 읽어야 할 단 한 권의 책이 남아 있는 한, 반드시 써야 할 단 한 줄의 문장이 남아 있는 한 나는 내내 읽고 또 쓸 것이다. 내일 죽어도 여한이 남지 않게 살 것이다. 나는 다만 그렇게 살 수 있어서 행복했고, 지금도 행복하니까 말이다.

20년의 시골 생활, 40년의 결혼 생활을 함께해준 아내에게 감사한다. 잘 자라준 아이들에게도 고맙다. 그들에 대한 사랑과 감사는 내가 언제, 어디에서 살고 있더라도, 그리고 죽어서까지도 변하지 않을 것이다. 마지막으로 책 읽는 이야기를 오랫동안 함께 나눠주었던 박지원 씨에게 진심으로 감사한다. 그는 최소한 나보다는 훌륭한 독서가이자 작가이고 인간이다. 지금도 그렇지만 앞으로는 더욱더 그럴 것이라 확신한다.

2019. 11. 2.

경산에서, 박홍규

내내 읽다가 늙었습니다

무리 짓지 않는 삶의 아름다움

발행일 2019년 12월 5일 초판 1쇄
2022년 10월 1일 초판 4쇄

지은이 박홍규 박지원
편집 박성열 정혜인
디자인 석윤이
인쇄 민언프린텍
제본 다온바인텍

발행인 박성열
발행처 도서출판 사이드웨이
출판등록 2017년 4월 4일 제406-2017-000041호
주소 서울특별시 영등포구 문래동2가 10-6, 3층
전화 031)935-4027 팩스 031)935-4028
이메일 sideway.books@gmail.com

ISBN 979-11-963491-3-4 03100

SIDEWAYS